高等院校旅游管理专业"十三五"规划教材

旅游法教程

（第六版）

主　编　卢世菊

副主编　樊志勇　陈　筱

WUHAN UNIVERSITY PRESS

武汉大学出版社

图书在版编目(CIP)数据

旅游法教程/卢世菊主编. —6版.—武汉:武汉大学出版社,2017.1
(2020.7重印)
高等院校旅游管理专业"十三五"规划教材
ISBN 978-7-307-18845-7

Ⅰ.旅⋯ Ⅱ.卢⋯ Ⅲ.旅游业—经济法—中国—高等学校—教材
Ⅳ.D922.294

中国版本图书馆 CIP 数据核字(2016)第 274973 号

责任编辑:陈 红 责任校对:汪欣怡 版式设计:马 佳

出版发行:**武汉大学出版社** (430072 武昌 珞珈山)
(电子邮箱:cbs22@ whu.edu.cn 网址:www.wdp.com.cn)
印刷:武汉市宏达盛印务有限公司
开本:787×1092 1/16 印张:15 字数:354 千字 插页:1
版次:2003 年 9 月第 1 版 2006 年 12 月第 2 版
2009 年 8 月第 3 版 2011 年 2 月第 4 版
2014 年 3 月第 5 版 2017 年 1 月第 6 版
2020 年 7 月第 6 版第 5 次印刷
ISBN 978-7-307-18845-7 定价:33.00 元

第六版前言

自本教材第一版问世，转眼已是十多载。这期间，本书曾多次修订和改版，累计印刷十多次，已在全国几十所大学的旅游专业和相关专业中使用，获得使用院校师生们的肯定和好评，令作者备受鼓舞。

近两年来，国内外的旅游业发展和旅游法学术研究有了许多新的进步，我国旅游法制建设也有了新的进展，如《中华人民共和国旅游法》、《中华人民共和国食品安全法》、《中华人民共和国文物保护法》、《旅行社条例》、《风景名胜区条例》等都做了部分修订。为了及时反映我国旅游法制建设的重要成果以及旅游法学研究的最新成果，作者在武汉大学出版社的支持下，决定以本教材第五版为基础再次进行修订。

本教材在修订过程中仍然遵循与前五版一致的原则：在编写内容的取舍上，注重系统性和理论性；在体例结构的编排上，注重教与学的需要；在观点和材料的选择上，注重与时俱进；在理论与实践相结合的需求上，注重理论与实际案例的结合；在编校质量和语言文字上，注重精益求精。

本次修订内容主要涉及：（1）根据新修订的《中华人民共和国旅游法》、《旅行社条例》，对第五章《旅行社法律制度》、第六章《导游人员法律制度》、第十章《旅游出入境法律制度》进行了修改和补充。（2）根据新修订的《中华人民共和国文物保护法》、《风景名胜区条例》，对第四章《旅游资源保护法律制度》进行了修改和补充。（3）根据新修订的《中华人民共和国食品安全法》，重新编写了第十一章《食品安全法律制度》。（4）结合旅游业发展的新形势和最新研究成果，对教材中涉及的相关资料和信息做了更正和补充。

衷心感谢读者对本教材的厚爱。在本教材的历次修订过程中，邓辉、黄金铸、李东娟、吴海伦、李海娥、董祖恩、王剑、刘连银、马小京、王兆良等给予了帮助，在此一并致谢！

本教材配有相应的电子课件，需要者可以与出版社联系（E-mail：472185440@qq.com）。

卢世菊
2017 年 1 月

目　录

第一章 绪 论

第二次世界大战以后，随着国际形势的相对稳定，世界经济得以恢复和发展，旅游业也蓬勃发展起来。一些国家逐渐认识到旅游立法的必要性和重要性，纷纷制定旅游法律、法规。"旅游法"作为一个新兴的法律部门产生了，它体现了国家意志，对构成旅游法律关系的当事人具有法律约束力，对保护和促进旅游业的发展起着重要的推动作用。

第一节 旅游法的产生与发展

一、旅游业的发展与旅游法的产生

旅游法是旅游业发展到一定历史阶段的产物，它随着旅游业的发展而产生，随着旅游业的不断发展而健全完善。

旅游作为人类社会的一种活动现象，最早产生于原始社会末期和奴隶社会的形成时期。其产生之后，在奴隶社会和封建社会的漫长历史时期，旅游无论是内容还是形式都在不断地向前发展，既有日趋活跃的以经济为目的的旅行经商活动，也产生了如公务旅行、宗教旅行、观光旅行、消遣旅行、文化和修学旅行等大众旅游活动形式。然而，奴隶社会和封建社会的旅游活动仍然是分散的和个别的，不可能形成、最终也没有形成一个产业门类。原因在于：一是交通不发达，这一时期人们外出旅游的主要交通工具是靠自然力、人力、畜力的车、船等，使得旅游活动范围很小，无法到很远的地方旅游；二是参加旅游的人数很少，主要是一些商人、王公贵族、僧侣等特殊阶层，使得旅游活动规模很小。

近代以来，随着资本主义生产关系的确立和工业革命的兴起，社会生产力和阶级关系发生了巨大变化。社会经济的迅速增长、资产阶级财富的积累及工人阶级带薪假日的出现，为旅游活动的发展奠定了基础，为更多的人外出旅游提供了机会和条件。但是，由于大多数人没有外出旅游的经验，特别是对远距离的出境游更是陌生，需要相关机构提供帮助，这一需要导致了一个新的经济领域——旅游业的产生。19世纪40年代，在英国出现了专门从事旅游活动的组织者和经营机构——旅行社，标志着人类的旅游活动进入一个新的历史阶段，也标志着旅游业的诞生。此后，在欧洲和北美相继出现了许多类似的旅游经营组织，它们极大地推动了旅游业的发展。此时，旅游活动的规模和范围扩大了，旅游活动的内容和形式丰富了，使得旅游者与旅游服务行业之间的关系日趋复杂。一些注重法治的国家，试图用法律手段解决在旅游活动中产生的矛盾和纠纷，虽然专门调整社会旅游经济关系的法律在这时还未出现，但一个新的产业门类的应运而生为旅游法的产生和发展创造了条件。

第二次世界大战结束以后，全球局势相对稳定，各国都致力于本国的经济建设，世界经济不断出现新的进展，加之科学技术的重大突破，这些发展变化都对第二次世界大战以后旅游业的发展起了很大的推动作用。特别是 20 世纪 60 年代，旅游业已成为世界上发展势头最为强劲并且持久不衰的产业，在世界经济中扮演着越来越重要的角色。根据统计，在第二次世界大战以后的半个世纪中，全世界国际旅游收入总额从初期的年约 21 亿美元增长到年逾 4000 亿美元，约占全世界国际贸易总额的 10%；全世界国际旅游人次也从初期的年约 2530 万人次发展到年逾 5 亿人次。旅游业创汇率高、投资回报高、提供就业机会多、能带动相关产业发展、促进文化交流等特点，已被越来越多的国家所认知，各国纷纷采取措施致力于本国旅游业的发展。进入 20 世纪 90 年代，旅游业的发展速度已高居其他产业之首，成为世界上最大的产业。

然而，旅游业的发展也给社会带来了一些消极的影响，如各国在旅游资源开发利用过程中的失误造成了对资源、环境、生态的破坏，国际、国内旅游企业间的无序竞争、利益冲突等使旅游活动中的矛盾、冲突、纠纷增多且复杂化。如何处理好旅游活动与生态环境保护之间、旅游者与旅游经营者之间、旅游经营者之间、国际旅游业之间以及旅游的发展与政治、经济、文化之间等一系列错综复杂的社会关系呢？许多国家，特别是旅游发达国家已经逐步认识到通过法律手段来规范和调整上述社会关系的迫切性与重要性。因此，旅游业的发展导致旅游法的产生，旅游立法成为旅游业向前发展的迫切要求。

总之，旅游法是旅游业发展的必然产物，是为了规范旅游活动中的各种社会关系，保护和促进旅游业的健康发展而产生的。

二、旅游法的概念

"旅游法"作为一个概念提出来，是在 20 世纪 50 年代末 60 年代初。有关专家和学者对这样一个首先出现在旅游发达国家的新兴的法律部门开始加以研究。那么，什么是旅游法呢？旅游法是调整旅游活动领域中各种社会关系的法律规范的总称。由此可以看出：

第一，旅游法的调整对象是旅游活动领域的各种社会关系。这些社会关系包括国家旅游行政管理机构与旅游经营者之间的关系、旅游者与旅游经营者之间的关系、旅游经营者与旅游经营者之间的关系、旅游经营者内部的关系、旅游者与旅游行政管理机构之间的关系、旅游涉外领域中的关系（如外国旅游经营者与中国旅游经营者之间的关系）等。这些社会关系都是在旅游活动过程中产生的，体现了旅游活动的特点，这也是旅游法区别于其他法的一个显著标志。例如，旅游者在旅游过程中会和旅游企业之间形成权利义务关系，旅游者同时也会与其他的法律关系主体形成社会关系，但是这些关系不是因旅游活动而产生的，无法体现旅游活动的特点，所以不属于旅游法的调整范围。

第二，旅游法是旅游法律规范的总称。旅游法包括国家制定或认可的调整旅游活动中所产生的社会关系的各种法律规范。它既包括一个国家发展旅游业的根本大法——旅游基本法，也包括涉及旅游活动各领域的单行的旅游法律、法规、规章，还包括散见于其他法律法规之中有关旅游的法律规定。从我国的情况来看，旅游法应当包括：由全国人民代表大会以及人大常委会审议通过的旅游基本法、国务院制定颁布的旅游行政法规、国家旅游行政管理部门制定的旅游部门规章、各地方人大常委会和人民政府制定的地方旅游法规和规章、我国政府缔结和承认的国际旅游公约与国际旅游协定等。

三、国外旅游立法概况

为了适应旅游业发展的需要，一些国家和政府针对旅游业及相关各行业制定了一系列政策、规章、法规和法律。综观世界各国，特别是旅游较发达国家的旅游立法体系，大致有三种情况：一是在通用性的法律、法规中规定有关旅游业的法律条文。例如，《德国民法典》中就有关于旅游契约的条文，这些条文是关于旅游政策方针、旅游企业及其经营原则、保护旅游者权益的法律。这些国家的立法者认为，旅游活动用通用性法律的一般规定就足以调整，不必针对旅游活动进行系统立法。二是针对旅游企业经营或旅游发展中出现的具体问题制定单行的旅游法律法规。例如，英国在 1979 年通过《旅游保证金法案》，比利时在 1965 年颁布《旅行社法》。三是制定一国发展旅游业的基本法律——旅游基本法。在一些旅游业比较发达、法制比较完善的国家，如日本、美国、英国、韩国、巴西、墨西哥等都已颁布了旅游基本法。

(一) 日本的旅游立法

第二次世界大战以后，日本的旅游业随着经济的复苏逐渐发展起来，到日本旅游的外国人数很快超过了第二次世界大战以前的水平。在此情况下，迫切要求旅游各行业及交通运输、旅游资源开发和保护等相关部门迅速提高工作服务质量。为此，日本政府制定了包括旅行业法、与旅游相关的法律和旅游基本法在内的一系列法律，形成了一套完整的旅游法律法规体系。

1. 旅行业法

日本在旅游业发展过程中，出现了大批专门从事旅游业的商人，到 1952 年，旅游业商人总数已超过 500 人。在这些旅游业商人中，极少数人有欺骗旅游者、损害旅游者权益的行为，严重影响了刚刚发展起来的旅游业。为此，1952 年日本政府颁布了《旅行联络法》，规定旅游业商人须进行注册登记，对其进行必要的监督。该法在促进旅游业商人依法经营、维护旅游者利益方面起到了重要作用。

随着旅游业的发展以及不断商品化，《旅行联络法》逐渐不能适应需要了。为加强对旅游业商人的管理，日本政府于 1971 年制定了《旅行业法》，取代过去的《旅行联络法》。《旅行业法》减少了有关管理的内容，增加了关于交易的内容，在旅游业种类、交易形式、旅游业务、各营业部门的设置、契约条款的认可和达成交易的书面交付等方面，都作出了明确而具体的规定。

进入 20 世纪八九十年代，日本旅游业又有了新的发展和变化，以海外旅行为主流的外出旅游人数不断增加，旅行方式多样化，承办旅行业务的方式复杂化，为了充分保护旅游者的利益，1995 年 2 月，日本国会批准通过了《日本旅行业法修改草案》，于 1996 年 4 月 1 日贯彻执行。该修改草案修改内容的要点包括：修订注册登记制度、改善营业保证金制度、改善旅行社等的业务工作、加强旅行社协会的指导权限。

此外，日本还制定了《国际观光饭店整备法》（1949 年）、《翻译导游法》（1949 年）、《国际观光振兴会法》（1959 年）、《综合疗养地域整修法》（1987 年）、《利用民间资金整修旅游设施临时措置法》（1986 年）、《标准旅行业约款》（1983 年）等有关旅行业的法律。

2. 与旅游相关的法律

为了适应旅游活动和旅游业发展的需要，日本对一些与旅游相关的行业也制定了相应的法律。

早在第二次世界大战以前，日本为了有目的地保护旅游资源，就制定了一系列的法律，包括《历史古迹名胜天然纪念物保护法》（1911 年）、《国宝保护法》（1929 年）、《国立公园保护法》（1931 年）、《重要美术品保护法》（1933 年）等，这些法律对有效地保护日本的旅游资源起到了重要作用。

第二次世界大战以后，日本政府继续制定了一系列与旅游相关行业的法律，主要有《国际旅游温泉法》（1950 年）、《出入国境管理法令》（1951 年）、《进入国内检疫法》（1951 年）、《自然公园法》（1953 年）等。

3. 旅游基本法

20 世纪 60 年代，日本国民的旅游人数迅速增加，旅游业在国民经济中的地位日趋重要，然而长期以来，旅游业在日本并未作为一项经济文化事业来对待。为了尽快确立旅游业在国民经济中的地位，明确发展旅游业的基本方针，日本政府在总结旅游工作经验的基础上，于 1963 年 6 月制定了《日本旅游基本法》。

在旅游基本法的制定上，日本走在了世界其他国家的前列，这是日本旅游业得以快速发展的一个重要原因。

（二）美国的旅游立法

美国政府对发展旅游业十分重视。为保证旅游业的健康发展，协调和妥善处理旅游企业与旅游者之间及与政府之间的关系，美国政府制定了一系列的法律、法令和条例，既有各种单行的法规、法案，也有作为美国旅游基本法的《全国旅游政策法》。

1. 关于旅游的单行法规、法案

美国政府制定各种关于旅游的单行法规、法案，从多方面保证了旅游业的健康发展。这些法规、法案，有的是关于保护公园和游览地的法律，对旅游资源的开发、利用和游览地的环境保护做了具体规定；有的是关于食宿业方面的法律，对旅馆、餐馆的开业、经营做了具体规定；有的是关于旅行社行业的法律，对旅行社的经营、开办等都做了规定，对旅行社的开办规定得尤为具体。

此外，对于旅游相关行业也有单行法规，如运输业法、商业法等，它们从不同侧面保证了美国旅游业的健康发展。

2. 旅游基本法

1979 年 5 月，美国政府颁布了本国的旅游基本法《全国旅游政策法》。该法共设三编，从国家发展旅游业的作用、设立全国旅游政策委员会的政策、旅游资源的保护、旅行游览发展公司的政策、旅游者的政策五个方面作出了规定。美国政府希望通过立法，在联邦政府、州和地方政府以及其他有关公众和私人组织之间建立起一种合作方式，并采取了一些行之有效的措施和方法，来执行全国旅游政策。

四、我国旅游立法与旅游法制建设

改革开放以后，我国旅游业发展迅猛，已经成为国民经济新的增长点，国家和旅游主管部门十分重视对旅游的立法和法制建设，到目前为止，我国已逐步建立起规范的旅游立法体系，涉及六个方面的法律和规章。

(一)国家大法

党的十一届三中全会以来，我国颁布的涉及市场经济的国家大法很多，如《专利法》、《商标法》、《公司法》、《反不正当竞争法》、《价格法》、《消费者权益保护法》、《劳动法》、《合同法》、《会计法》、《统计法》、《审计法》、《中外合资经营企业法》、《中外合作经营企业法》、《外资企业法》等，这些经济法律对于保障社会主义市场经济的发展起到了极其重要的作用。

旅游业是一个综合性的经济行业，上述涉及市场经济的国家大法对旅游业的发展也起着至关重要的法律保护作用。

(二)旅游法

2013 年 4 月 25 日，十二届全国人民代表大会常务委员会第二次会议审议通过了《中华人民共和国旅游法》(以下简称《旅游法》)，自 2013 年 10 月 1 日起施行。

国家旅游局早在 1982 年就成立了《旅游法》起草领导小组和工作小组，1985 年 11 月将送审稿提交国务院，因我国旅游业还在起步阶段，制定《旅游法》的基本条件尚不具备，故起草《旅游法》的工作暂时中断。1989 年 3 月，国家旅游局再次把起草《旅游法》的工作提到议事日程，组织精兵强将，经过多次调研、论证、讨论、修改，形成送审稿。实行社会主义市场经济体制后，《旅游法》草稿涉及的相关内容需要重新调整，起草工作再次中断。1995 年底，《旅游法》起草工作重新启动。2009 年有关部门通过多种形式、多种途径，正式起草《旅游法》，终于得以在 2013 年颁布实施。《旅游法》从动议到出台将近 30 年，凝结了几代旅游和法律工作者的辛劳。《旅游法》能够出台，与我国旅游业的发展水平和地位、与旅游法制建设的进程密切相关，特别是与我国不断提升经济社会发展水平和不断完善法制体系紧密相关。

《旅游法》的颁布与实施，是我国旅游法制建设发展史上重要的里程碑。《旅游法》是一部综合性的法律，共设 10 章 112 条，除总则、法律责任和附则外，《旅游法》分别对旅游者、旅游规划和促进、旅游经营、旅游服务合同、旅游安全、旅游监督管理、旅游纠纷处理等方面作出了明确的规范，涉及行政、经济和民事法律规范，确立了政府统筹、部门负责、综合协调的旅游发展和管理机制。《旅游法》的这些制度和创新必将对我国旅游业的发展产生积极而重大的影响。

(三) 国务院行政法规

目前，国务院专门针对旅游业制定的行政法规是《旅行社条例》、《导游人员管理条例》、《中国公民出国旅游管理办法》。

1985 年 5 月 11 日，国务院颁布了《旅行社管理暂行条例》，这是我国旅游法制建设史上第一个行政法规。它把分散在不同系统、归口于不同管理部门的旅行社，全部纳入旅游行业管理的轨道，在加强旅行社的管理、保护旅游者的合法权益方面，起到了十分重要的作用。随着我国经济体制改革的不断深入和我国旅游业的迅猛发展，旅行社业的情况发生了很大变化，出现的一些新情况、新问题，在《旅行社管理暂行条例》中无法找到相应的法律规定加以解决，旅行社法规急需补充修订。1996 年 10 月 15 日，国务院发布了《旅行社管理条例》，该条例在总结我国旅行社业近 20 年情况的基础上，对 20 世纪 80 年代出台的《旅行社管理暂行条例》作了较大修改。新条例的实施无疑更能适应社会主义市场经济条件下旅行社业发展的需要。为了认真履行我国加入 WTO 的承诺，适应我国旅游业对外开放的需要，2001 年 12 月 11 日，朱镕基总理签发了第 334 号国务院令，发布《国务院关于修改〈旅行社管理条例〉的决定》，对 1996 年《旅行社管理条例》进行了修改。但随着旅游业的迅猛发展，《旅行社管理条例》的许多内容已明显不能适应新形势的要求，从 2009 年 5 月 1 日起国务院颁布实施《旅行社条例》，原《旅行社管理条例》废止。2016 年 2 月 6 日，李克强总理签署国务院令第 666 号《国务院关于修改部分行政法规的决定》，对《旅行社条例》部分条款作了修改。

1987 年 11 月 30 日，经国务院批准，国家旅游局发布了《导游人员管理暂行规定》（以下简称《暂行规定》），该法规为我国导游队伍的建设和健康发展提供了法律依据。随着旅游业的不断发展，导游队伍不断壮大，导游人员的执业活动和对导游人员的管理等方面出现了一些新问题，针对这些问题，《暂行规定》缺乏必要的可操作性和力度，使得修订《暂行规定》成为迫切要求。因此，为了规范导游活动，保障旅游者和导游人员的合法权益，国务院于 1999 年 5 月 14 日修订发布了《导游人员管理条例》。这一导游管理法规的发布，为我国导游人员队伍的建设和发展奠定了基础，进一步促进了旅游业的健康发展。

1997 年 7 月 1 日，国家旅游局、公安部经国务院批复，联合发布了《中国公民自费出国旅游管理暂行办法》。这是我国又一部旅游行政法规，它标志着我国公民自费出国旅游的开始。随着我国改革开放的进一步深入，中国公民出国旅游活动迅速发展。1997—2002 年，中国公民出国旅游人数由 532 万人次增长到 1212 万人次。为切实保障出国旅游者和出国旅游经营者的合法权益，规范旅行社组织中国公民的出国旅游活动，2002 年 5 月 27 日国务院总理朱镕基签署第 354 号国务院令，发布了《中国公民出国旅游管理办法》，自 2002 年 7 月 1 日起施行。

(四) 地方旅游管理条例

改革开放以来，我国各个地方的党委、政府、人大都很重视旅游业的发展。在有的地方，旅游业已成为当地的龙头产业之一，然而随着旅游业的快速发展，旅游市场关系日趋复杂，许多不尽如人意的问题不断出现，如景点建设格调低下、重复建设严重、旅游市场混乱、恶性竞争不断、服务质量低劣、旅游者合法权益得不到有效保护等，严重影响了地方旅游形象。为此，急需将本地的旅游业管理纳入法制的轨道。各地方人大、政府对旅游立法工作高度重视，目前全国已有海南省、河南省、河北省、武汉市等多个省市出台了旅游业管理条例。海南省人大在1996年10月通过了全国第一部地方旅游法规——《海南省旅游管理条例》。

这些地方旅游管理条例，一般都对本地旅游资源的开发和保护、旅游经营和管理、旅游者的权利和义务、旅游主管部门的职能等作出明确规定，同时还有对违反条例的有关行为给予具体处罚的规定。条例的制定和颁布，使得地方各级旅游部门和旅游经营单位依法治旅、守法经营的意识大大增强。同时，这些地方性旅游管理条例的出台，也使全国性的旅游法规建立在比较坚实的基础之上。

(五) 旅游部门规章

旅游部门规章是由国家旅游行政管理部门制定的一些规定和技术性规范，已经制定并在实行的主要有：

1. 旅行社管理方面的规章

除国家旅游局发布的《旅行社条例实施细则》外，我国还先后颁发了一批重要的有关旅行社管理的行为规章及规范性文件。

在旅行社及分支机构的审批登记方面，主要有国家旅游局发布的《关于外国企业在中国设立常驻旅游办事机构的意见》、《中外合资经营旅行社试点经营出境旅游业务监管暂行办法》、《关于加强对全国旅行社审批、登记、年检管理的通知》等。在旅行社质量保证金制度方面，主要有国家旅游局发布的《旅行社质量保证金存取管理办法》等。

2. 旅游饭店(酒店、旅馆等)管理方面的规章

除了国务院批准、由公安部发布的《旅馆业治安管理办法》之外，还有国家旅游局发布的《旅游饭店星级的划分与评定》等。

3. 导游人员管理方面的规章

除了国家旅游局在2001年12月26日制定发布的《导游人员管理实施办法》以外，在导游等级评定方面，国家旅游局发布了《导游员职业等级标准》、《关于对全国导游员实行等级评定的意见》等；在导游证书管理方面，国家旅游局修订颁布了《导游证管理办法》等。

4. 出境旅游管理方面的规章

主要有2002年国家旅游局制定的《出境旅游领队人员管理办法》、《旅行社出境旅游服务质量》等。

5. 旅游安全管理和保险方面的规章

为使我国旅游安全工作规范化和制度化，国家旅游局自1990年以来，先后制定发布了《旅游安全管理暂行办法》、《旅游安全管理暂行办法实施细则》、《重大旅游安全事故报告制度试行办法》、《重大旅游安全事故处理程序试行办法》、《漂流旅游安全管理暂行办法》、《旅行社投保旅行社责任保险规定》、《旅游安全管理办法》等。

6. 旅游投诉与纠纷处理方面的规章

主要有国家旅游局在 2010 年 5 月制定发布的《旅游投诉处理办法》。

(六)其他部门相关法律、法规

旅游业的发展离不开相关行业的协调与配合，这些相关部门的法律法规也是我国旅游立法体系大家庭中的一员。例如，在旅游资源方面有《文物保护法》、《风景名胜区条例》、《自然保护区条例》、《森林法》、《环境保护法》等；在出入境管理方面有《中华人民共和国出入境管理法》、《中华人民共和国海关法》等；在旅游经营和权益保护方面有《反不正当竞争法》、《消费者权益保护法》、《价格法》等。它们都在不同程度上对旅游社会关系起了调整和促进作用。

总之，我国的旅游立法从无到有，取得了很大成绩，我国已经构建起具有中国特色的完整旅游法律体系。这些法律法规在调整旅游业结构、规范旅游市场、解决旅游纠纷、调整旅游法律关系中的权利义务等方面起了重要的作用。

第二节 旅游法律关系

一、旅游法律关系的概念及其特征

(一)旅游法律关系的概念

法律关系是由法律规范所确认的当事人之间的具有权利义务内容的社会关系，或者说，法律关系是指社会关系被法律规范调整之后所形成的权利义务关系。显而易见，任何法律关系都是由这个法律部门对特定的社会关系进行调整而形成的一种社会关系。例如，具有行政隶属性质的社会关系经行政法调整之后，就形成行政法律关系；婚姻家庭关系由婚姻法调整之后，就形成婚姻家庭法律关系。那么，在旅游活动中形成的社会关系，在被旅游法律调整之后，就会形成旅游法律关系。

旅游法律关系，是指由旅游法律规范所确认和调整，在旅游活动中所形成的当事人之间的权利义务关系。

(二)旅游法律关系的特征

旅游法律关系与其他法律关系相比较，具有如下特征：

1. 旅游法律关系的存在，是以现行的旅游法律法规为存在前提的

旅游法律关系之所以产生，是由于有规定和调整这种关系的法律法规存在，没有相应的法律法规，旅游法律关系就无从产生，否则就只能是一般的社会关系。例如，如果没有合同和旅行社管理方面的法律，旅行社和旅游者之间、旅行社与相关部门之间就不可能形成旅游法律关系。

2. 旅游法律关系的内容，是旅游法律法规规定的权利和义务

如旅行社有权自主经营旅游业务，有接受旅游行政管理部门管理的义务，这些权利和

义务都是《旅行社条例》等法律法规确定的。

3. 旅游法律关系受国家强制力保护

国家运用法律的手段，确认和维护旅游权利和义务关系，支持和保证权利、义务人权利的实现和义务的履行，对不履行义务和侵犯他人合法权利的行为给予制裁。例如，旅游经营单位不按合同约定提供服务，就要受到相关法律法规的制裁。

二、旅游法律关系的构成要素

法律关系的构成要素是指结成当事人之间权利和义务关系的必要条件。这个条件就是法律关系的主体、客体和内容，即构成法律关系的"三要素学说"。这个学说是构成任何法律关系的"公理"。旅游法律关系也不例外，也是由主体、客体、内容三大要素构成的。

(一)旅游法律关系的主体

旅游法律关系的主体，是指参加旅游法律关系，拥有旅游权利并承担旅游义务的当事人。在旅游法律关系中，享受权利的一方称为权利主体，承担义务的一方称为义务主体。但在许多情况下，旅游法律关系中的双方当事人既享有旅游权利，同时又承担旅游义务。作为旅游法律关系主体，必须具有相应的主体资格，即必须具有权利能力和行为能力。在我国，能够作为旅游法律关系的主体主要有：

(1)国家各级旅游行政管理机关；

(2)旅游者，包括国内旅游者和国际旅游者；

(3)旅游企业经营单位，包括旅行社、旅游饭店、旅游交通运输部门、旅游景区景点、旅游商店等；

(4)境外旅游组织；

(5)与旅游业密切相关的政府管理部门，包括工商、公安、税务、海关、园林、文物等部门。

(二)旅游法律关系的客体

旅游法律关系的客体，是指旅游法律关系主体间权利和义务所共同指向的事物。例如，古迹、寺庙等是访古旅游法律关系的客体。在旅游法律关系中，如果只有主体和权利、义务，而无权利、义务所指向的具体事物，那么，作为旅游法律关系内容的权利义务就会落空，主体双方之间建立旅游法律关系就失去了意义。因此，旅游法律关系的客体，构成了旅游法律关系不可缺少的要素。根据我国旅游法律的规定，可以作为旅游法律关系的客体包括：

(1)物。物是指在法律上具有一定经济价值，在法律关系中作为财产权利对象的一切有形物质财富。物是法律关系中最普遍的客体。作为旅游法律关系中的物，主要包括各类旅游资源、各种旅游设施及旅游消费品等。

(2)行为。行为是旅游法律关系主体所进行的有目的、有意识的活动，主要有服务行为和管理行为。例如，旅行社根据旅游合同向旅游者提供某一线路的旅游服务，就是以服务行为作为客体；又如旅游行政管理部门对旅游企业行使的管理活动，是以管理行为作为客体。

（3）科学技术成果。科学技术成果是指旅游法律关系主体从事智力活动所取得的智力成果，既包括专利、技术秘密、科学发明等，也包括产品商标、企业名称标志、管理模式等。其所有权的使用和转让是有偿的，所以，科学技术成果也可作为旅游法律关系的客体。

（4）信息。信息是指反映旅游活动发生、变化和特点的各种消息、数据、情报和资料等。当今的时代是一个信息时代，开展旅游活动离不开大量的信息。信息的重要性，决定了政府部门和旅游企业都必须加强对信息资源的管理、收集、整理、汇总、分析、传递、储存和输出。这样，信息就成为旅游法律关系的又一类客体。

（三）旅游法律关系的内容

旅游法律关系的内容，是指旅游法律关系主体依法享有的权利和依法承担的义务。正是一定的权利和义务，把旅游法律关系的主体联结在一起。在旅游法律关系中，旅游权利和义务是相互对立，同时存在的。旅游法律关系的主体享有旅游法律法规所规定的权利，同时，也必须承担旅游法律法规所规定的义务。当主体一方的旅游权利因其他主体的行为而不能实现时，有权请求国家机关加以保护。

1. 旅游者的权利和义务

旅游者是旅游业赖以生存和发展的重要因素，是旅游法律关系中重要的主体。《旅游法》规定，旅游者享有的权利包括：旅游者有权自主选择旅游产品和服务，有权知悉其购买的旅游产品和服务的真实情况，有权要求旅游经营者按照约定提供产品和服务，旅游者的人格尊严、民族风俗习惯和宗教信仰受到尊重，残疾人、老年人、未成年人等旅游者在旅游活动中依法享受便利和优惠的权利，旅游者遇险时请求救助和保护的权利，旅游者人身和财产受损的赔偿权，等等。

《旅游法》规定，旅游者在旅游活动中所承担的义务主要有：文明旅游的义务，不得损害他人合法权益的义务，告知及配合的义务，不得非法滞留和擅自脱团、分团的义务，等等。

2. 旅游企业的权利和义务

旅游企业是旅游业的中坚力量，在旅游活动中发挥着重要的作用。根据我国法律法规的规定，旅游企业享有的权利主要有：在法律允许范围内的自主经营权，在业务范围内的自由缔结合同权，合法权益受到侵害时向主管机关申请予以保护的诉权。

与此同时，旅游企业要承担相应的义务。旅游企业作为经营者，根据《旅游法》，要承担安全、质量保证义务，不得实施商业贿赂的义务，对旅游者个人信息保密义务，报告义务，等等。

3. 旅游行政主管机关的权利和义务

根据有关法律法规的规定，旅游行政主管机关有权制定有关政策和规定，引导旅游企业合法经营；有权监督旅游企业的经营行为；有权协调各旅游企业之间及旅游者与旅游企业之间的关系，维护良好的旅游秩序。

作为政府管理旅游业的行政机关，旅游行政主管机关应当模范地遵守法律、法规、政策；依法行政，在法律规定的范围内对旅游业行使管理权；赔偿因其违反法律、法规、政策所造成的旅游企业的损失。

此外，旅游行政主管机关代表国家在国际旅游交往中要遵守国际法上主权平等、经济互利等原则，承担相应的国际义务，也享受国际法赋予的相应权利。

三、旅游法律关系的确立

是什么样的媒介把本来没有联系的当事人联系起来，从而确立旅游法律关系呢？这就是旅游法律事实。

（一）法律事实的含义

法律事实是指能引起法律关系发生、变更或终止的客观情况。"客观情况"是一个内涵十分广泛的概念，无论是自然现象还是社会现象都可以说是客观情况。但是，不是所有的客观情况都能引起法律后果，只有那些能够引起法律后果的客观情况，我们才称其为"法律事实"。

（二）旅游法律事实的分类

能够引起旅游法律关系产生、变更和消灭的法律事实，按其性质可分为两类：

1. 行为

行为是指旅游法律关系主体为了达到一定的目的而进行的活动。行为按其性质可以划分为合法行为和违法行为两种。

合法行为，指旅游法律关系主体实施的符合法律规定的行为。这种行为我们又可以把它分为以下几类：

（1）法律行为，即旅游经营企业或旅游者为了实现引发、更改或终止权利义务的目的而发生的行为，如签订合同行为、履行工商登记行为、依法纳税行为等，它们受国家法律的保护。

（2）行政行为，即国家旅游行政管理机构依法实施行政管理权而发生法律后果的行为。如国家旅游行政主管部门依据有关法律对旅游企业进行宏观管理的行为、实施行政处罚的行为等。

（3）司法行为，即法院或仲裁机构的调解、仲裁和判决行为。如导游在旅游活动中权益受到旅游者或旅游行政管理部门的侵害，向有关法院起诉，法院对此作出判决。

违法行为，指旅游法律关系主体实施的违反旅游法律、法规的行为。如旅行社的违约行为、拒纳所得税行为、国家旅游行政主管机关的不当罚款行为等。违法行为从性质上可分为民事违法、行政违法和刑事违法三种情况，无论是何种违法行为，都须承担相应的法律责任。

2. 事件

事件是指不以当事人的意志为转移但能引起旅游法律关系发生、变更或终止的客观情况。事件可以是自然现象，也可以是社会现象。但是，作为旅游法律事实的自然现象多限于足以能够引起旅游法律关系主体之间的权利义务关系发生变化和终止的自然灾害等不可抗力事件，例如，严重的自然灾害，可以导致某些旅游合同被迫取消。作为旅游法律事实的社会现象主要是指军事行动、政府的禁令、动乱、罢工等，它们都可能引起某些旅游法律关系的变化。

(三) 旅游法律关系的产生、变更和消灭

1. 旅游法律关系的产生

旅游法律关系的产生，指的是因某种法律事实使旅游法律关系主体之间一定的权利义务关系形成。例如，旅行社和旅游者签订一份旅游合同，只要符合《合同法》和《旅行社条例》的相关规定，就会在旅行社和旅游者之间产生权利义务关系，并且这种关系受到上述有关法律的保护和监督。

2. 旅游法律关系的变更

旅游法律关系的变更，指的是因某种旅游法律事实使旅游法律关系的主体、客体和权利义务发生了变化。例如，甲旅行社接待了几位旅游者，双方签订了合同，可出团时，因人数不够，甲旅行社在征得这几位旅游者书面同意的情况下，将他们转让给乙旅行社出团，为此，这几位旅游者与乙旅行社再行协商签订新的合同。在此情况下，是主体的变化而引起旅游法律关系的变更。尤其要注意的是，旅游法律关系的变更不是随意的，它受到法律严格的限制，除因不可抗力事件或当事人事先协商一致以外，不得擅自变更，否则应承担相应的法律责任。

3. 旅游法律关系的消灭

旅游法律关系的消灭，指的是因某种旅游法律事实，使旅游法律关系主体间的权利义务关系终结。在实践中，旅游法律关系的消灭一般表现为主体各方权利义务的实现，如一个旅行社按合同规定圆满完成了某旅游团的接待任务，双方权利、义务关系即归于消灭。当然也有因主体间自行协商，或依法律规定，或主体消亡、破产等，而使旅游法律关系消灭的情况。

四、旅游法律关系的保护

(一) 旅游法律关系保护的含义

对旅游法律关系的保护，实质上就是对旅游法律关系主体的权利和义务的保护，就是有关主管机关严格监督旅游法律关系主体正确行使权利、切实履行义务，保护旅游法律关系主体的合法权益不受侵犯，对侵害旅游法律关系主体合法权利和不履行义务者追究法律责任的行为。

旅游法律关系主体一般都能自觉地遵守旅游法律法规，正确地行使权利和履行义务。但是，毋庸讳言，在现阶段，仍然存在着不能自觉遵守旅游法律法规，不能正确行使权利和正确履行义务，从而损害国家和人民利益的现象，甚至还会出现严重破坏社会主义经济秩序的犯罪现象。因此，在对旅游法律关系主体权利和义务的保护上，必须利用国家强制力来保证实现，保证其他旅游法律关系主体的合法权益得以实现，从而使我国整个社会主义经济有序地进行。

(二)旅游法律关系保护体系

为了切实有效地保护旅游法律关系,现在我国已经建立了一整套比较完备的保障体系。

(1)旅游行政执法保护。这是国家旅游行政管理机关和相关的国家行政管理机关(如工商、税务、卫生、公安等)通过行政执法活动所进行的保护,在其职责范围内,通过强制履行、行政处分、行政处罚和行政复议等手段来保护旅游法律关系。

(2)旅游仲裁保护。这是指仲裁机关以第三者的身份,对特定的旅游纠纷或争议进行调解、裁决和仲裁所作出的保护。例如,仲裁机构对合同纠纷、劳动争议的仲裁。

(3)旅游司法保护。这是人民检察院和人民法院对重大的旅游纠纷案件和行政案件,通过行使检察权和审判权所作出的保护。

(三)旅游法律关系的保护措施

根据我国相关法律法规的规定,对旅游法律关系保护的措施主要有:

(1)行政措施。这是国家行政机关对违反相关法律法规的单位和个人所作出的警告、罚款、责令停业整顿、没收非法所得、吊销营业执照等行政处罚。

(2)民事措施。这是指国家司法机关判令有侵权行为的一方或不履行义务者支付违约金、赔偿损失等。

(3)刑事措施。这是指人民法院对于构成犯罪的依法追究刑事责任。

案例 1-1

2016年2月,最高人民法院、国家旅游局联合下发通知,要求各级人民法院和各地旅游委、局,进一步发挥人民法院和旅游主管部门职能作用,维护旅游者和旅游经营者合法权益,更好地规范旅游市场秩序,保障和促进旅游业持续健康发展。

通知指出,要充分认识及时妥善化解旅游纠纷的重要性。通知要求,人民法院要不断夯实基层基础,有针对性地加强旅游景区等游客相对集中区域派出法庭建设和巡回审判工作,并根据各地的实际情况对司法和审批力量进行合理配置,设立旅游派出法庭,或者在旅游景区设立巡回审判点,做好相关案件审理和纠纷化解工作。

通知要求,要建立人民法院与旅游主管部门解决旅游纠纷的双向交流机制,同时人民法院还要与旅游主管部门建立旅游纠纷案例定期通报等制度。此外,通知还要求各地旅游主管部门根据旅游投诉监测情况,掌握本地旅游纠纷发生集中的旅行社、景区、旅游集散中心等情况,协助人民法院做好派出法庭或巡回审判点的选址工作。旅游投诉受理机构对于旅游投诉要依法及时做出行政调解,对调解不成的,要引导当事人向人民法院起诉,形成"诉调对接"。

本案评析:近年来,随着人民生活水平的提高,旅游市场发展迅速,旅游纠纷案件也呈持续增长态势。为提高处理旅游纠纷的能力水平,共同构建规范有序、和谐稳定的旅游市场,人民法院和旅游主管部门充分发挥其在审判和行政调解、行政执法等方面的职能作用，积极形成合力，及时、有效解决旅游纠纷，这对保护旅游者权益、保障旅游活动顺利进行、化解群体性矛盾具有重要意义，实现了调解、仲裁、行政裁决、行政复议、诉讼等旅游法律保护体系的相互协调和有机衔接，建立起了一套多元化的纠纷解决机制，为促进旅游业持续健康发展做出了积极贡献。

思考题

1. 怎样理解旅游业的发展导致旅游法的产生？
2. 我国旅游立法体系是怎样的？
3. 什么是旅游法律关系？它由哪三大要素构成？
4. 什么是法律事实？它可以分为哪几类？
5. 旅游法律关系的保护体系和保护措施有哪些？

第二章　旅游者权益保护法律制度

旅游者是旅游活动的主体，旅游者的合法权益如果得不到保障，不仅会影响旅游者出游的积极性，而且会制约我国旅游业的持续健康发展。如何最大限度地保护旅游者的合法权益，一直是我国关注的问题。《旅游法》在总则中有关于旅游者权益的原则规定，并专设"旅游者"一章规定旅游者的权利和义务，这在中外旅游立法中都属首次，体现出我国政府以人为本，着重和优先保护旅游者合法权益的基本原则与立法精神。《旅游法》将旅游者定性为消费者，但关于旅游者权利义务的规定并非简单重复或重申《消费者权益保护法》的相关规定，而是依据宪法，结合旅游行业的特点和要求，明确旅游者的权利和义务。

当然，旅游者作为消费者的一种类型，通过购买旅游产品、接受服务从而满足其旅游需求，他们的活动实际上是人类的一种高级消费活动。因此，对于旅游者在旅游活动中合法权益的维护，一般的消费者权益保护法律法规也是适用的。

第一节　概　　述

一、旅游者权益概述

我国已颁布的《旅游法》中并未对"旅游者"进行概念上的明确界定，学术界和业界对什么是旅游者有比较大的争议，但一般认为，旅游者是指离开常住地到异地进行旅游消费的人。那么，旅游者的合法权益应界定为离开常住地到异地进行旅游消费的人享有并依照我国法律法规能够实现的权利及获取的利益。旅游者作为消费者的一种类型，具有消费者权益的共同特性，也具有自身的特殊性。旅游者权益与一般的消费者权益相比具有如下法律特征：

（1）时限性。旅游者只有在旅游期间才能是旅游法律关系的主体，在非旅游期间就不能称为旅游者。旅游者的合法权益伴随着旅游法律关系的产生而产生，伴随着旅游法律关系的消灭而消灭，旅游法律关系的消灭必然导致旅游者合法权益的终止，这是旅游者的合法权益区别于一般消费者的合法权益的本质特征①。

（2）双重性。旅游者是消费者群体的一部分，因此旅游者的合法权益既具有一般消费者的合法权益的特征，又具有其本身的特殊性。一般消费者的权益仅涉及物质权益或精神权益，而根据有关法律法规的规定，旅游者的合法权益通常包含精神权益和物质权益两方面的内容，具有双重性。在通常情况下，旅游者的精神权益比物质权益显得更为重要，同时精神权益也比物质权益更容易受到侵害。

（3）保护多样性。旅游者的合法权益具有双重性，决定了其保护方法的多样性。无论是国家立法，还是制定旅游行业服务标准都必须既考虑旅游者的精神权益，又考虑旅游者的物质权益。只有对两项合法权益进行综合保护，才能从根本上保护旅游者的合法权益。旅游者的合法权益的保护方法多种多样，包括从立法、司法到行业保护等。

（4）与旅游经营者责任的关联性。一般情况下，旅游者外出旅游，都要通过旅行社等旅游经营者进行，旅游者与旅游经营者实际存在着合同关系，旅游者享受旅游经营者提供的服务，旅游经营者承担保护旅游者的合法权益的义务，因此旅游者的权益与旅游经营者的义务是相互关联的。

（5）复杂性。一方面，侵害旅游者权益的主体具有复杂性，"食、住、行、游、购、娱"旅游六大要素的相关企业在旅游者进行旅游活动中都可能发生损害旅游者权益的行为；另一方面，旅游者权益的构成具有复杂性，根据《旅游法》、《消费者权益保护法》等法律的规定，旅游者应享有安全保障权、知情权、自主选择权、公平交易权、求偿权、获取尊重等多项权利；而且，维护旅游者合法权益的适用法律、法规具有复杂性，既包括《消费者权益保护法》、《产品质量法》、《反不正当竞争法》、《民法通则》、《合同法》等通用法律，也包括《旅游法》、《旅行社条例》、《旅行社条例实施细则》、《导游人员管理条例》、《旅游投诉处理办法》等旅游方面的法律、法规、规章，甚至还包括一些地方性旅游法规。

二、《旅游法》关于旅游者权益的原则规定和适用范围

（一）《旅游法》关于旅游者权益的原则规定

《旅游法》的第一条规定了旅游法的立法宗旨，即"为保障旅游者和旅游经营者的合法权益，规范旅游市场秩序，保护和合理利用旅游资源，促进旅游业持续健康发展，制定本法"。

此条规定表明，旅游法以保障旅游者合法权益为主线，突出保障旅游者和旅游经营者的合法权益，坚持以人为本，平衡旅游者与旅游经营者和旅游从业人员之间的权利、义务和责任，强化政府监管，规范旅游市场秩序，保护和合理利用旅游资源，促进旅游业持续健康发展。

---

① 刘天君. 旅游者合法权益若干法律问题探析. http://www.lawtime.cn/article/lll100604830100609924oo142770.

(二)《旅游法》的适用范围

《旅游法》第二条规定了其适用范围："在中华人民共和国境内的和在中华人民共和国境内组织到境外的游览、度假、休闲等形式的旅游活动以及为旅游活动提供相关服务的经营活动,适用本法。"

可见,我国《旅游法》规范和调整的对象,从活动类型上说,主要包括两类活动:一是旅游者的游览、度假、休闲等形式的旅游活动;二是为这些旅游活动提供相关服务的旅游经营者的经营活动。从空间范围上说,这些活动既包括在中华人民共和国境内组织的旅游活动和为这些旅游活动提供相关服务的经营活动,也包括在中华人民共和国境内组织到境外的旅游活动和为这些旅游活动提供相关服务的经营活动。旅游者的权益与旅游者的旅游活动和旅游经营者的经营活动密切相关。

三、《消费者权益保护法》的立法宗旨和基本原则

(一)消费者与消费者权益

1. 消费者

消费者在现代社会中是一个使用十分频繁的词语,含义较为宽泛,一般有狭义和广义两种解释。狭义上是指以个人消费为目的而购买或使用商品和服务的个体社会成员。而广义上的消费者,从消费内容上看,它既包括生活消费又包括工业生产消费;从消费主体上看,它既包括个体、公众又包括社团、法人。一般来说作为权利主体的法律意义上的消费者指狭义上的消费者。大多数国家法律所使用的"消费者",甚至国际上消费者权益法中对消费者的解释均是取狭义。我国《消费者权益保护法》并未对"消费者"作出明确具体的定义,但其第二条规定:"消费者为生活消费需要购买、使用商品或接受服务,其权益受本法保护。"因此,该法所称的消费者应是指为生活消费需要购买、使用商品或接受服务的个人和单位,是从事生活消费的主体。

2. 消费者权益

在现代市场经济中,消费者权益不仅是一种公共约定和公认的规范,还得到了国家法律的确认和保护。消费者权益是指消费者在有偿获得商品或接受服务时,以及在以后的一定时期内依法享有的权益。其法律特征为:

(1)消费者权益是消费者所享有的权益。也就是说,消费者的权利是与消费者的身份联系在一起的,只有在以消费者的身份购买、使用商品或接受服务时才能享有这些权利。

(2)消费者的权益通常是法定权利。它是由《消费者权益保护法》等法律法规明确规定,具有强制性,任何人不能剥夺,经营者侵害消费者权益要承担法律责任。

(3)消费者的权益是法律基于消费者的弱者地位而特别赋予的权利。

(二)消费者权益保护法的概念和立法宗旨

消费者权益保护法是调整国家机关、经营者、消费者相互之间保护消费者利益而产生的社会关系的法律规范的总称。可见,消费者权益保护法的调整对象有:一是国家机关与经营者之间的监督管理关系,二是国家机关与消费者之间的指导与被指导、保护与被保护的关系,三是经营者与消费者之间的商品交换关系。

消费者权益保护已成为世界性的潮流，各国都十分重视对消费者权益的立法保护。我国消费者权益保护法从广义上说，应是以《消费者权益保护法》为主体，以各相关的法律、法规相配套的综合法律体系。我们通常所说的消费者权益保护法，是狭义上的提法，具体是指1993年10月31日由第八届全国人大常委会第四次会议通过并于1994年1月1日起施行的《消费者权益保护法》。这是我国第一部以保护消费者权益为核心，对消费领域的经济关系进行全面有效调整的法律文件。该法于2009年8月27日十一届全国人民代表大会常务委员会第十次会议第一次修正，2013年10月25日十二届全国人民代表大会常务委员会第五次会议第二次修正，最新修订的《消费者权益保护法》自2014年3月15日起施行。

我国《消费者权益保护法》第一条明确规定了其立法宗旨："为保护消费者的合法权益，维护社会经济秩序，促进社会主义市场经济健康发展，制定本法。"

（三）消费者权益保护法的基本原则

1. 经营者与消费者遵循自愿、平等、公平、诚实信用的原则

经营者与消费者进行交易，应在自觉自愿的基础上进行，公平交易、讲诚实、守信用、遵守商业道德，文明经商、文明消费。不得以任何欺骗、胁迫、强迫手段进行交易，不得强买强卖、恃强凌弱，不得哄抬物价，不弄虚作假，以善意的方式履行各自的义务。

2. 国家特别保护消费者合法权益原则

对消费者合法权益国家要特别保护，这是由于在消费中消费者客观上处于弱者地位，消费者是分散的无组织的个人，而经营者大多是有组织的法人，具体的消费者还会受到专业知识、时间、财力、精力等限制，易受到经营者不法行为的侵害。因此，国家当然有责任对消费者给予特别的保护，具体体现在：

（1）国家制定保护消费者权益的政策、法律、法规，明确消费者需要加以保护的特殊地位。

（2）国家采取措施，切实保障消费者依法行使权利，如帮助、指导和教育消费者提高自我保护意识，加强对经营者的监督管理，当消费者受侵害时，提供必要的法律帮助。

3. 全社会保护消费者合法权益原则

保护消费者权益是全社会的共同责任，仅有国家给予特别保护是不够的。社会各界都有相应的责任和义务来保护消费者的权益，只有动员广泛的社会力量，消费者权益保护法律制度才能真正落实。首先，国家鼓励、支持一切组织和个人对损害消费者合法权益的行为进行社会监督。其次，大众传播媒介应当做好维护消费者合法权益的宣传，对损害消费者合法权益的行为进行舆论监督。只有全社会动员起来，相互配合，才能形成保护消费者利益的网络体系。

第二节　旅游者的权利和义务

我国《旅游法》第二章专门规定了旅游者的权利和义务，凸显了《旅游法》以人为本、保护旅游者合法权益的根本宗旨。旅游者的基本权利主要包括对产品和服务的自主选择

权、公平交易权，对购买的旅游产品和服务的知情权以及请求救护和保护的权利，此外，对于残疾人、老年人、未成年人这些特殊人群的保护和提供便利也作了专门规定。权利和义务是相辅相成的，旅游者在享有法律赋予的权利的同时，也应承担相应的义务，《旅游法》从文明旅游、不得损害他人合法权益、告知及配合、不得非法滞留和擅自脱团分团等方面来约束旅游者的行为。

一、旅游者的权利

（一）自主选择权、公平交易权、知情权

《旅游法》第九条第一款、第二款规定，旅游者有权自主选择旅游产品和服务，有权拒绝旅游经营者的强制交易行为；旅游者有权知悉其购买的旅游产品和服务的真实情况。

《旅游法》之所以规定旅游者的自主选择权、公平交易权和知情权，一方面是因为《消费者权益保护法》确认了消费者的自主选择权、公平交易权和知情权，旅游者作为典型的消费者，也应当享有作为消费者的这些基本权利；另一方面是因为旅游消费的特点决定了旅游者的自主选择权、公平交易权和知情权很容易被侵犯，如旅游经营者的强买强卖、"甩团"、发布虚假信息等行为时有发生，因此必须要对旅游者的这些权利加以特别保护。

案例 2-1

某 4A 级景区门票价格几年以来一直是 80 元，但 2013 年 4 月初，该景区将一私人在景区内投资建设的某艺术馆的票价加进景区门票中，实行套票，门票价格从 80 元涨为 100 元。

本案评析：本案中售卖套票的做法即为侵犯旅游者自主选择权的行为。《旅游法》规定，旅游者有权自主选择旅游产品和服务，本案中景区将艺术馆的票价加进景区门票中，售卖套票，提高门票价格，实际上是强制旅游者消费，是对旅游者自主选择权的侵犯。

（二）要求旅游经营者依约履行权

《旅游法》第九条第三款规定，旅游者有权要求旅游经营者按照约定提供产品和服务。

旅游合同是联系旅游经营者和旅游者的纽带，旅游合同是典型的消费合同，旅游者既是《合同法》保护的合同当事人，也是《消费者权益保护法》保护的消费者，无论是依据《合同法》还是《消费者权益保护法》，旅游者都享有要求旅游经营者依约履行的权利。《旅游法》的这项规定，是对《合同法》和《消费者权益保护法》规定的重申和明确。

在旅游实践中，旅游者的这项权利是指，旅游者有权要求与其订立旅游合同的旅游经营者严格按照旅游合同约定的内容、标准、方式和期限等提供旅游产品和服务，全面履行合同义务。

(三) 受尊重权

《旅游法》第十条规定，旅游者的人格尊严、民族风俗习惯和宗教信仰应当得到尊重。

旅游者的人格尊严、民族风俗习惯和宗教信仰受尊重权，是指旅游者在从旅游经营者处购买、使用旅游服务产品和享受服务时，其人格尊严、民族风俗习惯和宗教信仰应当得到旅游经营者及其工作人员的尊重和保护。在旅游活动中，旅游经营者不得侮辱、诽谤旅游者，不得侵害旅游者的人身自由权，同时不得歧视旅游者的民族感情、民族尊严和民族意识，不得歧视信仰宗教的旅游者和不信仰宗教的旅游者。

(四) 特殊旅游者优惠权

特殊旅游者是指因身体残疾、年龄、职业等原因而受到法律特殊保护和特殊对待的旅游者，主要包括残疾人、老年人、未成年人、军人、学生等。《旅游法》第十一条规定，残疾人、老年人、未成年人等旅游者在旅游活动中依照法律、法规和有关规定享受便利和优惠。

此条规定使得残疾人、老年人、未成年人等特殊的旅游者不会因为他们的经济条件、身体条件、年龄等方面的原因而被迫放弃参加旅游活动，他们可以根据相关法律的规定，通过国家、社会和旅游经营者为他们提供的各种便利和优惠，能够和其他旅游者一样方便而充分地享用旅游资源和旅游经营者提供的旅游服务。比如根据相关法律规定，博物馆、美术馆、科技馆、纪念馆、公园、旅游景点等场所，应当对老年人免费或者优惠开放。

(五) 旅游救助和求偿权

《旅游法》第十二条规定，旅游者在人身、财产安全遇有危险时，有请求救助和保护的权利；旅游者人身、财产受到侵害的，有依法获得赔偿的权利。

在旅游过程中，旅游者人身和财产可能会遇到自然灾害等突发事件、动乱等政治事件、偷窃等刑事案件而带来的危险，以及因自己的疏忽大意等原因陷于困境，根据上述规定，旅游者有权要求国家、社会和旅游经营者提供及时、有效、合理的救助和保护。

而当旅游者在旅游过程中因购买、使用商品或者接受服务受到人身、财产损害时，享有依照法律规定或者合同约定获得赔偿的权利。比如旅游者在旅游过程中被以暴力相威胁、受到诽谤污蔑、财产被损害等，都可以请求加害方予以赔偿。

二、旅游者的义务

(一) 文明旅游的义务

《旅游法》第十三条规定，旅游者在旅游活动中应当遵守社会公共秩序和社会公德，尊重当地的风俗习惯、文化传统和宗教信仰，爱护旅游资源，保护生态环境，遵守旅游文明行为规范。

在旅游实践中，一些游客的不文明行为时有发生，在社会上造成了不良影响，应当加以规范和引导，本条规定意在规范和引导旅游者健康旅游、文明旅游。

案例 2-2 🔍

2016 年 10 月 19 日，上海春秋旅行社有限公司某分公司公布《关于我公司组织的赴日旅游团游客带走酒店备用马桶盖一事的调查报告》："经公司调查，涉及此事的游客李某报名参加日本六日游，10 月 17 日晚，李某所在旅游团入住名古屋某酒店。18 日酒店工作人员向领队反映某房间床下盒子中的备用马桶盖丢失。后经领队询问，游客李某承认其误以为是前一位住客遗落物品，抱着贪小便宜心理将此物带出酒店。领队告知李某此为酒店物品后，李某当即答应归还，并委托地接导游于 18 日当天将酒店备用马桶盖寄回酒店。由于自己的行为给旅行社、酒店造成的麻烦，游客李某由衷地表示抱歉、忏悔。我公司对此事高度重视，连夜召开紧急会议，并强调将进一步加强游客文明旅游教育。在此，我公司也号召全体游客提高文明素质，塑造中国公民良好形象。"

本案评析：《旅游法》第二章第十三条明确规定：旅游者在旅游活动中应当遵守社会公共秩序和社会公德，尊重当地的风俗习惯、文化传统和宗教信仰，爱护旅游资源，保护生态环境，遵守旅游文明行为规范。《旅游法》第四章第四十一条规定：导游和领队应当向旅游者告知和解释旅游文明行为规范，引导旅游者健康、文明旅游，劝阻旅游者违反社会公德的行为。本案中，根据法律规定，各方应做到：

第一，旅游者应当遵守旅游目的地的法律法规，克服陋习，举止文明。

第二，出境游组团社应召集行前说明会，由带团领队（或相关人员）详细讲解目的地法律法规、风俗习惯，对游客进行文明素质教育，并把不文明言行的利害关系讲清楚，积极引导旅游者遵守《中国公民出国（境）旅游文明行为指南》。

第三，导游和领队人员在带团途中应及时普及目的地风俗习惯以及当地有关法律法规和禁忌，并一一解答游客提出的疑问，及时纠正游客的不文明行为，切实维护游客自身形象、国民形象和国家形象。

(二) 不得损害他人合法权益的义务

《旅游法》第十四条规定，旅游者在旅游活动中或者在解决纠纷时，不得损害当地居民的合法权益，不得干扰他人的旅游活动，不得损害旅游经营者和旅游从业人员的合法权益。

旅游者是受宪法保护的公民，也是受民法调整的民事主体，理应承担宪法和民法赋予的不得损害他人合法权益的义务。在旅游活动中，旅游者不得损害旅游目的地居民、其他旅游者、旅游经营者和旅游从业人员的合法权益，旅游者污染旅游目的地环境、强行要求其他旅游者改变旅游行程，或者不按照合同约定支付给旅游经营者旅游费用，等等，这些行为都违反了《旅游法》的规定，而《旅游法》这一规定可以有效地防范此类行为的发生。

(三) 告知及配合的义务

为了保障旅游者自身安全的需要，为了保障旅游的顺利进行和旅游目的的达成，《旅游法》第十五条规定，旅游者购买、接受旅游服务时，应当向旅游经营者如实告知与旅游活动相关的个人健康信息，遵守旅游活动中的安全警示规定；旅游者对国家应对重大突发事件暂时限制旅游活动的措施以及有关部门、机构或者旅游经营者采取的安全防范和应急处置措施，应当予以配合。并同时规定，旅游者违反安全警示规定，或者对国家应对重大突发事件暂时限制旅游活动的措施、安全防范和应急处置措施不予配合的，依法承担相应责任。

案例 2-3

旅游者王某想去尝试漂流探险。在买票的时候，工作人员告诉王某，有高血压、心脏病和骨骼疾病的人不能参加漂流探险，并且询问王某是否有上述疾病。王某本身有心脏病，不过他特别想体验一下漂流探险的乐趣，便向工作人员隐瞒了有心脏病的事实。结果，在激流探险时由于心脏病突发而休克。

本案评析：本案中，王某不顾工作人员的警示参加漂流探险，违反了遵守安全警示的义务；向工作人员隐瞒患有心脏病的行为属于应当告知而未告知的情形，违反了如实告知的义务。

(四)不得非法滞留和擅自脱团、分团的义务

《旅游法》第十六条规定，出境旅游者不得在境外非法滞留，随团出境的旅游者不得擅自分团、脱团；入境旅游者不得在境内非法滞留，随团入境的旅游者不得擅自分团、脱团。

出境旅游者在境外非法滞留是指中国公民到其他国家或港澳台地区旅游，在签证到期后仍在境外滞留不归的情况。出境旅游者擅自脱团、分团是指旅游者参加了组团社的出境旅游团队后，在境外未告知旅游团、未取得该国入境管理部门同意，擅自脱离旅游团队，或单独出入境，不随团完成约定行程的行为。这些行为是被禁止的，否则会承担相应的法律责任。

同时，其他国家或港澳台地区的居民为了进行旅游活动进入中国境内，在签证到期后仍在我国境内滞留不归，或随团旅游者擅自脱团、分团，都是被禁止的，否则会受到相应的行政处罚并被遣返出境。

三、《旅游法》对旅游者合法权益的保护

在《旅游法》中涉及旅游者的条款有 55 条之多，大部分是将旅游者作为权利主体或保护对象，《旅游法》为旅游者织起多重保护网，具体表现在[1]：

第一，从上述五项具体权利上落实对旅游者合法权益的保护。

《旅游法》第二章主要包括旅游者自主选择权、公平交易权、知情权、要求旅游经营者依约履行权、受尊重权、特殊旅游者优惠权、旅游救助和求偿权，看起来是对消费者基

---

[1]　杨富斌，苏号朋. 中华人民共和国旅游法释义. 北京：中国法制出版社，2013：7-8.

本权利的再一次重申，但意义重大。这是我国第一次以法律形式集中对旅游者权利保护的庄严宣示，《旅游法》是旅游者权益保护的一个里程碑。

第二，强调政府作为保护旅游者权益的义务主体，需履行旅游公共服务职能。

长期以来，政府在旅游市场中仅仅扮演市场监管者角色。《旅游法》强调政府作为旅游者权益保护的义务主体，必须为旅游者做些什么，而不能只是命令旅游经营者为旅游者做什么，或者对做得不够进行评判，反映出《旅游法》立法价值观的巨大转变。根据《旅游法》的相关条文，对政府旅游公共服务的具体要求包括：

(1)全面提供旅游公共服务信息的义务；

(2)加强旅游基础设施建设的要求；

(3)公共资源景区的公益性要求；

(4)建立旅游目的地安全风险警示制度、旅游应急管理制度、安全监管制度；

(5)对陷于危险的旅游者的救助和保护的义务。

第三，对旅游经营者及其从业人员设定了较为严格的义务，体现了对旅游者权益更多的保护。

旅游经营者是市场经营主体，向旅游者提供旅游服务，《旅游法》强调旅游经营者必须守法经营，真正实现保障旅游者权益这一立法宗旨。比如，规定旅游经营者负有保障旅游者人身、财产安全以及提供质量保证的义务，旅游经营者应当保证其提供的商品和服务符合保障人身、财产安全的要求；旅游经营者取得相关质量标准等级的，其设施和服务不得低于相应标准；未取得质量标准等级的，不得使用相关质量等级的称谓和标志。又如，规定旅游经营者对旅游者个人信息保密义务，旅游经营者对其在经营活动中知悉的旅游者个人信息，应当予以保密。

第四，在遵循《消费者权益保护法》、《合同法》的一般原则规定基础上，根据旅游活动的特点，规定了一些特殊的、有针对性的旅游者权利。

按照《旅游法》的规定，旅游者的这些权利主要体现在程序上的享有合同变更转让与解除权、监督投诉权等。旅游者在旅游行程开始前，可能会因生病、工作等原因，无法按期参加原定旅游行程，旅游者可以将包价旅游合同中自身的权利义务转让给第三人，旅行社没有正当理由的不得拒绝，因此增加的费用由旅游者和第三人承担。旅游者在旅游行程结束前，无须阐述理由，可以随时解除包价旅游合同的权利；旅游行程结束前，旅游者解除合同的，组团社应当在扣除必要的费用后，将余款退还旅游者。旅游者与旅游经营者发生纠纷，有向消费者协会、旅游投诉受理机构投诉的权利。

第三节　消费者的权利和经营者的义务

旅游者是消费者的一种类型，旅游者合法权益保护体系是以《旅游法》为基础，以《消费者权益保护法》为法律依据来建构起我国保护旅游者合法权益保护体系的，因此，对《消费者权益保护法》规定的消费者权利要有一个全面了解，同时消费者的权利和经营者的义务是对立统一的，只有实现二者平等和谐的统一，才能建立起良好的市场环境。我国

《消费者权益保护法》明确规定了消费者的权利和经营者的义务。

一、消费者的权利

法律对某种权益的保护，是通过一定的权利和义务关系体现出来的。消费者的权利就是法律赋予消费者有权为一定行为或要求他人为一定行为的资格。我国《消费者权益保护法》设专章规定了消费者享有的权利。具体如下：

(一)安全权

安全权是指消费者在购买、使用商品和接受服务时享有人身、财产安全不受损害的权利。这是消费者最重要的权利。该权利要求经营者提供的商品和服务，在各方面都应达到国家安全标准，绝对保证其质量不会损害消费者的人身和财产安全。消费者只要因购买、使用的商品或接受的服务使财产蒙受损失，就有权要求赔偿。如旅游者有权要求旅行社提供符合保障人身、财产安全要求的旅行服务。

(二)知悉真情权

知悉真情权又称知情权、了解权，即消费者享有知悉其购买、使用的商品或接受服务的真实情况的权利。随着现代社会商品和服务种类的增多、层次的提高，普通消费者已很难依靠自己的知识和经验对所选购商品或接受服务的质量、价格等作出客观准确的判断。为了保障消费者能正确购买商品和接受服务，《消费者权益保护法》规定：消费者有权根据商品或者服务的不同情况，要求经营者提供商品的价格、产地、生产者、用途、性能、规格、等级、主要成分、生产日期、有效期限、检验合格证明、使用方法说明书、售后服务或者服务的内容、规格、费用等有关情况。另外，消费者还有权要求经营者明确回答关于商品和服务的质量、数量、价格等问题。如旅游者有权要求旅行社提供行程时间表和赴有关国家(地区)的旅行须知，提供旅行的服务价格、住宿标准、餐饮标准、交通标准等旅游服务标准。

(三)自主选择权

这是消费者所享有的自主选择商品或服务的权利。消费者可以根据自己的需要、经验、喜好，自主选择商品和服务。根据《消费者权益保护法》，消费者的自主选择权包括：

(1)有权自主选择提供商品或者服务的经营者；

(2)有权自主选择商品品种或者服务方式；

(3)有权自主决定购买或者不购买任何一种商品、接受或者不接受任何一项服务；

(4)消费者在自主选择商品或者服务时，有权进行比较、鉴别和挑选。

总之，消费者的自主决定不受任何人的强制。例如，旅游者在旅游活动中被强制带到购物商店购物，就是对消费者自主选择权的侵犯。当然，消费者必须合法行使自主选择权，不得滥用自主选择权，要遵守社会公德，不得侵害国家、集体和经营者的合法权益。

(四)公平交易权

《消费者权益保护法》规定，消费者在购买商品或者接受服务时，有权获得质量保障、价格合理、计量正确等公平交易条件，有权拒绝经营者的强制交易行为。由此可见，消费者的公平交易权包括两个方面的内容：

(1)消费者有权获得质量保障、价格合理、计量正确等公平交易条件。质量保障要求经营者提供的商品或服务必须符合保障人体健康、人身财产安全的国家标准、行业标准，未制定国家标准、行业标准的，必须符合保障人体健康、人身财产安全的要求。价格合理是指商品或服务的价格与其价值相符或基本相符。同时，经营者提供商品或服务时计量也要准确。

(2)消费者有权拒绝经营者的强制交易行为。强制交易就是违背消费者的真实意愿，违反自愿、公平、诚实信用、等价有偿等市场交易的基本原则提供商品或服务的作为。

(五)获得赔偿权

获得赔偿权又称求偿权，是指消费者因购买、使用商品或接受服务受到人身、财产损害的，享有依法获得赔偿的权利。具体指：

(1)经营者提供的商品或服务不符合国家有关质量标准，不能实现应有的使用价值，或计价、计量不符合法定要求，侵害了消费者权益，消费者有权要求消除或采取补救措施。

(2)消费者因购买、使用商品或接受服务受到人身、财产损害的，有权要求经营者合理赔偿。如在旅游活动过程中，旅行社未经旅游者同意，擅自变更、取消、减少或增加旅游项目，使旅游者的合法权益受到损害的，旅游者有权依法获得赔偿。

这里需要指出的是，求偿权的主体(受害人)既包括商品的购买者、服务的接受者、商品的使用者，也包括在他人购买、使用商品或接受服务时因偶然因素在事故现场而受到人身、财产损害的人。求偿权的范围既包括消费者人身权(生命健康权、人格权等)和财产权损害的赔偿，也包括消费者因人身权受到侵害造成精神痛苦的一定赔偿。消费者只要因购买、使用商品或接受服务而受到人身、财产损害，就可依法求偿，并不需要证明经营者主观上是否存在过错。当然如果是由于受害者自己的过错造成损害，经营者就不承担赔偿责任。

(六)依法结社权

消费者享有依法成立维护自身合法权益的社会团体的权利。

在消费领域，经营者与消费者在法律地位上是平等的，但在实践中，消费者处于弱者地位，权益易遭受损害。赋予消费者结社权，能使消费者从分散、弱小走向集中和强大，并通过集体的力量来改变自己的弱者地位，与实力雄厚的经营者相抗衡。目前，中国消费者协会和地方各级消费者协会就是消费者自己的团体，它们在保护消费者权益方面做了大量而有成效的工作。

(七)知识获取权

消费者享有获得有关消费和消费者权益保护方面的知识的权利。

消费者获取知识权，是取得其他权利(如自主选择权、知悉真情权等)的保障。主要包括两个方面的权利：

(1)消费者有权获得与商品、服务、消费等密切相关的知识和信息，更好地实现期待的消费目标，增强自我保护能力。

(2)消费者有权获得有关消费者权益保护的法律、法规和政策等方面的知识，能运用法律维护自身的合法权益。

(八) 维护尊严权

消费者在购买、使用商品和接受服务时，享有其人格尊严、民族风俗习惯得到尊重的权利，享有个人信息依法得到保护的权利。

人格尊严权包括姓名权、名誉权、荣誉权、肖像权、人身自由权等，这是公民最起码的权利。如旅游者在一旅游商店购物，被疑偷拿物品，遭搜身检查，就是对旅游者人格尊严权的侵犯，旅游者有权得到法律的救助。我国是一个多民族国家，各民族都有自己独特的风俗习惯，经营者和其他消费者应尊重各民族的风俗习惯，这对于处理好民族关系，促进社会的安定团结有重要意义。

近年来，因住宿、网上购物等因素导致个人信息泄露的事件时有发生，对此，修订后的《消费者权益保护法》将个人信息受到保护作为消费者的一种权利确定下来，这是该法修订的一大亮点。

(九) 监督批评权

消费者享有对商品和服务以及保护消费者权益工作进行监督的权利。

消费者有权通过多种途径参与社会监督，依法对经营者提供的商品和服务进行监督检查。对经营者的不法侵权行为，有权及时制止，或向国家机关检举和控告。消费者对国家机关及其工作人员在保护消费者权益工作中的违法失职行为，有权检举和控告，有权对保护消费者权益工作提出批评、建议。

二、经营者的义务

经营者是指为消费者提供其生产、销售的商品或者提供服务的公民、法人和其他经济组织。经营者的义务是经营者在经营活动中应履行的责任，即经营者依法必须为一定行为或不为一定行为的责任。经营者的义务与消费者的权利是相对应的，《消费者权益保护法》在赋予消费者权利的同时，也设专章规定了经营者与之相应的义务。

(一) 履行有关法律、法规规定的义务和与消费者约定的义务

经营者向消费者提供商品或者服务，应当按照《消费者权益保护法》及《产品质量法》、《食品安全法》、《广告法》、《商标法》等有关法律、法规的规定履行义务。经营者与消费者之间就商品或服务达成协议约定的，应当按照约定履行义务。当然双方的约定不得违反法律、法规的规定。

(二)听取意见和接受监督的义务

经营者应尊重消费者的权益,通过有效途径和方式接受消费者对商品和服务的意见,如设立专门机构、配置专门人员收集、听取消费者的批评和建议,同时把向消费者提供商品或服务的活动置于消费者有效监督之下。这样才有利于经营者在竞争中改进工作,提高产品质量和信誉,从而扩大市场。

(三)保障商品或服务安全的义务

经营者应当保证其提供商品或服务符合保障人身、财产安全的要求,不危害消费者的生命健康和财产安全。对可能危及人身、财产安全的商品和服务,应当向消费者作出真实的说明和明确的警示,并说明和标明正确使用商品或者接受服务的方法以及防止危害发生的方法。宾馆、商场、餐馆、银行、机场、车站、港口、影剧院等经营场所的经营者,应当对消费者尽到安全保障义务。

经营者发现其提供的商品或者服务存在缺陷,有危及人身、财产安全危险的,应当立即向有关行政部门报告和告知消费者,并采取停止销售、警示、召回、无害化处理、销毁、停止生产或者服务等措施。采取召回措施的,经营者应当承担消费者因商品被召回支出的必要费用。

(四)提供商品或服务的真实信息的义务

为保障消费者全面了解情况,经营者应当真实、全面地向消费者提供有关商品或者服务的质量、性能、用途、有效期限等信息,不得作虚假或引人误解的虚假宣传。经营者对消费者就其提供的商品或者服务的质量和使用方法等问题的询问,应当作出真实、明确的答复,以便于消费者认识商品和服务。经营者提供商品或服务应明码标价,切实保障消费者的利益。

特别是采用网络、电视、电话、邮购等方式提供商品或者服务的经营者,以及提供证券、保险、银行等金融服务的经营者,应当向消费者提供经营地址、联系方式、商品或者服务的数量和质量、价款或者费用、履行期限和方式、安全注意事项和风险警示、售后服务、民事责任等信息。

(五)标明经营者真实名称和标记的义务

经营者应当标明其真实名称和标记。企业名称和标记是区别于其他企业、商品或服务的独特标志,对消费者选择和识别商品或服务起着决定性作用。租赁他人柜台或者场地的经营者,应当标明自己的真实名称和标记,不能以出租者的名称、标记从事经营活动,也不得以虚假企业名称或标记从事经营活动。

(六)出具购货凭证或服务单据的义务

购货凭证或服务单据是经营者向消费者履行合同的书面凭据。为便于消费争议的解决以及切实保护消费者的合法权益,经营者提供商品或者服务,应当按照国家有关规定或者商业惯例向消费者出具购货凭证或者服务单据;消费者索要购货凭证或者服务单据的,经营者必须出具。

(七) 保证商品和服务质量及其瑕疵举证义务

经营者应当保证在正常使用商品或者接受服务的情况下其提供的商品或者服务应当具有的质量、性能、用途和有效期限；但消费者在购买该商品或者接受该服务前已经知道其存在瑕疵的除外。经营者以广告、产品说明、实物样品或者其他方式表明商品或者服务的质量状况的，应当保证其提供的商品或者服务的实际质量与表明的质量状况相符。

经营者提供的机动车、计算机、电视机、电冰箱、空调器、洗衣机等耐用商品或者装饰装修等服务，消费者自接受商品或者服务之日起 6 个月内发现瑕疵，发生争议的，由经营者承担有关瑕疵的举证责任。

(八) 承担包退、修理、更换的义务

经营者提供的商品或者服务不符合质量要求的，消费者可以依照国家规定、当事人约定退货，或者要求经营者履行更换、修理等义务。没有国家规定和当事人约定的，消费者可以自收到商品之日起 7 日内退货；7 日后符合法定解除合同条件的，消费者可以及时退货；不符合法定解除合同条件的，可以要求经营者履行更换、修理等义务。依照前述规定进行退货、更换、修理的，经营者应当承担运输等必要费用。

经营者采用网络、电视、电话、邮购等方式销售商品，消费者有权自收到商品之日起 7 日内退货，且无须说明理由，但下列商品除外：(1)消费者定做的；(2)鲜活易腐的；(3)在线下载或者消费者拆封的音像制品、计算机软件等数字化商品；(4)交付的报纸、期刊。除上述所列商品外，其他根据商品性质并经消费者在购买时确认不宜退货的商品，不适用无理由退货。消费者退货的商品应当完好。经营者应当自收到退回商品之日起 7 日内返还消费者支付的商品价款。退回商品的运费由消费者承担；经营者和消费者另有约定的，按照约定。

(九) 不得从事不公平、不合理交易的义务

经营者在经营活动中使用格式条款的，应当以显著方式提请消费者注意商品或者服务的数量和质量、价款或者费用、履行期限和方式、安全注意事项和风险警示、售后服务、民事责任等与消费者有重大利害关系的内容，并按照消费者的要求予以说明。

经营者不得以格式条款、通知、声明、店堂告示等方式，作出排除或者限制消费者权利、减轻或者免除经营者责任、加重消费者责任等对消费者不公平、不合理的规定，不得利用格式条款并借助技术手段强制交易。格式条款、通知、声明、店堂告示等含有前款所列内容的，其内容无效。

格式条款是经营者预先单方拟定并在订立时未与消费者协商的合同条款。如旅行社的《旅游标准合同范本》，旅游者只有接受合同的自由，无参与决定合同内容的机会。一经制定，可以在相当长的期限内使用，因此，《消费者权益保护法》规定，经营者不能利用单方制定合同的权利，作出对消费者不公平的规定。通知、店堂告示、声明等其他方式，是指经营者采用明示的方式，向消费者告知有关经营情况。但是经营者不得通过此类方式

作出不利于消费者的规定，如商场告示"打折商品，概不退还"、"本店商品，一经售出，概不退换"，都是对消费者不合理、不公平的规定，是无效的。

（十）尊重消费者人身权的义务

经营者不得对消费者进行侮辱、诽谤，不得搜查消费者的身体及其携带的物品，不得侵犯消费者人身自由。如在购物中对顾客的蔑视、挖苦，以商品丢失为由，对顾客的强行搜身，甚至殴打顾客，限制顾客的人身自由，都是侵犯消费者人身权利的行为，将依法受到制裁。

（十一）保护消费者个人信息的义务

经营者收集、使用消费者个人信息，应当遵循合法、正当、必要的原则，明示收集、使用信息的目的、方式和范围，并经消费者同意。经营者收集、使用消费者个人信息，应当公开其收集、使用规则，不得违反法律、法规的规定和双方的约定收集、使用信息。

经营者及其工作人员对收集的消费者个人信息必须严格保密，不得泄露、出售或者非法向他人提供。经营者应当采取技术措施和其他必要措施，确保信息安全，防止消费者个人信息泄露、丢失。在发生或者可能发生信息泄露、丢失的情况时，应当立即采取补救措施。

经营者未经消费者同意或者请求，或者消费者明确表示拒绝的，不得向其发送商业性信息。

三、消费者合法权益的保护体系

（一）消费者权益保护机构

消费者权益保护机构是保护消费者权益的政府机构和社会组织等，具体包括国家行政机构、公安司法机关、消费者协会等机构和组织对消费者权益的保护。

1. 行政管理部门

《消费者权益保护法》的一些相应条款确定了国家行政机关是该法的主要实施者，包括：

（1）国家和地方各级人民政府，制定有关保护消费者权益的法律、法规和政策，领导和督促地方各级人民政府充分履行保护消费者合法权益的职责。

（2）国家和地方各级工商行政管理部门，分别是国务院和地方人民政府实施消费者权益保护的基本职能机构。

（3）物价、技术监督、卫生、食品检验、商检等行政管理机关，均应在各自的职责范围内，依法加强对经营者的监督管理，保护消费者利益。

（4）行业、企业主管部门在自己的管辖范围内起着保护消费者利益的作用。如旅游行政管理部门负责旅游领域的消费者权益保护工作，要加强对旅游经营者的管理，防止损害旅游者利益行为的发生，对已出现的问题积极进行调查处理等。

2. 公安、司法机关

公安、司法机关在保护消费者权益方面也应各守其职，它们在保护消费者权益方面的职责是依法惩处经营者在提供商品和服务中侵害消费者合法权益的违法犯罪行为。具体说来，公安、检察机关对侵犯消费者权益构成犯罪的案件，应按各自权限，积极立案侦查、起诉。人民法院应当采取措施，方便消费者提起诉讼，对符合《民事诉讼法》起诉条件的消费者权益争议，必须受理，及时审理。

3. 消费者组织

消费者组织目前在我国主要指消费者协会和其他消费者组织。消费者协会和其他消费者组织是依法成立的对商品和服务进行社会监督的保护消费者合法权益的社会组织。中国消费者协会于 1984 年 12 月 26 日成立。《消费者权益保护法》规定，消费者协会，在人民政府支持下，履行下列公益性职责：

(1)向消费者提供消费信息和咨询服务，提高消费者维护自身合法权益的能力，引导文明、健康、节约资源和保护环境的消费方式。

(2)参与制定有关消费者权益的法律、法规、规章和强制性标准。

(3)参与有关行政部门对商品和服务的监督、检查。

(4)就有关消费者合法权益的问题，向有关部门反映、查询，提出建议。

(5)受理消费者的投诉，并对投诉事项进行调查、调解。

(6)投诉事项涉及商品和服务质量问题的，可以委托具备资格的鉴定人鉴定，鉴定人应当告知鉴定意见。

(7)就损害消费者合法权益的行为，支持受损害的消费者提起诉讼或者依照本法提起诉讼。

(8)对损害消费者合法权益的行为，通过大众传播媒介予以揭露、批评。

依法成立的其他消费者组织依照法律、法规及其章程的规定，开展保护消费者合法权益的活动。

另外，为保证消费者组织的公正性和独立性，正确地履行法律赋予的职能，《消费者权益保护法》对消费者组织作出了两条禁止性规定：一是消费者组织不得从事商品经营和营利性服务；二是消费者组织不得以收取费用或者其他牟取利益的方式向消费者推荐商品和服务。这就要求各级人民政府对消费者协会履行职责应当予以必要的经费等支持。

(二)消费者权益争议的解决

1. 争议解决的途径

消费者权益争议是指消费者与经营者在购买、使用商品或接受服务和提供商品或服务的过程中，双方在权利义务上发生的矛盾。《消费者权益保护法》规定，消费者与经营者之间发生消费者权益争议的，可以通过下列途径解决：

(1)与经营者协商和解。即消费者可直接向经营者交涉、索赔。

(2)请求消费者协会或者依法成立的其他调解组织调解。即消费者可以向消费者协会或者依法成立的其他调解组织投诉，请求调解解决。

(3)向有关行政部门投诉。消费者向有关行政部门投诉的，该部门应当自收到投诉之日起 7 个工作日内，予以处理并告知消费者。

（4）根据与经营者达成的仲裁协议提请仲裁机构仲裁。

（5）向人民法院提起诉讼。凡当事人没有订立仲裁条款或协议的消费纠纷，不论是否经过协商、调解、投诉，消费者都可直接向人民法院起诉。

2. 损害赔偿责任的承担

当消费者的合法权益受到损害时，消费者可以依法要求经营者承担损害赔偿的责任，具体说来，包括以下几种情形：

（1）消费者在购买、使用商品时，其合法权益受到损害的，可以向销售者要求赔偿。销售者赔偿后，属于生产者的责任或者属于向销售者提供商品的其他销售者的责任，销售者有权向生产者或者其他销售者追偿。

（2）消费者或者其他受害人因商品缺陷造成人身、财产损害的，可以向销售者要求赔偿，也可以向生产者要求赔偿。属于生产者责任的，销售者赔偿后，有权向生产者追偿。属于销售者责任的，生产者赔偿后，有权向销售者追偿。

（3）消费者在接受服务时，其合法权益受到损害时，可以向服务者要求赔偿。

（4）消费者在购买、使用商品或者接受服务时，其合法权益受到损害，因原企业分立、合并的，可以向变更后承受其权利义务的企业要求赔偿。

（5）使用他人营业执照的违法经营者提供商品或者服务，损害消费者合法权益的，消费者可以向其要求赔偿，也可以向营业执照的持有人要求赔偿。

（6）消费者在展销会、租赁柜台购买商品或者接受服务，其合法权益受到损害的，可以向销售者或者服务者要求赔偿。展销会结束或者柜台租赁期满后，也可以向展销会的举办者、柜台的出租者要求赔偿。展销会的举办者、柜台的出租者赔偿后，有权向销售者或者服务者追偿。

（7）消费者通过网络交易平台购买商品或者接受服务，其合法权益受到损害的，可以向销售者或者服务者要求赔偿。网络交易平台提供者不能提供销售者或者服务者的真实名称、地址和有效联系方式的，消费者也可以向网络交易平台提供者要求赔偿；网络交易平台提供者作出更有利于消费者的承诺的，应当履行承诺。网络交易平台提供者赔偿后，有权向销售者或者服务者追偿。

网络交易平台提供者明知或者应知销售者或者服务者利用其平台侵害消费者合法权益，未采取必要措施的，依法与该销售者或者服务者承担连带责任。

（8）消费者因经营者利用虚假广告或者其他虚假宣传方式提供商品或者服务，其合法权益受到损害的，可以向经营者要求赔偿。广告经营者、发布者发布虚假广告的，消费者可以请求行政主管部门予以惩处。广告经营者、发布者不能提供经营者的真实名称、地址和有效联系方式的，应当承担赔偿责任。

广告经营者、发布者设计、制作、发布关系消费者生命健康商品或者服务的虚假广告，造成消费者损害的，应当与提供该商品或者服务的经营者承担连带责任。

社会团体或者其他组织、个人在关系消费者生命健康商品或者服务的虚假广告或者其他虚假宣传中向消费者推荐商品或者服务，造成消费者损害的，应当与提供该商品或者服务的经营者承担连带责任。

案例 2-4 🔍

　　某旅游团在导游介绍下到一定点旅游商店购物，其中一李姓游客购买了当地的土特产品——烧鸡。李姓游客把烧鸡带回家与家人一起享用(在保质期内)，结果全家人上吐下泻，发生严重的食物中毒，经抢救脱离危险。李某投诉导游，要求导游承担赔偿责任。

　　本案评析：本案中游客投诉导游并不合理。根据《消费者权益保护法》的规定，消费者在购买、使用商品时，其合法权益受到损害的，可以向销售者要求赔偿，也可以向生产者要求赔偿。因此，游客可以要求旅游商店给予赔偿，也可以向生产烧鸡的厂家要求赔偿，而不应该要求导游赔偿。

(三)侵犯消费者合法权益应承担的法律责任

　　经营者侵犯消费者的合法权益，依据侵害方式和程度的不同分别或同时承担民事、行政和刑事责任。

　　1. 侵犯消费者合法权益应承担的民事责任

　　(1)经营者提供商品或服务有下列情形之一的，除《消费者权益保护法》有规定的以外，应当按照其他有关法律、法规的规定承担民事责任：商品或者服务存在缺陷的；不具备商品应当具备的使用性能而出售时未作说明的；不符合在商品或者其包装上注明采用的商品标准的；不符合商品说明、实物样品等方式表明的质量状况的；生产国家明令淘汰的商品或者销售失效、变质的商品的；销售的商品数量不足的；服务的内容和费用违反约定的；对消费者提出的修理、重作、更换、退货、补足商品数量、退还货款和服务费用或者赔偿损失的要求，故意拖延或者无理拒绝的；法律、法规规定的其他损害消费者权益的情形。

　　(2)致人伤亡的民事责任。经营者提供商品或者服务，造成消费者或者其他受害人人身伤害的，应当赔偿医疗费、护理费、交通费等为治疗和康复支出的合理费用，以及因误工减少的收入。造成残疾的，还应当赔偿残疾生活辅助具费和残疾赔偿金。造成死亡的，还应当赔偿丧葬费和死亡赔偿金。

　　(3)侵犯消费者人身权的民事责任。经营者侵害消费者的人格尊严、侵犯消费者人身自由或者侵害消费者个人信息依法得到保护的权利的，应当停止侵害、恢复名誉、消除影响、赔礼道歉，并赔偿损失。

　　经营者有侮辱诽谤、搜查身体、侵犯人身自由等侵害消费者或者其他受害人人身权益的行为，造成严重精神损害的，受害人可以要求精神损害赔偿。

　　(4)造成财产损害的民事责任。经营者提供商品或者服务，造成消费者财产损害的，应当按照法律规定或者当事人约定，以修理、重作、更换、退货、补足商品数量、退还货款和服务费用或者赔偿损失等方式承担民事责任。

　　(5)违反约定的民事责任。经营者以预收款方式提供商品或者服务的，应当按照约定提供。未按照约定提供的，应当按照消费者的要求履行约定或者退回预付款，并应当承担预付款的利息、消费者必须支付的合理费用。

（6）提供不合格商品的民事责任。若经营者提供依法经有关行政部门认定为不合格的商品，消费者要求退货的，经营者应当负责退货。

（7）欺诈行为的民事责任。经营者提供商品或者服务有欺诈行为的，应当按照消费者的要求增加赔偿其受到的损失，增加赔偿的金额为消费者购买商品的价款或者接受服务的费用的 3 倍；增加赔偿的金额不足 500 元的，为 500 元。法律另有规定的，依照其规定。

经营者明知商品或者服务存在缺陷，仍然向消费者提供，造成消费者或者其他受害人死亡或者健康严重损害的，受害人有权要求经营者依照《消费者权益保护法》致人伤亡的民事责任以及精神损害的赔偿规定赔偿损失，并有权要求所受损失 2 倍以下的惩罚性赔偿。

案例 2-5

某市邮电局职工王某等想到境外旅游，与多家旅行社联系。李某自称是该市航空旅行社第二业务部经理，称能在较短时间内让他们成行，并称该旅行社有组团赴境外旅游的资格。王某等 32 人于 3 月 11 日与该旅行社签订了协议。一直到 4 月 1 日，该旅行社也未按承诺安排王某他们出国旅游。王某等找到李某交涉，李某再次书面保证 4 月 23 日出团，但 4 月 23 日他们仍未走成。王某等人再次找到李某要求更换旅行社和退还预付款 21 万元，李某也同意退款，但是航空旅行社却一次次违背承诺。在此期间，该旅行社只为 5 人办理了护照，另安排 7 人赴海南游了一圈，仍有 18.77 万元未予退还。后经多次催要，该旅行社又返还 4.5 万元，尚余 14.27 万元。眼看出国无望，王某等向该省旅游局投诉，该省旅游局于 8 月 10 日作出了关于对该航空旅行社违规经营的处理决定，认定该社是无视法规，越权违规经营，利用虚假广告宣传和欺诈手段，骗取游客人民币 21 万元，并责令该社将经营情况和财务账目送交旅游局进行审查，同时在省级报刊公开澄清和纠正该社有关违规经营的虚假广告。此时，该社仍然不将预付款 14.27 万元退还。无奈之下，王某等 32 人于 9 月 20 日一纸诉状将航空旅行社及第二业务部经理李某推上被告席，要求法院判令二被告偿还他们剩余的 14.27 万元预付款，并依据《消费者权益保护法》中"增加赔偿的金额为消费者购买商品或接受服务的费用的 3 倍"的规定，赔付其损失，即 14.27 万元的 3 倍的赔偿款。

航空旅行社在法庭辩论中称其和李某没有任何关系，李某不是该社职工，不应被列为被告。李某的代理人则称李某与王某等游客不存在合同关系，因为合同的双方是航空旅行社第二业务部和某市邮电局，第二业务部收到的是邮电局的旅游费，因此王某等不具备主体资格。某市邮电局通过自费出国旅游渠道组织单位职工出国旅游，严重违反了国务院关于严禁借自费出国旅游渠道组织公费出国旅游的规定。双方所签合同应属无效合同，这种消费行为显然也不合法，不应受到《消费者权益保护法》的保护。

本案评析：第一，合同的签订者是该航空旅行社第二业务部与 32 位消费者的代表人王某，而不是某市邮电局。这 32 名消费者作为原告是完全合法的。

第二，李某系该航空旅行社职工。李某在该社的同意下组建了第二业务部，每年向该

第二章 旅游者权益保护法律制度

社交纳费用，可以说第二业务部是其下属部门，由于第二业务部在法律上不具有主体资格，故法律责任应由该航空旅行社承担。

第三，在本案中，李某故意掩盖该航空旅行社不具有经营出境旅游业务资格的事实，这完全是一种欺诈行为。《消费者权益保护法》规定，经营者提供商品或者服务有欺诈行为的，应当按照消费者的要求增加赔偿其受到的损失，增加赔偿的金额为消费者购买商品的价款或者接受服务的费用的 3 倍。因此，该航空旅行社除偿还王某预付款 14.27 万元外，还应赔偿王某等人 14.27 万元的 3 倍赔偿款。

2. 侵犯消费者合法权益应承担的行政责任

经营者有下列情形之一，除承担相应的民事责任外，其他有关法律、法规对处罚机关和处罚方式有规定的，依照法律、法规的规定执行；法律、法规未作规定的，由工商行政管理部门或者其他有关行政部门责令改正，可以根据情节单处或者并处警告、没收违法所得、处以违法所得 1 倍以上 10 倍以下的罚款，没有违法所得的，处以 50 万元以下的罚款；情节严重的，责令停业整顿、吊销营业执照：

（1）提供的商品或者服务不符合保障人身、财产安全要求的。

（2）在商品中掺杂、掺假，以假充真，以次充好，或者以不合格商品冒充合格商品的。

（3）生产国家明令淘汰的商品或者销售失效、变质的商品的。

（4）伪造商品的产地，伪造或者冒用他人的厂名、厂址，篡改生产日期，伪造或者冒用认证标志等质量标志的。

（5）销售的商品应当检验、检疫而未检验、检疫或者伪造检验、检疫结果的。

（6）对商品或者服务作虚假或者引人误解的宣传的。

（7）拒绝或者拖延有关行政部门责令对缺陷商品或者服务采取停止销售、警示、召回、无害化处理、销毁、停止生产或者服务等措施的。

（8）对消费者提出的修理、重作、更换、退货、补足商品数量、退还货款和服务费用或者赔偿损失的要求，故意拖延或者无理拒绝的。

（9）侵害消费者人格尊严、侵犯消费者人身自由或者侵害消费者个人信息依法得到保护的权利的。

（10）法律、法规规定的对损害消费者权益应当予以处罚的其他情形。

经营者有前款规定情形的，除依照法律、法规规定予以处罚外，处罚机关应当记入信用档案，向社会公布。

经营者对行政处罚决定不服的，可以依法申请行政复议或者提起行政诉讼。

3. 侵犯消费者合法权益应承担的刑事责任

为更有效地保护消费者的合法权益，对那些侵犯消费者合法权益、造成严重后果的经营者或其他有关责任人，必须追究其刑事责任。我国《消费者权益保护法》规定，在下列情况下，应当追究有关责任人的刑事责任：

（1）经营者违反《消费者权益保护法》规定提供商品或者服务，侵害消费者合法权益，构成犯罪的，依法追究刑事责任。

（2）以暴力、威胁等方法阻碍有关行政部门工作人员依法执行职务的，依法追究刑事责任；拒绝、阻碍有关行政部门工作人员依法执行职务，未使用暴力、威胁方法的，由公安机关依照我国《治安管理处罚法》的规定处罚。

（3）国家机关工作人员玩忽职守或者包庇经营者侵害消费者合法权益的行为，情节严重构成犯罪的，依法追究刑事责任。

思考题

1. 根据《旅游法》的规定，旅游者的权利有哪些？
2. 根据《旅游法》的规定，旅游者的义务有哪些？
3. 消费者的权利有哪些？
4. 经营者有哪些义务？
5. 我国消费者协会的职能是什么？
6. 消费者权益争议有哪些解决途径？

第三章 旅游规划和促进法律制度

旅游规划是安排旅游业发展及相关事项的专项规划，旅游规划在促进旅游业科学发展、协调和均衡各种利益等方面具有重要作用。《旅游法》第三章"旅游规划和促进"对旅游发展规划编制的主体、内容和规划的衔接作出了规定，从国家法律层面确立了旅游规划的法律地位，体现了对旅游规划的高度重视。同时为发挥立法对旅游业发展的引导、推动作用，《旅游法》从资金投入、政策制定等方面规定了促进旅游业发展的主要措施。

第一节　旅游规划法律制度

一、旅游规划的含义和体系

(一)旅游规划的含义

旅游规划是旅游业发展的纲领和蓝图，是为旅游业长远发展作出的设想和部署。旅游规划衍生于区域规划理论和管理科学理论，许多学者对于它的含义基于不同的视角提出了自己的观点。本书采取了中国国家质量监督检验检疫总局对"旅游规划"的定义：旅游规划是根据旅游业发展规律和市场特点制定目标，以及为实现这一目标而进行的各项旅游要素的统筹部署和具体安排。

(二)旅游规划的体系

旅游规划是一个集合性的概念，中国国家质量监督检验检疫总局发布的《旅游规划通则》(GB/T18971—2003)按照空间范围与规模大小，将旅游规划分为三类：旅游发展规划、旅游区规划和专项旅游规划。

旅游发展规划，是根据旅游业的历史、现状和市场要素的变化所制定的目标体系，以及为实现目标体系在特定的发展条件下对旅游发展的要素所做的安排。旅游发展规划按规划的范围和政府管理层次分为全国旅游业发展规划、区域旅游业发展规划和地方旅游业发展规划。按规划的期限分为近期发展规划(3~5年)、中期发展规划(5~10年)或远期发展规划(10~20年)。

旅游区规划，是为了保护、开发、利用和经营管理旅游区，使其发挥多种功能和作用而进行的各项旅游要素的统筹部署和具体安排。旅游区规划按规划层次分总体规划、控制性详细规划、修建性详细规划等。

专项旅游规划，指为了开发、经营旅游项目而进行的部署与安排，是在旅游发展规划和旅游区规划的基础上，对近期建设区域内的旅游项目作出的具体规划。专项旅游规划能使旅游项目的旅游功能得到合理有效的发挥。

二、旅游发展规划的编制

(一)旅游发展规划的法律地位

《旅游法》第十七条第一款规定，国务院和县级以上地方人民政府应当将旅游业发展纳入国民经济和社会发展规划。

国民经济和社会发展规划是全国或某一地区经济、社会发展的总体纲要，是具有战略意义的指导性文件，《旅游法》以法律的形式确立了旅游发展规划的法律地位，解决了多年来旅游发展规划地位不清的问题。

(二)旅游发展规划编制的主体

旅游发展规划编制的主体是国务院和县级以上各级人民政府。《旅游法》第十七条第二款规定，国务院和省、自治区、直辖市人民政府以及旅游资源丰富的设区的市和县级人民政府，应当按照国民经济和社会发展规划的要求，组织编制旅游发展规划；对跨行政区域且适宜进行整体利用的旅游资源进行利用时，应当由上级人民政府组织编制或者由相关地方人民政府协商编制统一的旅游发展规划。

此规定解决了长期以来我国旅游发展规划主体不清的问题，尤其是对跨行政区域旅游规划编制的责任主体范围作了规定，避免了规划主体不清而导致的多头管理或无人管理的问题。

(三)旅游发展规划编制的内容

《旅游法》第十八条规定，旅游发展规划编制的内容应该包括：

(1)旅游业发展的总体要求和发展目标；

(2)旅游资源保护和利用的要求和措施；

(3)旅游产品开发、旅游服务质量提升、旅游文化建设、旅游形象推广、旅游基础设施和公共服务设施建设的要求和促进措施等。

《旅游规划通则》(GB/T18971—2003)规定，旅游发展规划的主要内容包括：

(1)全面分析规划区旅游业发展历史与现状、优势与制约因素，及与相关规划的衔接；

(2)分析规划区的客源市场需求总量、地域结构、消费结构及其他结构，预测规划期内客源市场需求总量、地域结构、消费结构及其他结构；

（3）提出规划区的旅游主题形象和发展战略；

（4）提出旅游业发展目标及其依据；

（5）明确旅游产品开发的方向、特色与主要内容；

（6）提出旅游发展重点项目，对其空间及时序作出安排；

（7）提出要素结构、空间布局及供给要素的原则和办法；

（8）按照可持续发展原则，注重保护开发利用的关系，提出合理的措施；

（9）提出规划实施的保障措施；

（10）对规划实施的总体投资分析，主要包括旅游设施建设、配套基础设施建设、旅游市场开发、人力资源开发等方面的投入与产出方面的分析。

（四）旅游发展规划的衔接和相关规划的支持

旅游发展规划是一个全面的系统性工程，它与其他规划具有很大的关联性，因此必须重视旅游发展规划与其他相关规划的关系。《旅游法》规定了旅游发展规划与其他规划的衔接机制：

（1）旅游发展规划应当与土地利用总体规划、城乡规划、环境保护规划以及其他自然资源和文物等人文资源的保护和利用规划相衔接。

（2）各级人民政府编制土地利用总体规划、城乡规划，应当充分考虑相关旅游项目、设施的空间布局和建设用地要求；规划和建设交通、通信、供水、供电、环保等基础设施和公共服务设施，应当兼顾旅游业发展的需要。

三、旅游区规划的编制

旅游区规划按规划层次分总体规划、控制性详细规划、修建性详细规划。

（一）旅游区总体规划

旅游区总体规划的任务，是分析旅游区客源市场，确定旅游区的主题形象，划定旅游区的用地范围及空间布局，安排旅游区基础设施建设内容，提出开发措施。旅游区总体规划内容包括：

（1）对旅游区的客源市场的需求总量、地域结构、消费结构等进行全面分析与预测；

（2）界定旅游区范围，进行现状调查和分析，对旅游资源进行科学评价；

（3）确定旅游区的性质和主题形象；

（4）确定规划旅游区的功能分区和土地利用，提出规划期内的旅游容量；

（5）规划旅游区的对外交通系统的布局和主要交通设施的规模、位置，规划旅游区内部的其他道路系统的走向、断面和交叉形式；

（6）规划旅游区的景观系统和绿地系统的总体布局；

（7）规划旅游区其他基础设施、服务设施和附属设施的总体布局；

（8）规划旅游区的防灾系统和安全系统的总体布局；

（9）研究并确定旅游区资源的保护范围和保护措施；

（10）规划旅游区的环境卫生系统布局，提出防止和治理污染的措施；

（11）提出旅游区近期建设规划，进行重点项目策划；

（12）提出总体规划的实施步骤、措施和方法，以及规划、建设、运营中的管理意见；

（13）对旅游区开发建设进行总体投资分析。

（二）旅游区控制性详细规划

在旅游区总体规划的指导下，为了近期建设的需要，可编制旅游区控制性详细规划。旅游区控制性详细规划的任务是，以总体规划为依据，详细规定区内建设用地的各项控制指标和其他规划管理要求，为区内一切开发建设活动提供指导。旅游区控制性详细规划的主要内容包括：

（1）详细划定所规划范围内各类不同性质用地的界线，规定各类用地内适建、不适建或者有条件地允许建设的建筑类型；

（2）规划分地块，规定建筑高度、建筑密度、容积率、绿地率等控制指标，并根据各类用地的性质增加其他必要的控制指标；

（3）规定交通出入口方位、停车泊位、建筑后退红线、建筑间距等要求；

（4）提出对各地块的建筑体量、尺度、色彩、风格等要求；

（5）确定各级道路的红线位置、控制点坐标和标高。

（三）旅游区修建性详细规划

对于旅游区当前要建设的地段，应编制修建性详细规划。旅游区修建性详细规划的任务是，在总体规划或控制性详细规划的基础上，进一步深化和细化，用以指导各项建筑和工程设施的设计和施工。旅游区修建性详细规划的主要内容包括：

（1）综合现状与建设条件分析；

（2）用地布局；

（3）景观系统规划设计；

（4）道路交通系统规划设计；

（5）绿地系统规划设计；

（6）旅游服务设施及附属设施系统规划设计；

（7）工程管线系统规划设计；

（8）竖向规划设计；

（9）环境保护和环境卫生系统规划设计。

第二节　旅游促进法律制度

一、旅游促进的含义

旅游促进是指政府促进旅游业发展的政策和措施的总和。多年来，我国政府出台了一系列关于促进旅游发展的政策和措施，特别是 2009 年国务院发布《国务院关于加快发展旅游业的意见》，将旅游业定位为"国民经济的战略性支柱产业和人民群众更加满意的现代服务业"，《旅游法》更是从法律层面使促进旅游业发展的各项制度落实下来。

二、旅游促进法律制度

我国的旅游促进法律制度大体包括：旅游综合协调机制、旅游业财税优惠政策、旅游产业政策、旅游发展资金制度、旅游人才队伍建设制度、旅游形象推广制度、旅游公共信息服务制度、旅游基础设施建设支持制度等。本章根据《旅游法》的规定，着重阐述旅游产业政策促进制度、旅游发展资金制度、旅游形象推广制度、旅游公共信息服务制度、旅游人才队伍建设制度。

（一）旅游产业政策促进制度

政策是政府和政党为了实现一定历史时期的政治、经济、文化目标，通过一定的程序制定的行动方针和行为准则。旅游业无论是作为国家的战略支柱性产业还是国家的公共服务性行业，都需要国家的政策支撑。

《旅游法》第二十三条规定，国务院和县级以上地方人民政府应当制定并组织实施有利于旅游业持续健康发展的产业政策，推进旅游休闲体系建设，采取措施推动区域旅游合作，鼓励跨区域旅游线路和产品开发，促进旅游与工业、农业、商业、文化、卫生、体育、科教等领域的融合，扶持少数民族地区、革命老区、边远地区和贫困地区旅游业发展。

国务院和国务院旅游行政管理部门已制定了一系列有重大影响的旅游政策，如2009年12月1日国务院发布了《国务院关于加快发展旅游业的意见》，实现了旅游业定位的历史性突破；2013年2月2日，国务院通过了《国民旅游休闲纲要（2013—2020年）》，必将促进我国旅游休闲产业的健康发展。近年来，我国各级地方政府在旅游政策的制定方面也作出了很大的努力和积极的探索。

（二）旅游发展资金制度

旅游业发展具有大投入、大产出的特点，资金投入是促进旅游业发展的重要保障措施之一。在旅游促销、旅游环境、旅游基础设施、旅游公共服务、旅游景区、旅游饭店等方面的建设，都需要大量的前期投入。《旅游法》第二十四条规定，国务院和县级以上地方人民政府应当根据实际情况安排资金，加强旅游基础设施建设、旅游公共服务和旅游形象推广。

毫无疑问，加强旅游基础建设、提升旅游公共服务和旅游形象推广既需要以政府财政为引导，同时也需要积极引进外资和吸引社会资源，多渠道筹集资金。但政府安排资金是资金来源的基本和稳定保障，为此《旅游法》将安排旅游发展资金规定为国务院和县级以上地方人民政府的法定义务。

（三）旅游形象推广制度

旅游形象是一个国家或地区在旅游者心目中综合积淀形成的独特吸引力，是对一个国家或地区旅游资源、旅游产品、旅游设施、旅游服务功能等总体的、抽象的、概括的认识和评价。《旅游法》明确规定了旅游形象推广的主体和具体方式，第二十五条规定，国家制定并实施旅游形象推广战略；国务院旅游主管部门统筹组织国家旅游形象的境外推广工作，建立旅游形象推广机构和网络，开展旅游国际合作与交流；县级以上地方人民政府统筹组织本地的旅游形象推广工作。

旅游形象推广的主体。国家旅游形象推广的主体，《旅游法》规定由国家承担。具体工作可以委托国务院旅游行政管理部门承担。只有国家才能将党、政府、社会团体及民众对外进行的旅游形象传播进行整合。地方旅游形象宣传主体，《旅游法》规定由县级以上地方人民政府承担。

旅游形象推广的方式。在实施国家旅游形象的境外宣传推广工作中，国家建立旅游形象推广机构和网络，开展旅游国际合作与交流。

案例 3-1

近年来，国家旅游局结合行业特点，发挥旅游业的独特优势，把"美丽中国"确定为国家旅游形象，通过旅游这个承载亿万游客的渠道，发现中国之美、认识中国之美、传扬中国之美、缔造中国之美。为强化"美丽中国"国家旅游形象，国家旅游局梳理核心旅游品牌，规划设计新的主题产品，完善旅游产品体系。如在 2016 年，围绕"美丽中国"国家旅游形象，整合打造"天下黄河、魅力长江、万里长城、千年运河、丝绸之路、江南水乡、天路之旅、香格里拉、北国冰雪、岭南风光、茶叶之路、世界遗产"等国际旅游品牌，重点向海外游客推出 60 条精品旅游线路。国家旅游局还积极开展双边多边国际旅游合作，统筹国际国内两个市场，推动出台外国人入境便利化政策、境外旅客离境退税政策。

全国各省区市也紧紧围绕"美丽中国"和旅游宣传主题，开展各具特色、富有成效的宣传推广活动。如在 2016 年，福建、甘肃、贵州、浙江、黑龙江等地旅游部门，成功举办了首届"海上丝绸之路"（福州）国际旅游节、第五届敦煌行·丝绸之路国际旅游节、首届国际山地旅游大会、首届国际海岛旅游大会、第 31 届中国哈尔滨国际冰雪节等近百个旅游推广活动。

本案评析：国家旅游局和各省区市紧紧围绕塑造"美丽中国"整体形象部署，采取了"给力"的境内外旅游宣传推广计划，"美丽中国"旅游形象和影响力不断提升，积极推动了旅游市场的发展。

（四）旅游公共信息服务制度

旅游公共信息服务是指旅游目的地政府及其他公共组织为满足广大旅游者对该地相关旅游信息的需求，通过多种途径和方法，收集、加工、传输或公开旅游信息的职责、行为及其过程①。

---

① 杨富斌．旅游法教程．北京：中国旅游出版社，2013：47．

旅游公共信息服务制度在《旅游法》中有明确规定。《旅游法》第二十六条规定："国务院旅游主管部门和县级以上地方人民政府应当根据需要建立旅游公共信息和咨询平台，无偿向旅游者提供旅游景区、线路、交通、气象、住宿、安全、医疗急救等必要信息和咨询服务。设区的市和县级人民政府有关部门应当根据需要在交通枢纽、商业中心和旅游者集中场所设置旅游咨询中心，在景区和通往主要景区的道路设置旅游指示标志。旅游资源丰富的设区的市和县级人民政府可以根据本地的实际情况，建立旅游客运专线或者游客中转站，为旅游者在城市及周边旅游提供服务。"可见，旅游公共信息服务制度包含如下内容：

(1)由国务院旅游主管部门和县级以上地方人民政府负责旅游必要的信息和咨询服务。根据需要建立旅游公共信息和咨询平台，无偿向旅游者提供旅游景区、线路、交通、气象、住宿、安全、医疗急救等必要信息和咨询服务。如目前，北京、上海、广州、深圳等省市已经建立起多语种的旅游信息网站，为境内外旅游者提供旅游公共信息服务。

(2)设区的市和县级人民政府有关部门设置旅游咨询中心和旅游指示标志。设区的市和县级人民政府有关部门应当根据需要在交通枢纽、商业中心和旅游者集中场所设置旅游咨询中心，在景区和通往主要景区的道路设置旅游指示标志。这是满足旅游需要所应提供的基本公共信息服务。

(3)旅游资源丰富的设区的市和县级人民政府提供方便快捷的交通出行服务。旅游资源丰富的设区的市和县级人民政府可以根据本地的实际情况，建立旅游客运专线或者游客中转站，为旅游者在城市及周边旅游提供服务。为避免服务设施闲置造成浪费，《旅游法》特别明确了要根据本地的实际需要来提供该项服务。

(五)旅游人才队伍建设制度

旅游业的繁荣发展，离不开高素质的管理人才和服务人才。根据我国目前旅游教育的现状和旅游业对人才需求的特点，使得旅游职业教育和培训成为提升旅游从业人员素质的重要手段。《旅游法》第二十七条规定，国家鼓励和支持发展旅游职业教育和培训，提高旅游从业人员素质。

根据《职业教育法》，职业教育是国家教育事业的重要组成部分，是促进经济、社会发展和劳动就业的重要途径。职业教育和培训与其他教育形态相比，具有教育对象的广泛性、教育内容的技术性、教育方法的多样性等特点。[1] 因此，发展旅游职业教育和培训，对于提高旅游从业人员素质更具有积极的现实意义，国家从法律层面鼓励和支持多渠道培养不同层次的人才。

思考题

1. 旅游发展规划编制的主体和内容有哪些？
2. 简述旅游促进法律制度。

---

[1] 杨富斌，苏号朋．中华人民共和国旅游法释义．北京：中国法制出版社，2013：89-90.

第四章 旅游资源保护法律制度

旅游资源在一个国家或地区发展旅游业中起着重要作用，各国政府乃至国际组织都制定了关于保护旅游资源的法律法规，我国也不例外。我国已经颁布了《旅游法》、《风景名胜区条例》、《文物保护法》、《自然保护区条例》等一系列保护旅游资源的法律、法规。

第一节 旅游资源保护法律制度概述

一、旅游资源概述

旅游资源是旅游业发展的生命线，是构成旅游业的必备要素之一，是一个国家或地区发展旅游业的重要物质基础。旅游学术界或实业界人士出于研究或旅游开发的目的，以不同标准、方法，对旅游资源作了各种分类，其中最常见的分类方法是将其分为自然旅游资源和人文旅游资源两大类。自然旅游资源是指自然界中以地理环境和生物所构成的，吸引人们前往进行旅游活动的天然景观，如风景区、国家公园、海滩、湖泊等；人文旅游资源一般是指古代人类社会活动的遗迹、现代人类社会活动的产物，如古建筑、历史名城、园林、革命历史遗迹、民族风情等。旅游资源具有多样性、垄断性、易损性、可创新性、吸引力的定向性等特点。

我国辽阔的地域、壮丽的河山、迷人的风景名胜、灿烂的古代文明和现代化建设的新成就，对海内外游客有着巨大的吸引力。

二、旅游资源的法律保护

由于旅游资源本身的易损性，大多属于不可再生的资源，所以无论是自然旅游资源还是人文旅游资源，如果对其开发利用不当，就会使部分旅游资源受到不同程度的破坏，甚至会使部分珍贵的旅游资源过早衰竭，进而使旅游业赖以存在和发展的基础面临威胁。为了使旅游资源得到有效的开发利用，旅游环境得到良好的保护，各国政府乃至国际组织针对旅游业发展中存在的旅游资源和环境方面的问题采取了种种措施，其中的一项重要措施就是制定关于旅游资源和环境保护方面的法律、法规。

联合国人类环境会议于 1972 年通过了《保护世界文化和自然遗产公约》，强调保护自然和文化遗产对整个人类的重要性，并从 1985 年开始分批公布世界遗产名录。1980 年，世界旅游组织（WTO）在《马尼拉宣言》中称："所有旅游资源都是人类文化遗产的构成部分，各国和整个国际社会都必须采取步骤加以保护。"要求各国和整个国际社会在旅游资源保护方面要承担国际义务。此外，经济合作与发展组织（OECD）、欧洲经济共同体（EEC）、世界旅游环境研究中心（WTTERC）、世界旅游理事会（WTTC）等组织在全球范围内也在旅游资源与环境的保护方面起了积极的作用。

一些旅游资源丰富、法制比较健全的国家在旅游资源和环境的保护方面，制定了许多法律或法规。例如，法国制定了《风景区和文物古迹保护法》，规定对具有艺术性、历史性、科学性、传奇性或优美的文物古迹和风景区给予相应的保护；日本政府对各种公园、森林、特别保护区、野生鸟兽、古建筑和文物及城市绿化、防止污染等方面均专门制定了法律、法令；埃及制定了《关于授予旅游部监督开发旅游区权力的法律》；美国也制定有保护公园和游览地方面的法律，对旅游资源的开发、利用和游览地的环境保护，都作出了具体的规定。法国是世界上最早为保护文化遗产立法的国家，早在 1913 年就颁布了《保护历史古迹法》，通过法律形式，法国规定了保护范围、申请保护的行政程序以及在税收方面可享受的优惠政策等。多年来，法国政府有关人员和历史古迹方面的专业人员都严格照章行事，使法国大量古建筑得到了妥善保护。

中国政府也十分重视对各类旅游资源和环境的保护，积极支持并参加保护世界旅游资源和环境的国际行动，1985 年中国加入联合国《保护世界文化和自然遗产公约》，承担自己应尽的国际义务。同时国家立法机关和行政机关制定了一系列法律、法规，包括：

（1）我国《宪法》中明确提出了要保护名胜古迹、珍贵文物等旅游资源。《宪法》第二十二条第二款明确规定"国家保护名胜古迹、珍贵文物和其他重要历史文化遗产"。

（2）《旅游法》、《文物保护法》等法律。《旅游法》对旅游景区的开发、利用和保护提出了原则性的规定，对景区开放条件、景区门票价格及公示制度、景区流量控制制度等作出了明确规定。《文物保护法》对人文旅游资源的保护作出了专门的规定。

（3）《风景名胜区条例》（2006 年）、《自然保护区条例》（1994 年）、《历史文化名城名镇名村保护条例》（2008 年）等法规，以及《旅游景区质量等级管理办法》（2012 年）、《旅游资源保护暂行办法》（2007 年）、《森林公园管理办法》（1994 年）等规章。

（4）地方法规、规章等规范性文件。我国地方立法机构和人民政府也结合当地具体情况制定了一些地方性的保护旅游资源的法规，如四川省在 1994 年公布了《四川省风景名胜区管理条例》，湖南省在 2001 年 1 月实施《湖南省武陵源区世界自然遗产保护条例》，海南省在 2011 年公布了《海南省旅游景区景点管理条例》等，为我国全面保护旅游资源提供了自上而下的法律保障。

三、《旅游法》对景区的法律保护

(一)景区开放条件

景区,是指为旅游者提供游览服务、有明确的管理界限的场所或者区域。景区是旅游者参观游览的场所,是开展旅游活动的核心区域,因此,景区本身的品质及管理水平会直接关系到旅游者的旅游目的能否圆满实现,进而对旅游业的健康发展产生影响。《旅游法》第四十二条规定,景区开放应当具备下列条件,并听取旅游主管部门的意见:

(1)有必要的旅游配套服务和辅助设施;

(2)有必要的安全设施及制度,经过安全风险评估,满足安全条件;

(3)有必要的环境保护设施和生态保护措施;

(4)法律、行政法规规定的其他条件。

(二)景区门票管理

近年来,景区涨价和景区内另行收费项目让旅游者直呼"玩不起",《旅游法》对控制景区门票价格上涨作了一系列规定:

(1)利用公共资源建设的景区的门票以及景区内的游览场所、交通工具等另行收费项目,实行政府定价或者政府指导价,严格控制价格上涨。拟收费或者提高价格的,应当举行听证会,征求旅游者、经营者和有关方面的意见,论证其必要性、可行性。

(2)利用公共资源建设的景区,不得通过增加另行收费项目等方式变相涨价;另行收费项目已收回投资成本的,应当相应降低价格或者取消收费。

(3)公益性的城市公园、博物馆、纪念馆等,除重点文物保护单位和珍贵文物收藏单位外,应当逐步免费开放。

(4)景区应当在醒目位置公示门票价格、另行收费项目的价格及团体收费价格。景区提高门票价格应当提前6个月公布。

(5)将不同景区的门票或者同一景区内不同游览场所的门票合并出售的,合并后的价格不得高于各单项门票的价格之和,且旅游者有权选择购买其中的单项票。

(6)景区内的核心游览项目因故暂停向旅游者开放或者停止提供服务的,应当公示并相应减少收费。

案例 4-1

国家发展改革委、国家旅游局 2015 年下发《关于开展景区门票价格专项整治工作的通知》,提出,自 2015 年 9 月至 2016 年 8 月,在全国开展为期一年的景区门票价格专项整治工作,专项整治期间,各地原则上不出台新的上调景区门票价格方案。然而在此期间,全国仍有多家景区开启门票调价程序或已提出调价意向,走过召开听证会、形成新价格方案等流程,抢占"备涨"先机;有多家景区通过在景区新设"园中园"等方法变相涨价;有多家景区上调票价，公示期远未达到六个月。

资料来源：《北京晨报》2016年10月5日。

本案评析：根据《旅游法》规定，实行政府定价、政府指导价管理的景区，严格控制价格上涨，景区提高门票价格应当提前六个月公布。本案中执行政府定价、政府指导价的景区，应严格执行价格政策，不得以任何名义、任何形式擅自提高或变相提高门票价格。对通过违规设置、强制销售"园中园"门票、临时门票、不同景区联票等形式变相提高门票价格等违反国家有关规定的行为，应立即纠正，并由价格主管部门依法予以处罚。

(三) 景区流量控制

往往在旅游旺季，一些热门旅游景区人满为患。对此，《旅游法》对景区接待旅游者的流量控制作了规定：

(1) 景区接待旅游者不得超过景区主管部门核定的最大承载量。景区应当公布景区主管部门核定的最大承载量，制定和实施旅游者流量控制方案，并可以采取门票预约等方式，对景区接待旅游者的数量进行控制。

(2) 旅游者数量可能达到最大承载量时，景区应当提前公告并同时向当地人民政府报告，景区和当地人民政府应当及时采取疏导、分流等措施。

第二节 风景名胜区管理制度

风景名胜区是重要的旅游资源，为加强对风景名胜区的管理，有效地保护和合理利用风景名胜资源，1985年6月7日，国务院颁布了《风景名胜区管理暂行条例》，2006年9月修订发布了《风景名胜区条例》(2006年12月1日起正式实施，原《风景名胜区管理暂行条例》同时废止)。2016年2月，《风景名胜区条例》的个别条款再次被修订。

一、风景名胜区的概念

《风景名胜区条例》(以下简称《条例》)第二条，将风景名胜区定义为"具有观赏、文化或者科学价值，自然景观、人文景观比较集中，环境优美，可供人们游览或者进行科学、文化活动的区域"。

由此可见，风景名胜区必须具备三个条件：具有观赏、文化或科学价值；自然景观、人文景观比较集中；可供人们游览或进行科学、文化活动。

二、风景名胜区的设立

(一) 设立原则

设立风景名胜区，应当有利于保护和合理利用风景名胜资源。

新设立的风景名胜区与自然保护区不得重合或者交叉；已设立的风景名胜区与自然保护区重合或者交叉的，风景名胜区规划与自然保护区规划应当相协调。

(二) 分类及设立条件、程序

《条例》第八条确定了风景名胜区的等级分类："风景名胜区划分为国家级风景名胜区和省级风景名胜区。"

自然景观和人文景观能够反映重要自然变化过程和重大历史文化发展过程，基本处于自然状态或者保持历史原貌，具有国家代表性的，可以申请设立国家级风景名胜区；具有区域代表性的，可以申请设立省级风景名胜区。

(1)设立国家级风景名胜区，由省、自治区、直辖市人民政府提出申请，国务院建设主管部门会同国务院环境保护主管部门、林业主管部门、文物主管部门等有关部门组织论证，提出审查意见，报国务院批准公布。

(2)设立省级风景名胜区，由县级人民政府提出申请，省、自治区人民政府建设主管部门或者直辖市人民政府风景名胜区主管部门，会同其他有关部门组织论证，提出审查意见，报省、自治区、直辖市人民政府批准公布。

风景名胜区内的土地、森林等自然资源和房屋等财产的所有权人、使用权人的合法权益受法律保护。申请设立风景名胜区的人民政府应当在报请审批前，与风景名胜区内的土地、森林等自然资源和房屋等财产的所有权人、使用权人充分协商。因设立风景名胜区对风景名胜区内的土地、森林等自然资源和房屋等财产的所有权人、使用权人造成损失的，应当依法给予补偿。

三、风景名胜区的规划

风景名胜区规划分为总体规划和详细规划。

(一)风景名胜区总体规划和详细规划的内容

风景名胜区总体规划的编制，应当体现人与自然和谐相处、区域协调发展和经济社会全面进步的要求，坚持保护优先、开发服从保护的原则，突出风景名胜资源的自然特性、文化内涵和地方特色。风景名胜区应当自设立之日起2年内编制完成总体规划。总体规划的规划期一般为20年。

风景名胜区总体规划应当包括下列内容：(1)风景资源评价；(2)生态资源保护措施、重大建设项目布局、开发利用强度；(3)风景名胜区的功能结构和空间布局；(4)禁止开发和限制开发的范围；(5)风景名胜区的游客容量；(6)有关专项规划。

风景名胜区详细规划应当根据核心景区和其他景区的不同要求编制，确定基础设施、旅游设施、文化设施等建设项目的选址、布局与规模，并明确建设用地范围和规划设计条件。风景名胜区的详细规划，应当符合风景名胜区的总体规划。

(二)风景名胜区规划的编制、审批机关

国家级风景名胜区规划由省、自治区人民政府建设主管部门或者直辖市人民政府风景名胜区主管部门组织编制。省级风景名胜区规划由县级人民政府组织编制。

国家级风景名胜区的总体规划，由省、自治区、直辖市人民政府审查后，报国务院审批。国家级风景名胜区的详细规划，由省、自治区人民政府建设主管部门或者直辖市人民

政府风景名胜区主管部门报国务院建设主管部门审批。

省级风景名胜区的总体规划，由省、自治区、直辖市人民政府审批，报国务院建设主管部门备案。省级风景名胜区的详细规划，由省、自治区人民政府建设主管部门或者直辖市人民政府风景名胜区主管部门审批。

(三)风景名胜区规划的具体编制程序

为提高风景名胜区规划编制的质量，保证其科学性和合理性，要求经过以下具体的编制程序。

(1)编制风景名胜区规划，应当采用招标等公平竞争的方式选择具有相应资质等级的单位承担；

(2)风景名胜区规划应当按照经审定的风景名胜区范围、性质和保护目标，依照国家有关法律、法规和技术规范编制；

(3)编制风景名胜区规划，应当广泛征求有关部门、公众和专家的意见，必要时，应当进行听证；

(4)风景名胜区规划报送审批的材料应当包括社会各界的意见以及意见采纳的情况和未予采纳的理由；

(5)风景名胜区规划经批准后，应当向社会公布，任何组织和个人有权查阅。

(四)风景名胜区规划的修改

风景名胜区内的单位和个人应当遵守经批准的风景名胜区规划，服从规划管理。风景名胜区规划未经批准的，不得在风景名胜区内进行各类建设活动。

经批准的风景名胜区规划不得擅自修改。确需对风景名胜区总体规划中的风景名胜区范围、性质、保护目标、生态资源保护措施、重大建设项目布局、开发利用强度以及风景名胜区的功能结构、空间布局、游客容量进行修改的，应当报原审批机关批准；对其他内容进行修改的，应当报原审批机关备案。风景名胜区详细规划确需修改的，应当报原审批机关批准。政府或者政府部门修改风景名胜区规划对公民、法人或者其他组织造成财产损失的，应当依法给予补偿。

风景名胜区总体规划的规划期届满前2年，规划的组织编制机关应当组织专家对规划进行评估，作出是否重新编制规划的决定。在新规划批准前，原规划继续有效。

四、风景名胜区的保护

风景名胜区内的景观和自然环境，应当根据可持续发展的原则，严格保护，不得破坏或者随意改变。

在风景名胜区内禁止进行下列活动：(1)开山、采石、开矿、开荒、修坟立碑等破坏景观、植被和地形地貌的活动；(2)修建储存爆炸性、易燃性、放射性、毒害性、腐蚀性物品的设施；(3)在景物或者设施上刻画、涂污；(4)乱扔垃圾。

在风景名胜区内，禁止违反风景名胜区规划，在风景名胜区内设立各类开发区和在核心景区内建设宾馆、招待所、培训中心、疗养院以及与风景名胜资源保护无关的其他建筑物；已经建设的，应当按照风景名胜区规划，逐步迁出。

在风景名胜区内进行下列活动，应当经风景名胜区管理机构审核后，依照有关法律、法规的规定报有关主管部门批准：（1）设置、张贴商业广告；（2）举办大型游乐等活动；（3）改变水资源、水环境自然状态的活动；（4）其他影响生态和景观的活动。

案例 4-2

某单位看到一则报道，一家单位未经任何部门批准，在一处风景名胜区内兴建培训中心。受此"启发"，某单位打算向有关部门申请在另一处风景名胜区的核心景区内建一疗养院。

本案评析：某单位的申请不可能被批准。风景名胜区条例规定，禁止违反风景名胜区规划，在景区内设立各类开发区和在核心景区内建设宾馆、招待所、培训中心、疗养院以及与风景名胜资源保护无关的其他建筑物；已经建设的，应当按照规划，逐步迁出。违反此条例者在重罚之列，而且相关责任人员要受到行政处分，甚至被追究刑事责任。

在风景名胜区内从事建设活动，应当经风景名胜区管理机构审核后，依照有关法律、法规的规定办理审批手续：

（1）在国家级风景名胜区内修建缆车、索道等重大建设工程，项目的选址方案应当报省、自治区人民政府建设主管部门和直辖市人民政府风景名胜区主管部门核准；

（2）风景名胜区内的建设项目应当符合风景名胜区规划，并与景观相协调，不得破坏景观、污染环境、妨碍游览；

（3）在风景名胜区内进行建设活动的，建设单位、施工单位应当制定污染防治和水土保持方案，并采取有效措施，保护好周围景物、水体、林草植被、野生动物资源和地形地貌。

五、风景名胜区的管理和利用

国家对风景名胜区实行科学规划、统一管理、严格保护、永续利用的原则。

风景名胜区管理机构是风景名胜区内各类活动的管理主体。为进一步规范风景名胜区管理机构，更好地保护和合理利用风景名胜资源，《条例》明确了风景名胜区管理机构的主体及职责。

（1）风景名胜区所在地县级以上地方人民政府设置的风景名胜区管理机构，负责风景名胜区的保护、利用和统一管理工作。

（2）国务院建设主管部门负责全国风景名胜区的监督管理工作。国务院其他有关部门按照国务院规定的职责分工，负责风景名胜区的有关监督管理工作。省、自治区人民政府建设主管部门和直辖市人民政府风景名胜区主管部门，负责本行政区域内风景名胜区的监督管理工作。省、自治区、直辖市人民政府其他有关部门按照规定的职责分工，负责风景名胜区的有关监督管理工作。

（3）风景名胜区管理机构不得从事以牟利为目的的经营活动，不得将规划、管理和监督等行政管理职能委托给企业或者个人行使。风景名胜区管理机构的工作人员，不得在风景名胜区内的企业兼职。

（4）风景名胜区内的交通、服务等项目，应当由风景名胜区管理机构依照有关法律、法规和风景名胜区规划，采用招标等公平竞争的方式确定经营者。风景名胜区管理机构应当与经营者签订合同，依法确定各自的权利义务。

（5）风景名胜区管理机构应当根据风景名胜区的特点，保护民族、民间传统文化，开展健康有益的游览观光和文化娱乐活动，普及历史文化和科学知识。

（6）风景名胜区管理机构应当根据风景名胜区规划，合理利用风景名胜资源，改善交通、服务设施和游览条件。风景名胜区管理机构应当在风景名胜区内设置风景名胜区标志和路标、安全警示等标牌。

（7）风景名胜区内宗教活动场所的管理，依照国家有关宗教活动场所管理的规定执行。风景名胜区内涉及自然资源保护、利用、管理和文物保护以及自然保护区管理的，还应当执行国家有关法律、法规的规定。

（8）风景名胜区管理机构应当建立健全安全保障制度，加强安全管理，保障游览安全，并督促风景名胜区内的经营单位接受有关部门依据法律、法规进行的监督检查。禁止超过允许容量接纳游客和在没有安全保障的区域开展游览活动。

（9）进入风景名胜区的门票，由风景名胜区管理机构负责出售。门票价格依照有关价格的法律、法规的规定执行。风景名胜区的门票收入和风景名胜资源有偿使用费，实行收支两条线管理。风景名胜区的门票收入和风景名胜资源有偿使用费应当专门用于风景名胜资源的保护和管理以及风景名胜区内财产的所有权人、使用权人损失的补偿。

六、法律责任

违反《条例》的规定，有下列行为之一的，由风景名胜区管理机构责令停止违法行为、恢复原状或者限期拆除，没收违法所得，并处 50 万元以上 100 万元以下的罚款：

（1）在风景名胜区内进行开山、采石、开矿等破坏景观、植被、地形地貌的活动的；

（2）在风景名胜区内修建储存爆炸性、易燃性、放射性、毒害性、腐蚀性物品的设施的；

（3）在核心景区内建设宾馆、招待所、培训中心、疗养院以及与风景名胜资源保护无关的其他建筑物的。

县级以上地方人民政府及其有关主管部门批准实施上述规定的行为的，对直接负责的主管人员和其他直接责任人员依法给予降级或者撤职的处分；构成犯罪的，依法追究刑事责任。

违反《条例》的规定，在风景名胜区内从事禁止范围以外的建设活动，未经风景名胜区管理机构审核的，由风景名胜区管理机构责令停止建设、限期拆除，对个人处 2 万元以上 5 万元以下的罚款，对单位处 20 万元以上 50 万元以下的罚款。

违反《条例》的规定，在国家级风景名胜区内修建缆车、索道等重大建设工程，项目的选址方案未经省、自治区人民政府建设主管部门和直辖市人民政府风景名胜区主管部门核准，县级以上地方人民政府有关部门核发选址意见书的，对直接负责的主管人员和其他直接责任人员依法给予处分；构成犯罪的，依法追究刑事责任。

违反《条例》的规定，个人在风景名胜区内进行开荒、修坟立碑等破坏景观、植被、地形地貌的活动的，由风景名胜区管理机构责令停止违法行为、限期恢复原状或者采取其他补救措施，没收违法所得，并处 1000 元以上 1 万元以下的罚款。

违反《条例》的规定，在景物、设施上刻画、涂污或者在风景名胜区内乱扔垃圾的，由风景名胜区管理机构责令恢复原状或者采取其他补救措施，处 50 元的罚款；刻画、涂污或者以其他方式故意损坏国家保护的文物、名胜古迹的，按照治安管理处罚法的有关规定予以处罚；构成犯罪的，依法追究刑事责任。

违反《条例》的规定，未经风景名胜区管理机构审核，在风景名胜区内进行下列活动的，由风景名胜区管理机构责令停止违法行为、限期恢复原状或者采取其他补救措施，没收违法所得，并处 5 万元以上 10 万元以下的罚款；情节严重的，并处 10 万元以上 20 万元以下的罚款：（1）设置、张贴商业广告的；（2）举办大型游乐等活动的；（3）改变水资源、水环境自然状态的活动的；（4）其他影响生态和景观的活动。

违反《条例》的规定，施工单位在施工过程中，对周围景物、水体、林草植被、野生动物资源和地形地貌造成破坏的，由风景名胜区管理机构责令停止违法行为、限期恢复原状或者采取其他补救措施，并处 2 万元以上 10 万元以下的罚款；逾期未恢复原状或者采取有效措施的，由风景名胜区管理机构责令停止施工。

违反《条例》的规定，国务院建设主管部门、县级以上地方人民政府及其有关主管部门有下列行为之一的，对直接负责的主管人员和其他直接责任人员依法给予处分；构成犯罪的，依法追究刑事责任：

(1)违反风景名胜区规划在风景名胜区内设立各类开发区的；

(2)风景名胜区自设立之日起未在 2 年内编制完成风景名胜区总体规划的；

(3)选择不具有相应资质等级的单位编制风景名胜区规划的；

(4)风景名胜区规划批准前批准在风景名胜区内进行建设活动的；

(5)擅自修改风景名胜区规划的；

(6)不依法履行监督管理职责的其他行为。

违反《条例》的规定，风景名胜区管理机构有下列行为之一的，由设立该风景名胜区管理机构的县级以上地方人民政府责令改正；情节严重的，对直接负责的主管人员和其他直接责任人员给予降级或者撤职的处分；构成犯罪的，依法追究刑事责任：

(1)超过允许容量接纳游客或者在没有安全保障的区域开展游览活动的；

(2)未设置风景名胜区标志和路标、安全警示等标牌的；

(3)从事以营利为目的的经营活动的；

(4)将规划、管理和监督等行政管理职能委托给企业或者个人行使的；

(5)允许风景名胜区管理机构的工作人员在风景名胜区内的企业兼职的；

(6)审核同意在风景名胜区内进行不符合风景名胜区规划的建设活动的；

(7)发现违法行为不予查处的。

依照《条例》的规定，责令限期拆除在风景名胜区内违法建设的建筑物、构筑物或者其他设施的，有关单位或者个人必须立即停止建设活动，自行拆除；对继续进行建设的，作出责令限期拆除决定的机关有权制止。有关单位或者个人对责令限期拆除决定不服的，可以在接到责令限期拆除决定之日起 15 日内，向人民法院起诉；期满不起诉又不自行拆除的，由作出责令限期拆除决定的机关依法申请人民法院强制执行，费用由违法者承担。

案例 4-3

2013 年 5 月，武汉东湖风景区居民杨某雇了两台挖掘机，打算将居所旁一处天然形成的土坡铲平，方便自家停车和休闲。该区城管执法人员接到投诉后赶到现场时，土坡开挖面积已达 459 平方米。执法人员调查发现，施工区域并未在相关部门办理施工审批手续，杨某此举属擅自开挖高坡行为，破坏了景区地形地貌，按规定应当缴纳 1 万元罚款，并恢复原貌。杨某觉得很委屈："我只是想把这块地整平，是不是罚得太重了？"

资料来源：《武汉晚报》2013 年 11 月 14 日。

本案评析：《风景名胜区条例》规定，违反本条例的规定，个人在风景名胜区内进行开荒、修坟立碑等破坏景观、植被、地形地貌的活动的，由风景名胜区管理机构责令停止违法行为、限期恢复原状或者采取其他补救措施，没收违法所得，并处 1000 元以上 1 万元以下的罚款。因此，有关部门的处罚决定是正确的。

第三节　文物保护法律制度

一、文物保护法律制度概述

我国是古人类发祥地之一，也是世界四大文明古国之一，有五千年的文明史，文物古迹众多。我国有举世无双的万里长城，有世界上保存最大最完整的帝王宫殿——北京故宫，有被誉为"世界第八大奇迹"的秦始皇陵兵马俑，有"东方艺术明珠"之称的敦煌莫高窟，等等。

文物是人类文明的历史见证，是绵延文化的重要载体，是今人与古人对话的桥梁，更是我国举世瞩目的旅游资源的一个亮点。保护文物不仅是国家的重要职责、整个国际社会的共同义务，也是一切机关、组织和公民个人的共同义务。为此，需要制定一部专门的法律加以保护，明确各方在文物保护方面的职责。

1982 年 11 月，五届人大常委会第二十五次会议批准了《中华人民共和国文物保护法》（以下简称《文物保护法》），1991 年 6 月七届人大常委会第二十次会议对其进行部分修改通过，并于 1992 年 4 月 30 日国务院发布了《文物保护法实施细则》。2002 年 10 月 28 日，经九届人大常委会第三十次会议讨论，再次对《文物保护法》进行修改通过。这是自 1982 年颁布后所作的最大的一次修改，由原来的 33 条扩展到了 80 条，内容上也作了较大改动。2003 年 5 月 13 日国务院第八次常委会议又通过了《文物保护法实施细则》（2003 年 7

月 1 日起施行）。修改后的《文物保护法》第一次将"保护为主、抢救第一、合理利用、加强管理"的文物工作方针写入法律；进一步强调了国家对文物的所有权；强化了文物保护的各项管理措施；规定了国有文物收藏单位以外的公民、法人和其他组织可以收藏的文物；完善了法律责任的规定，加强了文物行政执法权力。修改后的《文物保护法》更能适应社会的发展趋势，更具有可操作性，为我国文物旅游资源的保护、开发利用提供了更有效的法律保障。2013 年 6 月 29 日、2015 年 4 月 24 日第十二届全国人民代表大会常务委员会又先后两次审议通过了对《文物保护法》部分条款的修改。

《文物保护法》共 8 章 80 条，内容包括：总则；不可移动文物；考古发掘；馆藏文物；民间收藏文物；文物出境进境；法律责任；附则。

二、文物保护的范围

文物是指在人类历史发展过程中遗留下来的，具有历史、艺术、科学价值的历史文化遗产。《文物保护法》第二条规定，在中华人民共和国境内，下列文物受国家法律保护：

(1)具有历史、艺术、科学价值的古文化遗址、古墓葬、古建筑、石窟寺和石刻、壁画；

(2)与重大历史事件、革命运动或者著名人物有关的以及具有重要纪念意义、教育意义或者史料价值的近代现代重要史迹、实物、代表性建筑；

(3)历史上各时代珍贵的艺术品、工艺美术品；

(4)历史上各时代重要的文献资料以及具有历史、艺术、科学价值的手稿和图书资料等；

(5)反映历史上各时代、各民族社会制度、社会生产、社会生活的代表性实物；

(6)具有科学价值的古脊椎动物化石和古人类化石。

三、文物管理机构和文物工作方针

(一)文物管理机构

《文物保护法》第八条规定，国务院文物行政部门主管全国文物保护工作。地方各级人民政府负责本行政区域内的文物保护工作。县级以上地方人民政府承担文物保护工作的部门对本行政区域内的文物保护实施监督管理。县级以上人民政府有关行政部门在各自的职责范围内，负责有关的文物保护工作。公安机关、工商行政管理部门、海关、城乡建设规划部门和其他有关国家机关，应当依法认真履行所承担的保护文物的职责，维护文物管理秩序。可见，《文物保护法》明确了各级政府及有关部门是负责本地文物保护工作的部门。

(二)文物工作方针

《文物保护法》第四条明确规定，文物工作要贯彻"保护为主、抢救第一、合理利用、加强管理"的方针。它全面准确地揭示了保护与利用文物的关系，保护是利用的前提，利用是保护的目的，我们在进行基本建设、发展旅游时必须遵守文物保护工作的方针，在开展相应的活动时不得对文物造成损害。

四、文物所有权

(一)国家对文物的所有权

中华人民共和国境内地下、内水和领海中遗存的一切文物，属于国家所有。

国有不可移动文物的所有权不因其所依附的土地所有权或者使用权的改变而改变。古文化遗址、古墓葬、石窟寺属于国家所有。国家指定保护的纪念建筑物、古建筑、石刻、壁画、近代现代代表性建筑等不可移动文物，除国家另有规定的以外，属于国家所有。国有不可移动文物不得转让、抵押，不得作为企业资产经营。

国有可移动文物的所有权不因其保管、收藏单位的终止或者变更而改变。属于国家所有的可移动文物包括：

(1)中国境内出土的文物，国家另有规定的除外；

(2)国有文物收藏单位以及其他国家机关、部队和国有企业、事业组织等收藏、保管的文物；

(3)国家征集、购买的文物；

(4)公民、法人和其他组织捐赠给国家的文物；

(5)法律规定属于国家所有的其他文物。

国家文物所有权受法律保护，不容侵犯。

(二)非国有文物的所有权

(1)属于集体所有和私人所有的纪念建筑物、古建筑和祖传文物以及依法取得的其他文物，其所有权受法律保护，但文物的所有者必须遵守国家有关文物保护的法律、法规的规定。

(2)非国有不可移动文物转让、抵押或者改变用途的，应当根据其级别报相应的文物行政部门备案。

案例 4-4

某日，李某在河边挖沙时发现了一形状怪异的石块，一头为光滑的圆柄状，另一头类似斧刃，且十分锋利，手感光滑，色泽也很好。李某的弟弟发现其与《中国古代史》教科书上的石器时代"石斧"极为相似，意识到可能是件文物。于是联系某博物馆为其做鉴定。博物馆专家说，一旦鉴定出"石斧"为真文物，就必须上交国家。李某听罢，携带"石斧"匆匆离去。

本案评析：《文物保护法》规定，中华人民共和国境内地下、内水和领海中遗存的一切文物，属于国家所有。公民合法取得的文物(如祖传)其所有权受法律保护。如果"石斧"被鉴定是真文物，那就是原始社会的产物，祖传的可能性几乎等于零。所以，李某对"石斧"应属不合法持有，如个人不愿主动上缴，国家有权强制收缴。

五、文物保护单位和历史文化名城、街区

(一)文物保护单位的各级界定

《文物保护法》第三条规定:"古文化遗址、古墓葬、古建筑、石窟寺、石刻、壁画、近代现代重要史迹和代表性建筑等不可移动文物,根据它们的历史、艺术、科学价值,可以分别确定为全国重点文物保护单位,省级文物保护单位,市、县级文物保护单位。"可见,我国文物保护单位分为三个级别:

(1)全国重点文物保护单位。由国务院文物行政部门在省级、市、县级文物保护单位中,选择具有重大历史、艺术、科学价值的确定为全国重点文物保护单位,或者直接确定为全国重点文物保护单位,报国务院核定公布。

(2)省级文物保护单位。由省、自治区、直辖市人民政府核定公布,并报国务院备案。

(3)市级和县级文物保护单位。分别由设区的市、自治州和县级人民政府核定公布,并报省、自治区、直辖市人民政府备案。

(二)文物保护单位的保护和利用

(1)各级文物保护单位,分别由省、自治区、直辖市人民政府和市、县级人民政府划定必要的保护范围,作出标志说明,建立记录档案,并区别情况分别设置专门机构或者专人负责管理。全国重点文物保护单位的保护范围和记录档案,由省、自治区、直辖市人民政府文物行政部门报国务院文物行政部门备案。县级以上地方人民政府文物行政部门应当根据不同文物的保护需要,制定文物保护单位和未核定为文物保护单位的不可移动文物的具体保护措施,并公告施行。

(2)各级人民政府制定城乡建设规划,应当根据文物保护的需要,事先由城乡建设规划部门会同文物行政部门商定对本行政区域内各级文物保护单位的保护措施,并纳入规划。

(3)文物保护单位的保护范围内不得进行其他建设工程或者爆破、钻探、挖掘等作业。但是,因特殊情况需要在文物保护单位的保护范围内进行其他建设工程或者爆破、钻探、挖掘等作业的,必须保证文物保护单位的安全,并经核定公布该文物保护单位的人民政府批准,在批准前应当征得上一级人民政府文物行政部门同意;在全国重点文物保护单位的保护范围内进行其他建设工程或者爆破、钻探、挖掘等作业的,必须经省、自治区、直辖市人民政府批准,在批准前应当征得国务院文物行政部门同意。

(4)根据保护文物的实际需要,经省、自治区、直辖市人民政府批准,可以在文物保护单位的周围划分一定的建设控制地带,并予以公布。在文物保护单位的建设控制地带内进行建设工程,不得破坏文物保护单位的历史风貌;工程设计方案应当根据文物保护单位的级别,经相应的文物行政部门同意后,报城乡建设规划部门批准。

(5)在文物保护单位的保护范围和建设控制地带内,不得建设污染文物保护单位及其环境的设施,不得进行可能影响文物保护单位安全及其环境的活动。对已有的污染文物保护单位及其环境的设施,应当限期治理。否则,环境保护行政部门可以依照有关法律、法

规的规定给予处罚。

（6）建设工程选址，应当尽可能避开不可移动文物；因特殊情况不能避开的，对文物保护单位应当尽可能实施原址保护。实施原址保护的，建设单位应当事先确定保护措施，根据文物保护单位的级别报相应的文物行政部门批准，并将保护措施列入可行性研究报告或者设计任务书。无法实施原址保护，必须迁移异地保护或者拆除的，应当报省、自治区、直辖市人民政府批准；迁移或者拆除省级文物保护单位的，批准前须征得国务院文物行政部门同意。全国重点文物保护单位不得拆除；需要迁移的，须由省、自治区、直辖市人民政府报国务院批准。

（7）对危害文物保护单位安全、破坏文物保护单位历史风貌的建筑物、构筑物，当地人民政府应当及时调查处理，必要时，对该建筑物、构筑物予以拆迁。

（8）对文物保护单位进行修缮，应当根据文物保护单位的级别报相应的文物行政部门批准。文物保护单位的修缮、迁移、重建，由取得文物保护工程资质证书的单位承担。

（9）核定为文物保护单位的属于国家所有的纪念建筑物或者古建筑，除可以建立博物馆、保管所或者辟为参观游览场所外，如果必须作其他用途的，应当经核定公布该文物保护单位的人民政府文物行政部门征得上一级文物行政部门同意后，报核定公布该文物保护单位的人民政府批准；全国重点文物保护单位作其他用途的，应当由省、自治区、直辖市人民政府报国务院批准。

（三）历史文化名城、街区的保护和管理

所谓历史文化名城是指保存文物特别丰富并且具有重大历史价值或者革命纪念意义的城市，由国务院核定公布。历史文化街区是指那些保存文物特别丰富并且具有重大历史价值或者革命纪念意义的城镇、街道、村庄，由省、自治区、直辖市人民政府核定公布，并报国务院备案。《文物保护法》第十四条规定："历史文化名城和历史文化街区、村镇所在地的县级以上地方人民政府应当组织编制专门的历史文化名城和历史文化街区、村镇保护规划，并纳入城市总体规划。"

历史文化名城、街区不是终身制。《文物保护法》第六十九条规定："历史文化名城的布局、环境、历史风貌等遭到严重破坏的，由国务院撤销其历史文化名城称号；历史文化城镇、街道、村庄的布局、环境、历史风貌等遭到严重破坏的，由省、自治区、直辖市人民政府撤销其历史文化街区、村镇称号；对负有责任的主管人员和其他直接责任人员依法给予行政处分。"

六、文物的考古发掘

地下文物，是进行科学研究的宝贵财富，也是不可多得的旅游资源。我国《文物保护法》第三章对文物的考古发掘作了严格的规定。

（一）一切考古发掘工作，必须履行报批手续

（1）从事考古发掘的单位，为了科学研究进行考古发掘，应当提出发掘计划，报国务

院文物行政部门批准；对全国重点文物保护单位的考古发掘计划，应当经国务院文物行政部门审核后报国务院批准。

（2）进行大型基本建设工程，建设单位应当事先报请省、自治区、直辖市人民政府文物行政部门组织从事考古发掘的单位在工程范围内有可能埋藏文物的地方进行考古调查、勘探。考古调查、勘探中发现文物的，由省、自治区、直辖市人民政府文物行政部门根据文物保护的要求会同建设单位共同商定保护措施；遇有重要发现的，由省、自治区、直辖市人民政府文物行政部门及时报国务院文物行政部门处理。

（3）需要配合建设工程进行的考古发掘工作，应当由省、自治区、直辖市文物行政部门在勘探工作的基础上提出发掘计划，报国务院文物行政部门批准。

（4）确因建设工期紧迫或者有自然破坏危险，对古文化遗址、古墓葬急需进行抢救发掘的，由省、自治区、直辖市人民政府文物行政部门组织发掘，并同时补办审批手续。

（5）未经批准，任何单位或者个人都不得私自发掘地下埋藏的文物。

(二) 发现文物和发掘文物的报告和归属

（1）在进行建设工程或者在农业生产中，任何单位或者个人发现文物，应当保护现场，立即报告当地文物行政部门，文物行政部门接到报告后，如无特殊情况，应当在24小时内赶赴现场，并在7日内提出处理意见。文物行政部门可以报请当地人民政府通知公安机关协助保护现场；发现重要文物的，应当立即上报国务院文物行政部门，国务院文物行政部门应当在接到报告后15日内提出处理意见。

（2）依照前款规定发现的文物属于国家所有，任何单位或者个人不得哄抢、私分、藏匿。

（3）考古调查、勘探、发掘的结果，应当报告国务院文物行政部门和省、自治区、直辖市人民政府文物行政部门。

（4）考古发掘的文物，应当登记造册，妥善保管，按照国家有关规定移交给由省、自治区、直辖市人民政府文物行政部门或者国务院文物行政部门指定的国有博物馆、图书馆或者其他国有收藏文物的单位收藏。经省、自治区、直辖市人民政府文物行政部门批准，从事考古发掘的单位可以保留少量出土文物作为科研标本。

（5）考古发掘的文物，任何单位或者个人不得侵占。

(三) 对外国人或者外国团体考古发掘我国文物的规定

非经国务院文物行政部门报国务院特别许可，任何外国人或者外国团体不得在中华人民共和国境内进行考古调查、勘探、发掘。

(四) 出土文物的调用

根据保证文物安全、进行科学研究和充分发挥文物作用的需要，省、自治区、直辖市人民政府文物行政部门经本级人民政府批准，可以调用本行政区域内的出土文物；国务院文物行政部门经国务院批准，可以调用全国的重要出土文物。

七、馆藏文物

馆藏文物是指博物馆、图书馆和其他文物收藏单位收藏的文物。《文物保护法》第四章对馆藏文物的取得、管理、调拨、交换、借用、展览、出租、修复、损毁的处理等方面作了详细规定。

(一)馆藏文物的取得和管理

(1)文物收藏单位可以通过购买、接受捐赠、依法交换等方式取得文物。国有文物收藏单位还可以通过文物行政部门指定保管或者调拨方式取得文物。

(2)文物收藏单位对收藏的文物,必须区分文物等级,设置藏品档案,建立严格的管理制度,并报主管的文物行政部门备案。县级以上地方人民政府文物行政部门应当分别建立本行政区域内的馆藏文物档案;国务院文物行政部门应当建立国家一级文物藏品档案和其主管的国有文物收藏单位馆藏文物档案。

(3)博物馆、图书馆和其他收藏文物的单位应当按照国家有关规定配备防火、防盗、防自然损坏的设施,确保馆藏文物的安全。文物收藏单位的法定代表人对馆藏文物的安全负责。国有文物收藏单位的法定代表人离任时,应当按照馆藏文物档案办理馆藏文物移交手续。馆藏文物被盗、被抢或者丢失的,文物收藏单位应当立即向公安机关报案,并同时向主管的文物行政部门报告。

(二)馆藏文物的调拨、交换、借用和展览

(1)国务院文物行政部门可以调拨全国的国有馆藏文物;省、自治区、直辖市人民政府文物行政部门可以调拨本行政区域内其主管的国有文物收藏单位馆藏文物;调拨国有馆藏一级文物,应当报国务院文物行政部门备案;国有文物收藏单位可以申请调拨国有馆藏文物。未经批准,任何单位或者个人不得调取馆藏文物。

(2)已经建立馆藏文物档案的国有文物收藏单位,经省、自治区、直辖市人民政府文物行政部门批准,并报国务院文物行政部门备案,其馆藏文物可以在国有文物收藏单位之间交换。

(3)国有文物收藏单位之间因举办展览、科学研究等需借用馆藏文物的,应当报主管的文物行政部门备案;借用馆藏一级文物,应当经国务院文物行政部门批准。非国有文物收藏单位和其他单位举办展览需借用国有馆藏文物的,应当报主管的文物行政部门批准;借用国有馆藏一级文物,应当经国务院文物行政部门批准。文物收藏单位之间借用文物的最长期限不得超过3年。文物行政管理部门和国有文物收藏单位的工作人员不得借用国有文物,不得非法侵占国有文物。

(4)未建立馆藏文物档案的国有文物收藏单位,不得交换、借用、展览。

(5)调拨、交换、借用的文物必须严格保管,不得丢失、损毁。

(6)禁止国有文物收藏单位将馆藏文物赠与、出租或者出售给其他单位、个人。

(7)文物收藏单位应当充分发挥馆藏文物的作用,通过举办展览、科学研究等活动,加强对中华民族优秀的历史文化和革命传统的宣传教育。

(三)馆藏文物修复和毁损的处理

(1)修复馆藏文物,不得改变馆藏文物的原状;复制、拍摄、拓印馆藏文物,不得对馆藏文物造成损害。

(2)馆藏一级文物损毁的,应当报国务院文物行政部门核查处理。其他馆藏文物损毁的,应当报省、自治区、直辖市人民政府文物行政部门核查处理;省、自治区、直辖市人民政府文物行政部门应当将核查处理结果报国务院文物行政部门备案。

八、民间收藏文物

根据我国民间收藏文物的发展趋势和现行管理情况,修改后的《文物保护法》规定了国有文物收藏单位以外的公民、法人和其他组织可以通过合法途径收藏文物,规定了文物商店的设立和经营,特别是对近年来兴起的文物拍卖企业作了详细严格的规定。

(一)民间收藏文物的取得、捐赠和禁止

(1)文物收藏单位以外的公民、法人和其他组织可以收藏通过下列方式取得的文物:依法继承或者接受赠与;从文物商店购买;从经营文物拍卖的拍卖企业购买;公民个人合法所有的文物相互交换或者依法转让;国家规定的其他合法方式。文物收藏单位以外的公民、法人和其他组织通过上述方式收藏的文物可以依法流通。

(2)国家鼓励文物收藏单位以外的公民、法人和其他组织将其收藏的文物捐赠给国有文物收藏单位或者出借给文物收藏单位展览和研究。当然,国有文物收藏单位应当尊重并按照捐赠人的意愿,对捐赠的文物妥善收藏、保管和展示。

(3)国家禁止出境的文物,不得转让、出租、质押给外国人。

(二)文物商店的设立与经营

(1)文物商店应当由省、自治区、直辖市人民政府文物行政部门批准设立,依法进行管理。禁止设立中外合资、中外合作和外商独资的文物商店。禁止文物行政部门的工作人员、文物收藏单位举办或参与举办文物商店。

(2)文物商店不得从事文物拍卖经营活动,不得设立经营文物拍卖的拍卖企业。

(3)文物商店销售的文物,在销售前应当经省、自治区、直辖市人民政府文物行政部门审核;对允许销售的,省、自治区、直辖市人民政府文物行政部门应当进行标示。

(4)文物商店购买、销售文物,应当按照国家有关规定作出记录,并报原审核的文物行政部门备案。

(5)除经批准的文物商店外,其他单位或者个人不得从事文物的商业经营活动。

(三)文物拍卖的管理

(1)依法设立的拍卖企业经营文物拍卖,应当取得省、自治区、直辖市人民政府文物行政部门颁发的文物拍卖许可证。

(2)拍卖企业拍卖的文物,在拍卖前应当经省、自治区、直辖市人民政府文物行政部门审核,并报国务院文物行政部门备案。

（3）禁止设立中外合资、中外合作和外商独资的经营文物拍卖的拍卖企业。

（4）经营文物拍卖的拍卖企业不得从事文物购销经营活动，不得设立文物商店。文物行政部门的工作人员、文物收藏单位不得举办或者参与举办经营文物拍卖的拍卖企业。

（5）文物行政部门在审核拟拍卖的文物时，可以指定国有文物收藏单位优先购买其中的珍贵文物。购买价格由文物收藏单位的代表与文物的委托人协商确定。

（四）拣选文物的规定

银行、冶炼厂、造纸厂以及废旧物资回收单位，应当与当地文物行政部门共同负责拣选掺杂在金银器和废旧物资中的文物。拣选文物除供银行研究所必需的历史货币可以由人民银行留用外，应当移交当地文物行政部门。移交拣选文物，应当给予合理补偿。

此外，人民法院、人民检察院、公安机关、海关和工商行政管理部门依法没收的文物应当登记造册，妥善保管，结案后无偿移交文物行政部门，由文物行政部门指定的国有文物收藏单位收藏。

九、文物的出境进境

《文物保护法》规定了文物的进出境管理制度，明确了文物进出境的核查制度和程序。

（一）文物出境

（1）文物出境，应当经国务院文物行政部门指定的文物进出境审核机构审核。经审核允许出境的文物，由国务院文物行政部门发给文物出境许可证，从国务院文物行政部门指定的口岸出境。

（2）任何单位或者个人运送、邮寄、携带文物出境，应当向海关申报；海关凭文物出境许可证放行。

（3）文物出境展览，应当报国务院文物行政部门批准；一级文物超过国务院规定数量的，应当报国务院批准。一级文物中的孤品和易损品，禁止出境展览。出境展览的文物出境，由文物进出境审核机构审核、登记。海关凭国务院文物行政部门或者国务院的批准文件放行。出境展览的文物复进境，由原文物进出境审核机构审核查验。

（4）国有文物、非国有文物中的珍贵文物和国家规定禁止出境的其他文物，不得出境；但是依照本法规定出境展览或者因特殊需要经国务院批准出境的除外。

（二）文物进境

文物临时进境，应当向海关申报，并报文物进出境审核机构审核、登记。临时进境的文物复出境，必须经原审核、登记的文物进出境审核机构审核查验；经审核查验无误的，由国务院文物行政部门发给文物出境许可证，海关凭文物出境许可证放行。

十、奖励与惩罚

《文物保护法》不仅设置了奖励的条款，而且大大强化了文物行政部门的行政执法权，其法律责任条款体现了两个特征：一是与现行刑法相衔接，二是加大了惩罚的力度。

（一）奖励

有下列事迹的单位或者个人，由国家给予精神鼓励或者物质奖励：

（1）认真执行文物保护法律、法规，保护文物成绩显著的；

（2）为保护文物与违法犯罪行为作坚决斗争的；

（3）将个人收藏的重要文物捐献给国家或者为文物保护事业作出捐赠的；

（4）发现文物及时上报或者上交，使文物得到保护的；

（5）在考古发掘工作中作出重大贡献的；

（6）在文物保护科学技术方面有重要发明创造或者其他重要贡献的；

（7）在文物面临破坏危险时，抢救文物有功的；

（8）长期从事文物工作，作出显著成绩的。

（二）惩罚

（1）违反《文物保护法》规定，有下列行为之一，构成犯罪的，依法追究刑事责任：

① 盗掘古文化遗址、古墓葬的；

② 故意或者过失损毁国家保护的珍贵文物的；

③ 擅自将国有馆藏文物出售或者私自送给非国有单位或者个人的；

④ 将国家禁止出境的珍贵文物私自出售或者送给外国人的；

⑤ 以牟利为目的倒卖国家禁止经营的文物的；

⑥ 走私文物的；

⑦ 盗窃、哄抢、私分或者非法侵占国有文物的；

⑧ 应当追究刑事责任的其他妨害文物管理的行为。

（2）违反《文物保护法》规定，造成文物灭失、损毁的，依法承担民事责任。违反本法规定，构成违反治安管理行为的，由公安机关依法给予治安管理处罚。违反本法规定，构成走私行为，尚不构成犯罪的，由海关依照有关法律、行政法规的规定给予处罚。

（3）有下列行为之一，尚不构成犯罪的，由县级以上人民政府文物主管部门责令改正，造成严重后果的，处5万元以上50万元以下的罚款；情节严重的，由原发证机关吊销资质证书：

① 擅自在文物保护单位的保护范围内进行建设工程或者爆破、钻探、挖掘等作业的；

② 在文物保护单位的建设控制地带内进行建设工程，其工程设计方案未经文物行政部门同意、报城乡建设规划部门批准，对文物保护单位的历史风貌造成破坏的；

③ 擅自迁移、拆除不可移动文物的；

④ 擅自修缮不可移动文物，明显改变文物原状的；

⑤ 擅自在原址重建已全部毁坏的不可移动文物，造成文物破坏的；

⑥ 施工单位未取得文物保护工程资质证书，擅自从事文物修缮、迁移、重建的。

另外，刻画、涂污或者损坏文物尚不严重的，或者损毁依照《文物保护法》规定设立的文物保护单位标志的，由公安机关或者文物所在单位给予警告，可以并处罚款。

（4）有下列行为之一的，由县级以上人民政府文物主管部门责令改正，没收违法所得，违法所得1万元以上的，并处违法所得2倍以上5倍以下的罚款；违法所得不足1万元的，并处 5000 元以上 2 万元以下的罚款：

① 转让或者抵押国有不可移动文物，或者将国有不可移动文物作为企业资产经营的；

② 将非国有不可移动文物转让或者抵押给外国人的；

③ 擅自改变国有文物保护单位的用途的。

（5）有下列行为之一，尚不构成犯罪的，由县级以上人民政府文物主管部门责令改正，可以并处 2 万元以下的罚款，有违法所得的，没收违法所得：

① 文物收藏单位未按照国家有关规定配备防火、防盗、防自然损坏的设施的；

② 国有文物收藏单位法定代表人离任时未按照馆藏文物档案移交馆藏文物，或者所移交的馆藏文物与馆藏文物档案不符的；

③ 将国有馆藏文物赠与、出租或者出售给其他单位、个人的；

④ 违反《文物保护法》有关文物的展览、交换规定处置国有馆藏文物的；

⑤ 违反《文物保护法》规定挪用或者侵占依法调拨、交换、出借文物所得补偿费用的。

（6）有下列行为之一的，应接受相应的处罚：

买卖国家禁止买卖的文物或者将禁止出境的文物转让、出租、质押给外国人，尚不构成犯罪的，由县级以上人民政府文物主管部门责令改正，没收违法所得，违法经营额 1 万元以上的，并处违法经营额 2 倍以上 5 倍以下的罚款；违法经营额不足 1 万元的，并处 5000 元以上 2 万元以下的罚款。

（7）未经许可，擅自设立文物商店、经营文物拍卖的拍卖企业，或者擅自从事文物的商业经营活动，尚不构成犯罪的，由工商行政管理部门依法予以制止，没收违法所得、非法经营的文物，违法经营额 5 万元以上的，并处违法经营额 2 倍以上 5 倍以下的罚款；违法经营额不足 5 万元的，并处 2 万元以上 10 万元以下的罚款。

（8）有下列情形之一的，由工商行政管理部门没收违法所得、非法经营的文物，违法经营额 5 万元以上的，并处违法经营额 1 倍以上 3 倍以下的罚款；违法经营额不足 5 万元的，并处 5000 元以上 5 万元以下的罚款；情节严重的，由原发证机关吊销许可证书：

① 文物商店从事文物拍卖经营活动的；

② 经营文物拍卖的拍卖企业从事文物购销经营活动的；

③ 文物商店销售的文物、拍卖企业拍卖的文物，未经审核的；

④ 文物收藏单位从事文物的商业经营活动的。

（9）有下列行为之一，尚不构成犯罪的，由县级以上人民政府文物主管部门会同公安机关追缴文物；情节严重的，处 5000 元以上 5 万元以下的罚款：

① 发现文物隐匿不报或者拒不上交的；

② 未按照规定移交拣选文物的。

（10）有下列行为之一的，由县级以上人民政府文物主管部门责令改正：

① 改变国有未核定为文物保护单位的不可移动文物的用途，未依照《文物保护法》规定报告的；

② 转让、抵押非国有不可移动文物或者改变其用途，未依照《文物保护法》规定备案的；

③ 国有不可移动文物的使用人拒不依法履行修缮义务的；

④ 考古发掘单位未经批准擅自进行考古发掘，或者不如实报告考古发掘结果的；

⑤ 文物收藏单位未按照国家有关规定建立馆藏文物档案、管理制度，或者未将馆藏文物档案、管理制度备案的；

⑥ 违反《文物保护法》规定，未经批准擅自调取馆藏文物的；

⑦ 馆藏文物损毁未报文物行政部门核查处理，或者馆藏文物被盗、被抢或者丢失，文物收藏单位未及时向公安机关或者文物行政部门报告的；

⑧ 文物商店销售文物或者拍卖企业拍卖文物，未按照国家有关规定进行记录或者未将所作记录报文物行政部门备案的。

（11）文物行政部门、文物收藏单位、文物商店、经营文物拍卖企业的工作人员，有下列行为之一的，依法给予行政处分，情节严重的，依法开除公职或者吊销其从业资格；构成犯罪的，依法追究刑事责任：

① 文物行政部门的工作人员违反《文物保护法》规定，滥用审批权限、不履行职责或者发现违法行为不予查处，造成严重后果的；

② 文物行政部门和国有文物收藏单位的工作人员借用或者非法侵占国有文物的；

③ 文物行政部门的工作人员举办或者参与举办文物商店或者经营文物拍卖的拍卖企业的；

④ 因不负责任造成文物保护单位、珍贵文物损毁或者流失的；

⑤ 贪污、挪用文物保护经费的。

上述被开除公职或者被吊销从业资格的人员，自被开除公职或者被吊销从业资格之日起 10 年内不得担任文物管理人员或者从事文物经营活动。

有前述（3）、（4）、（5）、（7）、（9）、（10）所列行为之一的，负有责任的主管人员和其他直接责任人员是国家工作人员的，依法给予行政处分。

公安机关、工商行政管理部门、海关、城乡建设规划部门和其他国家机关违反本法规定滥用职权、玩忽职守、徇私舞弊，造成国家保护的珍贵文物损毁或者流失的，对负有责任的主管人员和其他直接责任人员依法给予行政处分；构成犯罪的，依法追究刑事责任。

第四节　相关旅游资源保护制度

一、旅游景区质量等级评定

从 2000 年开始，国家旅游局根据《旅游区（点）质量等级的划分与评定》，组织了全国旅游景区（点）的质量等级评定工作，这是我国借鉴国际经验，促进我国旅游景区（点）迈向保护、开发、建设、经营和管理新高度的一项重大举措。这样不仅有助于提高旅游区（点）的管理、服务水平，而且在保障旅游者的合法权益、夯实我国旅游业发展的基础方面，都有积极作用。《旅游区（点）质量等级的划分与评定》实施的成效显著，但是，随着许多景区不断丰富内容、提高档次，同一级别景区之间的距离逐渐拉大，需要对景区的细节性、文化性和特色性等方面做进一步要求。因此，为了更加符合旅游区（点）的发展实际，2003 年年底，新的《旅游区（点）质量等级的划分与评定》（GB/T17775—2003）发布实施，在原标准基础上对一些内容进行了修订。2011 年，国家旅游局对其再次修订，以《旅游景区质量等级的划分与评定》命名发布实施。2012 年国家旅游局发布《旅游景区质量等级管理办法》，与《旅游景区质量等级的划分与评定》一起成为旅游景区质量等级评定的重要依据。

（一）旅游景区质量等级划分

根据《旅游景区质量等级管理办法》规定，凡在中华人民共和国境内正式开业 1 年以上的旅游景区，均可申请质量等级。旅游景区质量等级划分为 5 个等级，从低到高依次为 1A、2A、3A、4A、5A。

旅游景区质量等级的标牌、证书由全国旅游景区质量等级评定委员会统一制作，由相应评定机构颁发。旅游景区在对外宣传资料中应正确标明其等级。旅游景区质量等级标牌，须置于旅游景区主要入口显著位置。旅游景区可根据需要自行制作庄重醒目、简洁大方的质量等级标志，标志在外形、材质、颜色等方面要与景区特点相一致。

（二）旅游景区质量等级评定程序

1. 旅游景区质量等级评定管理机构及其权限

国务院旅游行政主管部门负责旅游景区质量等级评定标准、评定细则等的编制和修订工作，负责对全国旅游景区质量等级评定标准的实施进行管理和监督。各省、自治区、直辖市人民政府旅游行政主管部门负责对本行政区域内旅游景区质量等级评定标准的实施进行管理和监督。

国务院旅游行政主管部门组织设立全国旅游景区质量等级评定委员会，负责全国旅游景区质量等级评定工作的组织和实施，授权并督导省级及以下旅游景区质量等级评定机构开展评定工作。各省、自治区、直辖市人民政府旅游行政主管部门组织设立本地区旅游景区质量等级评定委员会，按照全国旅游景区质量等级评定委员会授权，负责本行政区域内旅游景区质量等级评定工作的组织和实施。

3A 级及以下等级旅游景区由全国旅游景区质量等级评定委员会授权各省级旅游景区质量等级评定委员会负责评定，省级旅游景区评定委员会可向条件成熟的地市级旅游景区评定委员会再行授权。4A 级旅游景区由省级旅游景区质量等级评定委员会推荐，全国旅游景区质量等级评定委员会组织评定。5A 级旅游景区从 4A 级旅游景区中产生。被公告为 4A 级 3 年以上的旅游景区可申报 5A 级旅游景区。5A 级旅游景区由省级旅游景区质量等级评定委员会推荐，全国旅游景区质量等级评定委员会组织评定。

2. 旅游景区质量等级评定的原则、条件和依据

旅游景区质量等级管理工作，遵循自愿申报、分级评定、动态管理、以人为本、持续发展的原则。

依据《旅游景区质量等级的划分与评定》，旅游景区质量等级评定的主要条件和依据是：旅游交通、游览、旅游安全、卫生、邮电服务、旅游购物、综合管理、资源和环境的保护、旅游资源吸引力、市场影响力、年接待海内外游客数、游客抽样调查满意率等方面。

二、世界遗产的保护

(一)《保护世界文化和自然遗产公约》

世界各国、各地区有一些自然、历史文化遗迹，对于人类来说，是一些具有特殊价值的景观、文物和名胜，是世界上绝佳的、高品位的旅游资源。为了保护这些珍贵的自然、历史文化遗迹，合理地开发利用，联合国教科文组织于 1972 年 11 月在第十七届大会上通过了《保护世界文化和自然遗产公约》，确认国际社会有责任通过集体性援助来参与各国保护具有突出的普遍价值的自然和文化遗产。该公约于 1975 年 12 月生效。根据《保护世界文化和自然遗产公约》的规定，世界遗产包括文化遗产和自然遗产两部分。

文化遗产包括：

(1)文物，即从历史、艺术或科学角度要具有突出的普遍价值的建筑物、碑雕和碑画，具有考古性质或结构的铭文、窟洞以及联合体。

(2)建筑群，即从历史、科学角度看，在建筑样式、分布均匀或与环境景色结合方面具有突出的普遍价值的单位或连接的建筑群。

(3)遗址，即从历史美学、人种学或人类学角度看具有突出的普遍价值的人类工程或自然与人类联合工程，以及考古地址等地方。

自然遗产包括：

(1)从美学或科学角度看，具有突出的、普遍价值的由地质和生物结构或这类结构群组成的自然面貌。

(2)从科学和保护角度看，具有突出的、普遍价值的地质和自然地理结构以及明确划定的濒危动植物物种生态区。

(3)从科学、保护或自然美角度看，具有突出的、普遍价值的天然名胜或明确划定的自然区域。

1976 年，《保护世界文化和自然遗产公约》成立了一个保护具有突出的普遍价值的文化和自然遗产的政府间委员会，即世界遗产委员会，并建立《世界遗产名录》。

(二)我国的世界遗产

申请加入世界遗产，已成为许多国家和地区社会文化生活中的一件大事。中国于 1985 年 12 月 12 日加入《保护世界文化和自然遗产公约》，1986 年开始向联合国教科文组织申报世界遗产项目。我国先后被批准列入《世界遗产名录》的世界遗产有：

地域名称	批准列入时间
北京长城	1987.12(文化遗产)
明清皇宫：北京故宫	1987.12(文化遗产)
沈阳故宫	2004.7(文化遗产)
陕西秦始皇陵及兵马俑	1987.12(文化遗产)

续表

地 域 名 称	批准列入时间
甘肃敦煌莫高窟	1987.12(文化遗产)
周口店北京猿人遗址	1987.2(文化遗产)
山东泰山	1987.12(文化和自然遗产)
安徽黄山	1990.12(文化和自然遗产)
湖南武陵源国家级名胜区	1992.12(自然遗产)
四川九寨沟国家级名胜区	1992.12(自然遗产)
四川黄龙国家级名胜区	1992.12(自然遗产)
西藏布达拉宫	1994.12(文化遗产)
河北承德避暑山庄及周围寺庙	1994.12(文化遗产)
山东曲阜的孔庙、孔府及孔林	1994.12(文化遗产)
湖北的武当山古建筑群	1994.12(文化遗产)
江西庐山风景名胜区	1996.12(文化景观)
四川峨眉山—乐山风景名胜区	1996.12(文化和自然遗产)
云南丽江古城	1997.12(文化遗产)
山西平遥古城	1997.12(文化遗产)
江苏古典园林	1997.12(文化遗产)
北京颐和园	1998.11(文化遗产)
北京天坛	1998.11(文化遗产)
重庆大足石刻	1999.12(文化遗产)
福建省武夷山	1999.12(文化和自然遗产)
四川青城山和都江堰	2000.11(文化遗产)
河南洛阳龙门石窟	2001.11(文化遗产)
明清皇家陵寝：明显陵(湖北钟祥市)、清东陵(河北遵化市)、清西陵(河北易县)	2000.11(文化遗产)
北京十三陵、南京明孝陵	2003.7(文化遗产)
盛京三陵(辽宁)	2004.7(文化遗产)
安徽古村落：西递、宏村	2000.11(文化遗产)
山西大同云冈石窟	2001.12(文化遗产)
云南三江并流	2003.7(自然遗产)
中国高句丽王城、王陵及贵族墓葬(吉林集安市、辽宁桓仁县)	2004.7(文化遗产)

续表

地　域　名　称	批准列入时间
澳门历史城区	2005.7（文化遗产）
四川大熊猫栖息地	2006.7（自然遗产）
河南安阳殷墟	2006.7（文化遗产）
广东开平碉楼	2007.6（文化遗产）
中国南方喀斯特	2007.6（自然遗产）
江西三清山	2008.7（自然遗产）
福建土楼	2008.7（文化遗产）
山西五台山	2009.6（文化景观）
登封"天地之中"历史建筑群	2010.7（文化遗产）
中国丹霞	2010.8（自然遗产）
杭州西湖	2011.6（文化景观）
元上都	2012.6（文化遗产）
中国澄江化石地	2012.7（自然遗产）
新疆天山	2013.6（自然遗产）
云南哈尼梯田	2013.6（文化遗产）
大运河	2014.6（文化遗产）
丝绸之路：长安—天山廊道的路网	2014.6（文化遗产）
中国"土司遗址"	2015.6（文化遗产）
广西左江花山岩画	2016.7（文化景观）
湖北神农架	2016.7（自然遗产）

案例 4-5

　　地处四川阿坝藏族羌族自治州九寨沟县漳扎镇境内的九寨沟风景区于 1992 年被列入《世界遗产》名录，被誉为是"最壮观、最神奇的一处自然景观"，吸引了众多的旅游者。从 1984 年被开发、正式对外开放至今，每年游客数量从最初的几万、十几万人次，攀升至 2015 年的 514 万人次。游客爆发式增长对自然生态环境带来挑战。然而，不同于国内外一些旅游景点，每逢节假日游人如海，垃圾遍地"包围"景区，来过九寨沟的游客会惊叹，在景区内栈道上、公路两边几乎看不到一个塑料瓶，一点废纸屑。九寨沟风景区将此归功于标准化的管理，以及新材料、新技术等高科技手段的运用，修建的"生态餐厅"、"绿色厕所"、"气象观测站"，减少了对水体、环境的污染。诺日朗旅游服务接待中心是九寨沟内唯一一个餐饮接待基地，每天将在沟外清洗过的净菜、半成品熟食运进餐厅，厨师只需将这些菜品入锅翻炒，餐厅每天产生的污水直接通过水管排入罐装车，运至沟外的污水处理厂处理，实现零排放。

然而，九寨沟也曾在旅游大开发中经历过无序发展。20世纪90年代，景区内有上百家"家庭旅馆"，不断涌入的游客吃喝拉撒全在沟内，产生的生活污水、垃圾破坏了当地生态。为保护景区原始、自然风貌，当地政府及时制定"沟内游、沟外住"政策，痛下决心将旅馆一个不留全部"搬"出沟，把游客住宿放在沟外解决，景区内"只留下风景"。

本案评析： 根据《保护世界文化和自然遗产公约》的规定，被遴选为世界遗产的都是具有重要价值的景观、文物、名胜，但世界遗产没有"终身制"，如果保护不善，已经成为世界遗产的名胜有可能被列入《濒危世界遗产名录》，一旦列入该名录，就意味着有可能被取消世界遗产的资格。九寨沟景区管理者深刻认识到，保护才是九寨沟旅游发展的生命线，自觉践行生态保护优先的理念。九寨沟的经验告诉我们，只有正确地处理旅游资源开发与遗产保护的关系，严肃地对待国际公约，才能保持旅游资源的永续利用。

三、自然保护区保护制度

保护大自然就是保护人类自己。1872年世界上第一个自然保护区——美国黄石公园建立，拉开了人类建立自然保护区保护自然生态系统的序幕。在人们渴望回归自然、倡导生态旅游的今天，自然保护区优美的自然生态景观更具有吸引力。为了加强自然保护区的建设和管理，保护环境和自然资源，1994年9月2日国务院第二十四次常委会讨论通过了《中华人民共和国自然保护区条例》（以下简称《自然保护区条例》），从此我国对自然环境和自然资源的保护走上了法制化轨道。

(一)自然保护区的概念和建立

自然保护区，是指对有代表性的自然生态系统、珍稀濒危野生动植物种的天然集中分布区和有特殊意义的自然遗迹等保护对象所在的陆地、陆地水体或者海域，依法划出一定面积予以特殊保护和管理的区域。自然保护区在国外因保护对象的不同，有不同的名称，如国家公园、自然公园、保护公园、生物保护区、森林保护区等名称，我国一般称自然保护区、国家森林公园等。

我国《自然保护区条例》规定，符合下列条件之一的，应当建立自然保护区：

(1)典型的自然地理区域、有代表性的自然生态系统区域以及已经遭受破坏但经保护能够恢复的同类自然生态系统区域。

(2)珍稀、濒危野生动植物物种的天然集中分布区域。

(3)具有特殊保护价值的海域、海岸、岛屿、湿地、内陆、水域、森林、草原和荒漠。

(4)具有重大科学文化价值的地质构造、著名溶洞、化石分布区、冰川、火山、温泉等自然遗迹。

(5)经国务院或者省、自治区、直辖市人民政府批准，需要予以特殊保护的其他自然区域。

根据《自然保护区条例》的规定，申请建立自然保护区，应当按国家有关规定填报建立自然保护区申报书。

(二) 自然保护区的等级和划分

1. 我国自然保护区的等级

我国的自然保护区分为国家级自然保护区和地方级自然保护区两个等级。

国家级自然保护区指在国内外有典型意义，在科学上有重大国际影响或者有特殊科学研究价值的自然保护区。国家级自然保护区由国务院批准建立。

地方级自然保护区指除国家级自然保护区外，其他具有典型意义或者重要科学研究价值的自然保护区。地方级自然保护区由所在省、自治区、直辖市人民政府批准建立，并报国务院环境保护行政主管部门和国务院有关自然保护区行政主管部门备案。

2. 我国自然保护区的划分

我国的自然保护区分为核心区、缓冲区和实验区三种地带，不同地带采用不同的保护方法。

(1) 核心区，是自然保护区内保存完好的天然状态的生态系统以及珍稀、濒危动植物的集中分布区。通常，该区禁止任何单位和个人进入(除非省级以上人民政府有关自然保护区行政管理部门批准)，也不允许进入从事科学研究活动。

(2) 缓冲区，是在核心区外围划定的一定面积的区域。这里只准进入从事科学研究观测活动。

(3) 实验区，指在缓冲区的外围区域划定的区域。这里可以进入从事科学实验、教学实习、参观考察、旅游以及驯化、繁殖珍稀濒危野生动植物等活动。

原批准自然保护区的人民政府认为有必要时，可在自然保护区的外围划定一定面积的外围保护地带。

2002年1月29日国务院批准了国家环保总局制定的《国家级自然保护区范围调整和功能区调整及更改名称管理规定》，对国家级自然保护区的范围及功能，作了更严格的审批规定。

(三) 自然保护区的管理

国家级自然保护区，由其所在地的省、自治区、直辖市人民政府有关自然保护区行政主管部门或者国务院有关自然保护区行政主管部门管理。地方级自然保护区，由其所在地的县级以上人民政府有关自然保护区行政主管部门管理。有关自然保护区行政主管部门应当在自然保护区设立专门管理机构，配备专业技术人员，负责自然保护区的具体管理工作。

根据《自然保护区条例》，对自然保护区的管理规定如下：

(1) 凡在中华人民共和国领域和中华人民共和国管辖的其他海域内建设和管理的自然保护区，必须遵守《自然保护区条例》。

(2) 国家对自然保护区实行综合管理与部门管理相结合的管理体制。国务院环境保护行政主管部门负责全国自然保护区的综合管理。国务院林业、农业、地质矿产、水利、海洋等有关行政主管部门在各自职责范围内，主管有关自然保护区。县级以上地方人民政府负责自然保护区管理的部门的设置和职责，由省、自治区、直辖市人民政府根据当地具体情况确定。

（3）自然保护区的范围和界线由批准建立自然保护区的人民政府确定，并标明区界，予以公告。

（4）国务院环境行政主管部门会同国务院有关自然保护区行政主管部门，在对全国自然环境和自然资源状况进行调查评价的基础上，拟订国家自然保护区发展规划，经国务院计划部门综合平衡后，报国务院批准实施。

（5）自然保护区所在地的公安机关，维护辖区内的治安秩序。

（6）禁止在自然保护区内进行砍伐、放牧、狩猎、捕捞、采药、开垦、烧荒、开矿、采石、挖沙等活动，但法律、行政法规另有规定的除外。

（7）禁止在自然保护区的缓冲区开展旅游和生产经营活动。因教学科研需要进入该缓冲区内进行工作的，须经保护区管理机构批准。

（8）在自然保护区的核心区和缓冲区内，不得建设任何生产设施。在自然保护区的实验区内，不得建设污染环境、破坏环境或者景观的生产设施。

（9）在国家级自然保护区的实验区和地方级自然保护区的实验区经批准开展旅游、参观活动的，应当服从自然保护区管理机构的管理。

（10）外国人进入地方级自然保护区的，接待单位应事先报经省、自治区、直辖市人民政府有关自然保护区行政主管部门批准。外国人进入国家级自然保护区的，接待单位应报经国务院有关自然保护区行政主管部门批准。进入自然保护区的外国人，应当遵守有关自然保护区的法律、法规和规定。

思考题

1.《旅游法》对景区的保护规定有哪些？

2. 什么是风景名胜区？我国风景名胜区划分为哪几个等级？

3. 如何对风景名胜区进行保护、开发和利用？

4. 几位游客到某著名风景名胜区游览，捉住了几只野兔，并把它们杀死，准备带回家享用，被风景区管理人员发现。对这几位游客的行为应给予怎样的处罚？

5. 我国哪些文物受国家法律保护？

6. 我国文物保护单位分为哪几个级别？对它们如何进行保护和利用？

7. 旅游景区质量等级划分为哪几级？评定程序如何？

8. 我国的世界遗产有哪些？哪种类型的世界遗产较多？

第五章 旅行社法律制度

旅行社是旅游业的龙头产业，是从事招徕、接待、组织旅游者进行旅游活动的企业，是沟通旅游消费者和旅游生产者的中介组织。就本质而言，旅行社是一个以营利为目的的企业。旅行社在其业务范围内与有关各方之间形成了大量的社会关系。旅行社法律制度是调整旅行社业务中各种社会关系的法律规范的总称。我国《旅游法》对旅行社的经营管理等作出了明确规定，它与《旅行社条例》等相关法规规章共同构成旅行社法律制度体系。

第一节　旅行社法律制度及旅行社概述

一、旅行社法律制度概述

为了适应我国旅游业对外开放的需要，促进旅游业的发展，1985 年 5 月 11 日国务院颁布了《旅行社管理暂行条例》，该条例将旅行社分为一、二、三类，规定了开办各类旅行社的条件。1996 年 10 月 15 日国务院令第 205 号发布了正式的《旅行社管理条例》。2001 年 12 月 11 日，根据我国旅行社业务新的需要，国务院令第 334 号决定根据 2001 年 12 月 5 日国务院第 49 次常务会议通过的《国务院关于修改〈旅行社管理条例〉的决定》，对 1996 年 10 月 15 日发布的《旅行社管理条例》进行了修订，并重新公布，自 2002 年 1 月 1 日起施行。2009 年 2 月 20 日，温家宝总理签署第 550 号国务院令，公布了经国务院第 47 次常务会议通过的《旅行社条例》。《旅行社条例》从 2009 年 5 月 1 日起施行，《旅行社管理条例》同时废止。同时，国家旅游局公布的新的《旅行社条例实施细则》自 2009 年 5 月 3 日起施行，2001 年 12 月 27 日国家旅游局公布的《旅行社管理条例实施细则》废止。2016 年 2 月 6 日，李克强总理签署国务院令第 666 号《国务院关于修改部分行政法规的决定》，对《旅行社条例》部分条款作了修改。

此外，国家旅游局制定发布《旅行社服务质量赔偿标准》、《旅行社投保旅行社责任保险规定》、《关于外国旅行社在中国设立旅游常驻机构的审批管理办法》等规章，与《旅行社条例》共同作为旅行社法规制度施行。

2013 年 4 月 25 日颁布的《旅游法》则在旅行社的设立、旅行社的经营、旅游服务合同及法律责任承担等方面作出了明确规定，不仅提高了规制旅行社的法律层次，而且进一步提高了对旅行社的法律要求。《旅游法》对旅行社的相关规定与上述的旅行社管理制度共同构成了旅行社法律制度的基本体系。

二、旅行社的概念

旅行社产生于 19 世纪 40 年代，是世界旅游业的三大支柱之一，而且居于旅游业的"龙头"地位。《旅行社条例》第二条规定："本条例所称旅行社，是指从事招徕、组织、接待旅游者等活动，为旅游者提供相关旅游服务，开展国内旅游业务、入境旅游业务或者出境旅游业务的企业法人。"

旅行社业为许可经营行业。经营旅行社业务，应当报经有权审批的旅游行政管理部门批准，领取《旅行社业务经营许可证》，并依法办理工商登记注册手续。未经旅游行政管理部门审核批准并取得许可证的，不得从事旅游业务。旅行社的法律特征如下：

(1)旅行社是从事旅游业务的企业法人。设立旅行社，必须具备《旅行社条例》规定的条件，经旅游行政管理部门批准，领取旅行社业务经营许可证，并到工商行政管理部门注册登记，即取得旅行社企业法人的资格。

(2)旅行社所从事的旅游业务主要是招徕、组织并接待旅游者，为旅游者提供相关的旅游服务。招徕，指旅行社按照批准的业务范围，在国内外开展宣传活动，组织招徕旅游者的工作。接待，指旅行社根据与旅游者达成的协议为其安排行、游、住、食、购、娱等活动，并提供导游服务。

三、旅行社的经营范围和具体业务

(一)旅行社的经营范围

《旅游法》第二十九条规定，旅行社可以经营下列业务：(1)境内旅游；(2)出境旅游；(3)边境旅游；(4)入境旅游；(5)其他旅游业务。

境内旅游，也就是我们通常表述的国内旅游业务，是指旅行社招徕、组织和接待中国内地居民在境内旅游的业务。

出境旅游，指旅行社招徕、组织、接待中国内地居民出国旅游，赴香港特别行政区、澳门特别行政区和台湾地区旅游，以及招徕、组织、接待在中国内地的外国人，在内地的香港特别行政区、澳门特别行政区居民和在大陆的台湾地区居民出境旅游的业务。

边境旅游，是指经批准的旅行社组织和接待我国及毗邻国家的公民，集体从指定的边境口岸出入境，在双方政府商定的区域和期限内开展的旅游业务。

入境旅游，是指旅行社招徕、组织、接待外国旅游者来我国旅游，香港特别行政区、澳门特别行政区旅游者来内地旅游，台湾地区居民来大陆旅游，以及招徕、组织、接待在中国内地的外国人，在内地的香港特别行政区、澳门特别行政区居民和在大陆的台湾地区居民在境内旅游的业务。

(二)旅行社的具体业务

根据《旅行社条例》对旅行社概念的表述，旅行社是从事招徕、组织、接待旅游者等活动，为旅游者提供相关旅游服务的企业法人。根据《旅行社条例实施细则》和《边境旅游暂行管理办法》对旅行社招徕、组织、接待旅游者，提供相关旅游服务业务的具体规定，旅行社业务可细化为以下几个方面：(1)安排交通服务；(2)安排住宿服务；(3)安排餐饮服务；(4)安排观光游览、休闲度假等服务；(5)导游、领队服务；(6)旅游咨询、旅游活动设计服务；(7)接受旅游者的委托，代订交通客票、代订住宿和代办出境、入境、签证手续等；(8)接受机关、事业单位和社会团体的委托，为其差旅、考察、会议、展览等公务活动，代办交通、住宿、餐饮、会务等事务；(9)接受企业委托，为其各类商务活动、奖励旅游等，代办交通、住宿、餐饮、会务、观光游览、休闲度假等事务。其中出境、签证手续等服务，应当由具备出境旅游业务经营权的旅行社代办。

四、旅行社的分类

在西方，人们按照业务范围将旅行社划分为旅游经营商、旅游批发商和旅游零售商三类，也有的将旅行社分为批发旅游经营商和旅游零售商两类，忽略旅游经营商和旅游批发商之间的差别。我国1985年的《旅行社管理暂行条例》将旅行社分为一、二、三类，1996年的《旅行社管理条例》将旅行社分为国内旅行社和国际旅行社两类。根据2009年《旅行社条例》的规定，我国对旅行社没有再作严格的分类，只是在实践中将旅行社区别为两类：一类是经营国内旅游业务和入境旅游业务的旅行社，另一类是经营国内旅游业务和入境旅游业务的旅行社取得经营许可满两年，且未因侵害旅游者合法权益受到行政机关罚款以上处罚的，就可以申请经营出境旅游业务。

五、旅行社主管机构及行业自律组织

《旅行社条例》第三条规定，国务院旅游行政主管部门负责全国旅行社的监督管理工作。县级以上地方人民政府管理旅游工作的部门按照职责负责本行政区域内旅行社的监督管理工作。县级以上各级人民政府工商、价格、商务、外汇等有关部门，应当按照职责分工，依法对旅行社进行监督管理。国家旅游局是国务院主管旅游工作的直属机构。

《旅行社条例》第五条规定，旅行社行业组织应当按照章程为旅行社提供服务，发挥协调和自律作用，引导旅行社合法、公平竞争和诚信经营。

中国旅行社协会是旅行社行业组织的代表。中国旅行社协会(China Association of Travel Services，CATS)成立于1997年10月，是由中国境内的旅行社、各地区性旅行社协会或其他同类协会等单位，按照平等自愿的原则结成的全国旅行社行业的专业性协会，经民政部正式登记注册的全国性社团组织，具有独立的社团法人资格。中国旅行社协会代表和维护旅行社行业的共同利益和会员的合法权益，努力为会员服务，为行业服务，在政府和会员之间发挥桥梁和纽带作用，为中国旅行社行业的健康发展作出积极贡献。该协会接受国家旅游局的领导、民政部的监督管理和中国旅游协会的业务指导。协会会址设在北京。

第二节　旅行社的设立

一、旅行社的设立条件及程序

各国对旅行社的设立都有不同的规定，综合起来，主要包括以下几个方面：申办者的从业经验、法定的注册资本、营业保证金、旅游行政许可、工商注册、加入行业组织等。我国的法律制度也主要从这几个方面来规定旅行社的设立条件。

《旅游法》第二十八条从原则上规定了旅行社设立的条件：设立旅行社，招徕、组织、接待旅游者，为其提供旅游服务，应当具备下列条件，取得旅游主管部门的许可，依法办理工商登记：（1）有固定的经营场所；（2）有必要的营业设施；（3）有符合规定的注册资本；（4）有必要的经营管理人员和导游；（5）法律、行政法规规定的其他条件。

《旅行社条例》及其实施细则等法律制度规定了目前设立旅行社的具体标准，具体如下：

(一) 经营国内旅游业务和入境旅游业务的旅行社的设立条件

根据《旅行社条例》第六条的规定，经营国内旅游业务和入境旅游业务的旅行社，应当具备下列条件：

（1）取得法人资格；

（2）有不少于30万元的注册资本。

(二) 申请设立经营国内旅游业务和入境旅游业务的旅行社应提交的文件

申请设立经营国内旅游业务和入境旅游业务的旅行社，应当向所在地省、自治区、直辖市旅游行政管理部门提交下列文件：

（1）设立申请书，内容包括申请设立的旅行社的中英文名称及英文缩写，设立地址，企业形式，出资人、出资额和出资方式，申请人、受理申请部门的全称，申请书名称和申请的时间；

（2）法定代表人履历表及身份证明；

（3）企业章程；

（4）依法设立的验资机构出具的验资证明；

（5）经营场所的证明；

（6）营业设施、设备的证明或者说明；

（7）工商行政管理部门出具的《企业名称预先核准通知书》。

(三) 申请设立经营国内旅游业务和入境旅游业务的旅行社的设立程序

受理申请的旅游行政管理部门应当自受理申请之日起20个工作日内作出许可或者不予许可的决定。予以许可的，向申请人颁发旅行社业务经营许可证；不予许可的，书面通知申请人并说明理由。

（四）经营出境旅游业务的旅行社的设立条件及程序

《旅行社条例》第八条规定，旅行社取得经营许可满两年，且未因侵害旅游者合法权益受到行政机关罚款以上处罚的，可以申请经营出境旅游业务。

申请经营出境旅游业务的，应当向国务院旅游行政主管部门或者其委托的省、自治区、直辖市旅游行政管理部门提出申请，受理申请的旅游行政管理部门应当自受理申请之日起 20 个工作日内作出许可或者不予许可的决定。予以许可的，向申请人换发旅行社业务经营许可证；不予许可的，书面通知申请人并说明理由。

另外，根据《大陆居民赴台湾地区旅游管理办法》的规定，申请经营赴台湾地区旅游业务的旅行社，由国家旅游局会同有关部门，从已批准的特许经营出境旅游业务的旅行社范围内指定。

（五）申请开办边境旅游业务的必备条件及程序

《边境旅游暂行管理办法》第六条规定，申请开办边境旅游业务的必备条件有：

（1）经国务院批准对外国人开放的边境市、县；

（2）有国家正式批准对外开放的国家一、二类口岸，口岸联检设施基本齐全；

（3）有旅游行政管理部门批准可接待外国旅游者的旅行社；

（4）具备就近办理参游人员出入境证件的条件；

（5）具备交通条件和接待设施；

（6）同对方国家边境地区旅游部门签订了意向性协议。

边境地区开办边境旅游业务，必须具备上述 6 项条件，做好可行性研究，拟订实施方案，由省、自治区旅游局征求外事、公安、海关等有关部门的意见，并报省、自治区人民政府审核后，由省、自治区人民政府转国家旅游局审批。所申办的边境旅游业务，如涉及同我国已开展边境旅游的国家或地区，由国家旅游局商外交部、公安部、海关总署等部门审批；如涉及尚未同我国开展边境旅游的国家或地区，由国家旅游局商外交部、公安部、海关总署后报国务院审批。经批准后，有关地方可对外签订正式协议或合同。

二、旅行社变更事项的管理

旅行社变更事项包括业务范围的变更、注册登记地的变更，以及组织形式、名称、法定代表人、营业场所等事项的变更。

（1）旅行社取得出境旅游经营业务许可的，由国务院旅游行政主管部门换发旅行社业务经营许可证。旅行社持旅行社业务经营许可证向工商行政管理部门办理经营范围变更登记。

（2）《旅行社条例》第十二条规定，旅行社名称、经营场所、出资人、法定代表人等登记事项变更的或终止经营的，应当到工商行政管理部门办理相应的变更登记或者注销登记，并在登记办理完毕之日起 10 个工作日内，持已变更的企业法人营业执照向原许可的旅游行政管理部门备案，换领或者交回旅行社业务经营许可证。

(3)旅行社终止经营的,应当在办理注销手续后,持工商行政管理部门出具的注销文件,向原许可的旅游行政管理部门备案。

三、旅行社分支机构的设立与管理

旅行社分支机构,是指旅行社设立的不具有独立法人资格、以设立社名义开展旅游业务经营活动的旅行社分社及旅行社服务网点。旅行社分社(以下简称分社)及旅行社服务网点(以下简称服务网点)从事《旅行社条例》规定的经营活动,其经营活动的责任和后果,由设立社承担。

(一)旅行社分社的设立与管理

1. 旅行社分社设立的条件

旅行社分社的设立不受地域限制,但必须符合下列条件:

(1)有固定的经营场所,即申请者拥有产权的营业用房,或者申请者租用的、租期不少于1年的营业用房,且营业用房应当满足申请者业务经营的需要。

(2)有必要的营业设施,即2部以上的直线固定电话,传真机、复印机,具备与旅游行政管理部门及其他旅游经营者联网条件的计算机。

(3)有相应的名称,即分社的名称中应当包含设立社名称、分社所在地地名和"分社"或者"分公司"字样。

(4)按照要求增存质量保证金,即按照《旅行社条例》规定,旅行社每设立一个经营国内旅游业务和入境旅游业务的分社,应当向其质量保证金账户增存5万元;每设立一个经营出境旅游业务的分社,应当向其质量保证金账户增存30万元。

2. 旅行社分社设立的程序及管理

旅行社设立分社的,应当向分社所在地的工商行政管理部门办理设立登记,并自设立登记之日起3个工作日内向分社所在地的旅游行政管理部门备案。

旅行社分社的设立不受地域限制。分社的经营范围不得超出设立分社的旅行社的经营范围。

(二)旅行社服务网点的设立与管理

服务网点是指旅行社设立的,为旅行社招徕旅游者,并以旅行社的名义与旅游者签订旅游合同的门市部等机构。设立社设立服务网点的区域范围,应当在设立社所在地的设区的市的行政区划内,不得在此区域范围外设立服务网点。服务网点应当设在方便旅游者识别和出入的公众场所。

服务网点的名称、标牌应当包括设立社名称、服务网点所在地地名等,不得含有使消费者误解为是旅行社或者分社的内容,也不得使用易使消费者误解的简称。

设立社向服务网点所在地工商行政管理部门办理服务网点设立登记后,应当在3个工作日内,持下列文件向服务网点所在地与工商登记同级的旅游行政管理部门备案,没有同级的旅游行政管理部门的,可以向上一级旅游行政管理部门备案:(1)设立社的旅行社业务经营许可证副本和企业法人营业执照副本;(2)服务网点的营业执照;(3)服务网点经理的履历表和身份证明。

服务网点应当在设立社的经营范围内从事招徕旅游者、提供旅游咨询服务。设立社应当加强对服务网点的管理，对服务网点实行统一管理、统一财务、统一招徕和统一咨询服务规范。

四、外商投资旅行社的设立与管理

外商投资旅行社，包括中外合资经营旅行社、中外合作经营旅行社和外资旅行社。

《旅行社条例》规定，我国对外商投资旅行社的设立已经实行了国民待遇，目前外商投资旅行社设立的条件与我国旅行社的设立条件相同。

外商投资企业申请经营旅行社业务，应当向所在地省、自治区、直辖市旅游行政管理部门提出申请，并提交符合规定条件的相关证明文件。省、自治区、直辖市旅游行政管理部门应当自受理申请之日起30个工作日内审查完毕。予以许可的，颁发旅行社业务经营许可证；不予许可的，书面通知申请人并说明理由。

设立外商投资旅行社，还应当遵守有关外商投资的法律、法规。

第三节　旅行社行业管理制度

一、旅行社业务经营许可证制度

旅行社业务经营许可证制度所指的许可证，是指旅行社经营旅游业务的资格证明，由具有审批权的旅游行政管理部门颁发。未取得许可证的，不得从事旅游业务。

《旅游法》第二十九条规定，旅行社经营出境旅游和边境旅游业务，应当取得相应的业务经营许可，具体条件由国务院规定。

旅行社业务经营许可证分为正本、副本，旅行社应当将许可证正本与营业执照一起悬挂在营业场所的显要位置。许可证副本用于旅游行政管理部门年检和备查。

旅行社业务经营许可证及副本损毁或者遗失的，旅行社应当向原许可的旅游行政管理部门申请换发或者补发。申请补发旅行社业务经营许可证及副本的，旅行社应当通过本省、自治区、直辖市范围内公开发行的报刊或者省级以上旅游行政管理部门网站，刊登损毁或者遗失作废声明。

旅行社违反《旅行社条例》及其实施细则的规定，情节严重的，由旅游行政管理部门吊销其许可证。

二、旅游服务质量保证金制度

《旅游法》第三十一条规定，旅行社应当按照规定交纳旅游服务质量保证金，用于旅游者权益损害赔偿和垫付旅游者人身安全遇有危险时紧急救助的费用。为加强对旅行社服务质量的监督和管理，保护旅游者的合法权益，保障旅行社规范经营，维护我国旅游业声誉，国家旅游局早在《旅游法》颁布之前就已根据《旅行社条例》的有关规定，按照旅行社的特点并参照国际惯例，经国务院批准，对旅行社实行了质量保证金制度。

旅游服务质量保证金又称为旅行社质量保证金，是指由旅行社交纳、旅游行政管理部门管理、用于旅游者权益损害赔偿和垫付旅游者人身安全遇有危险时紧急救助的费用。

（一）旅游服务质量保证金的交纳

1. 旅游服务质量保证金的交纳数额

《旅行社条例》规定，经营国内旅游业务和入境旅游业务的旅行社，应当存入质量保证金 20 万元；经营出境旅游业务的旅行社，应当增存质量保证金 120 万元。旅行社每设立一个经营国内旅游业务和入境旅游业务的分社，应当向其质量保证金账户增存 5 万元；每设立一个经营出境旅游业务的分社，应当向其质量保证金账户增存 30 万元。质量保证金的利息属于旅行社所有。

2. 旅游服务质量保证金的交纳形式

根据规定，旅行社应当自取得旅行社业务经营许可证之日起 3 个工作日内，在国务院旅游行政主管部门指定的银行开设专门的质量保证金账户，存入质量保证金，或者向作出许可的旅游行政管理部门提交依法取得的担保额度不低于相应质量保证金数额的银行担保。可见，质量保证金的交纳形式包括现金和银行担保两种。

（1）以现金形式交纳质量保证金。旅行社在银行存入质量保证金，应当设立独立账户，存期由旅行社确定，但不得少于 1 年。账户存期届满，旅行社应当及时办理续存手续。

旅行社存入、续存、增存质量保证金后 7 个工作日内，应当向作出许可的旅游行政管理部门提交存入、续存、增存质量保证金的证明文件，以及旅行社与银行达成的使用质量保证金的协议。该协议应当包含下列内容：

① 旅行社与银行双方同意依照《旅行社条例》规定使用质量保证金；

② 旅行社与银行双方承诺，除依照县级以上旅游行政管理部门出具的划拨质量保证金，或者省级以上旅游行政管理部门出具的降低、退还质量保证金的文件，以及人民法院作出的认定旅行社损害旅游者合法权益的生效法律文书外，任何单位和个人不得动用质量保证金。

（2）以银行担保的方式交纳质量保证金。由担保银行向许可的旅游行政管理部门出具《旅行社质量保证金银行担保函》。银行承诺的担保期限不得少于 1 年。担保期限届满前 3 个工作日，旅行社应续办担保手续。

（二）旅游服务质量保证金的满额管理、动态管理与退还

旅行社在旅游行政管理部门使用质量保证金赔偿旅游者的损失，或者依法减少质量保证金后，因侵害旅游者合法权益受到行政机关罚款以上处罚的，应当在收到旅游行政管理部门补交质量保证金的通知之日起 5 个工作日内补足质量保证金。

旅行社自交纳或者补足质量保证金之日起 3 年内未因侵害旅游者合法权益受到行政机关罚款以上处罚的，旅游行政管理部门应当将旅行社质量保证金的交存数额降低 50%，并向社会公告。原许可的旅游行政管理部门应当根据旅行社的要求，在 10 个工作日内向其出具降低质量保证金数额的文件。旅行社可凭省、自治区、直辖市旅游行政管理部门出具的凭证减少其质量保证金。

旅行社不再从事旅游业务的，凭旅游行政管理部门出具的凭证，向银行取回质量保证金。

(三)旅游服务质量保证金的赔偿请求人

质量保证金制度中的赔偿请求人，是指向旅游行政管理部门投诉并要求旅行社给予经济赔偿的当事人。赔偿请求人请求赔偿的时效期限为 90 天，从请求人受侵害事实发生之时计算。超过时效的请求可以不予受理。

(四)旅游服务质量保证金的赔偿范围

旅行社质量保证金是用于保障旅游者权益的专用款项，主要是用于赔偿因为旅行社的原因导致旅游者权益的损害。《旅行社条例》第十五条明确规定了旅行社质量保证金的赔偿范围，即有下列情形之一的，旅游行政管理部门可以使用旅行社的质量保证金：

(1)旅行社违反旅游合同约定，侵害旅游者合法权益，经旅游行政管理部门查证属实的；

(2)旅行社因解散、破产或者其他原因造成旅游者预交旅游费用损失的。

(五)旅游服务质量保证金赔偿标准

为了维护旅游者的合法权益，《旅游法》第四章、第五章都对旅游服务质量保证金作出相应规定。国家旅游局根据《旅行社条例》及有关法律、法规，于 2011 年 4 月 12 日发布《旅行社服务质量赔偿标准》，与《旅游法》的规定相吻合。《旅行社服务质量赔偿标准》规定的内容有：

(1)旅行社与游客签订合同或收取旅游者预付旅游费用后，因旅行社原因不能成行的，未提前通知旅游者，旅行社应承担违约责任。

① 国内旅游应提前 7 日(不含 7 日)通知旅游者，否则应向旅游者退还旅游费用总额，并按下述标准向旅游者支付违约金：出发前 7 日(含 7 日)至 4 日，支付旅游费用总额 10%的违约金；出发前 3 日至 1 日，支付旅游费用总额 15%的违约金；出发当日，支付旅游费用总额 20%的违约金。

② 出境旅游(含赴台游)应提前 30 日(不含 30 日)通知旅游者，否则应向旅游者退还旅游费用总额，并按下述标准向旅游者支付违约金：出发前 30 日至 15 日，支付旅游费用总额 2%的违约金；出发前 14 日至 7 日，支付旅游费用总额 5%的违约金；出发前 6 日至 4 日，支付旅游费用总额 10%的违约金；出发前 3 日至 1 日，支付旅游费用总额 15%的违约金；出发当日，支付旅游费用总额 20%的违约金。

(2)旅行社未经旅游者同意，擅自将旅游者转团、拼团的，旅游者在出发前(不含当日)得知的，有权解除合同，旅行社应全额退回旅游者已交旅游费用，并按旅游费用总额的 15%支付违约金；旅游者在出发当日或者出发后得知的，旅行社应当按旅游费用总额的 25%支付违约金。

（3）因旅游者的年龄、职业等差异增收费用的，旅行社应退还增收的费用。

（4）由于旅行社原因，旅游者未能乘坐预定的公共交通工具的，旅行社应赔偿旅游者的直接经济损失，并赔偿经济损失20%的违约金。

（5）旅行社安排的旅游活动及服务档次与合同不符，造成旅游者经济损失的，旅行社应退还旅游者合同金额与实际花费的差额，并赔偿同额违约金。

（6）导游或领队未按照国家或旅游行业的服务标准提供导游服务的，旅行社应向旅游者支付旅游费用总额10%的赔偿金。

（7）旅行社及导游（领队）违反旅行社与旅游者的合同约定，损害旅游者合法权益的，旅行社按以下方式对旅游者进行赔偿：

① 擅自缩短旅游行程、遗漏旅游景点、减少旅游项目的，旅行社应退还遗漏旅游景点的门票及旅途费用等合理费用，并赔偿同额违约金。对于无门票景点，旅行社向旅游者支付旅游费用总额5%的违约金。

② 未经旅游者签字确认，擅自安排合同约定以外的用餐、娱乐、医疗保健、参观等另行付费项目的，旅行社应承担另行付费项目的费用。

③ 未经旅游者签字确认，擅自违反合同约定增加购物次数、延长停留时间或缩短游览时间的，每次按全部旅游费用的10%向旅游者支付违约金。

④ 强迫或者变相强迫旅游者购物的，每次按全部旅游费用的20%向旅游者支付违约金。

⑤ 旅游者在合同约定的购物场所所购物品系假冒伪劣商品的，旅行社应负责挽回或赔偿旅游者的全部损失。

⑥ 私自兜售商品，旅行社应全额退还旅游者购物价款。

（8）旅行社违反合同约定，中止对旅游者提供住宿、用餐、交通等旅游服务的，应当负担旅游者在被中止旅游服务期间所订的同等级别的住宿、用餐、交通等必要费用，并向旅游者支付全部旅游费用30%的违约金。

（9）其他损害旅游者合法权益的，法律、法规已作规定的，按有关法律、法规处理。

案 例 5-1

李某等28名旅游者参加北京某旅行社组织的"兴城三日游"。按旅游协议所定的交通、住宿等标准，旅游者每人交纳旅游费388元。然而，在旅游协议的履行过程中，该旅行社却将原承诺的"空调旅游巴士"换成普通"京通"大客车，将"双人标准间"改为四人间，且卫生间公用。李某等游客以旅行社违约为由，向旅游质量监督管理部门投诉，要求旅行社赔偿旅游费用的一半，以维护其合法权益。被投诉的旅行社辩称：兴城是近年来新开发的旅游地，各方面旅游设施有限；再加上暑期是旅游旺季，大批旅游者涌入，造成旅游交通用车、住宿的困难。旅行社之所以降低档次标准接待，是由无法左右的客观原因造成的，并非旅行社的主观愿望，所以不应承担赔偿责任。若需要赔偿，也只能是退赔差额。

本案评析：第一，旅行社存在违约行为。双方在平等、自愿的基础上签订的"旅游协议"是有效协议，当事人都要自觉遵守。被诉人在履行"协议"时，未按约定的档次标准安排交通和住宿，已构成违约行为。

第二，旅行社辩解不能成立。为旅游者安排交通和住宿是旅行社按约定应履行的义务，因此，旅行社在组团和签旅游协议时，应该考虑旅游地的接待能力。而兴城的接待能力有限，也并不是不可预见、不可避免或不可克服的不可抗力。旅行社在没有履约能力的情况下，盲目招徕组团，是自身的过失造成"协议"不能完全履行，应当承担相应的赔偿责任。

第三，旅游者要求被诉人赔偿旅游费用的一半，缺乏法律依据；被诉人只退赔差额也不符合有关规定。《旅行社服务质量赔偿标准》规定，旅行社安排的旅游活动及服务档次与协议合同不符，造成旅游者经济损失，应退还旅游者合同金额与实际花费的差额，并赔偿同额违约金。本案中，旅行社应当退还每位旅游者交通、住宿合同金额与实际花费的差额，并支付同额违约金。

三、旅行社公告制度

旅行社公告制度，是指旅游行政管理部门对其审批设立的旅行社通过报纸、期刊或者其他形式向社会公开发布告知。旅行社公告制度以行政法规形式确立，有别于工商登记部门发布的企业法人登记公告，是旅游行政管理部门对旅行社实行行业监督的一项重要措施。其目的是将经过依法设立的旅行社向社会公开告知，从而把对旅行社的监督工作推向全社会，扩大对旅行社的监督范围，强化对旅行社实行行业管理的效力。

公告的内容包括旅行社业务经营许可证的颁发、变更、吊销、注销情况，旅行社的违法经营行为以及旅行社的诚信记录、旅游者投诉信息等。公告的事项由县级以上旅游行政管理部门通过本部门或者上级旅游行政管理部门的政府网站向社会发布。其中，质量保证金存缴数额降低、旅行社业务经营许可证的颁发、变更和注销的，国务院旅游行政主管部门或者省级旅游行政管理部门应当在作出许可决定或者备案后 20 个工作日内向社会公告。旅行社违法经营或者被吊销旅行社业务经营许可证的，由作出行政处罚决定的旅游行政管理部门，在处罚生效后 10 个工作日内向社会公告。旅游者对旅行社的投诉信息，由处理投诉的旅游行政管理部门每季度向社会公告。

四、旅行社监督检查制度

(一)监督检查机关

旅游行政管理部门是旅行社的监督检查部门，负责对旅行社经营业务、对外报价、资产状况、服务质量、旅游安全、财务管理、资格认证等进行监督检查。国家旅游局负责全国旅行社的监督管理工作。县级以上人民政府管理旅游工作的部门按照职责负责本行政区内的旅行社的监督管理工作。县级以上各级人民政府工商、价格、商务、外汇等有关部门，分别按照职责分工，依法对旅行社进行监督管理。

（二）监督检查的具体规定

（1）县级以上旅游行政管理部门对旅行社及其分支机构实施监督检查时，可以进入其经营场所，查阅招徕、组织、接待旅游者的各类合同、相关文件、资料，以及财务账簿、交易记录和业务单据等材料，旅行社及其分支机构应当给予配合。县级以上旅游行政管理部门，可以在其法定权限内，委托符合法定条件的同级旅游质监执法机构实施监督检查。

（2）县级以上旅游行政管理部门对旅行社及其分支机构监督检查时，应当由两名以上持有旅游行政执法证件的执法人员进行。不符合此项规定要求的，旅行社及其分支机构有权拒绝检查。

五、旅行社统计调查制度

旅行社统计调查，是指旅行社按照《旅行社条例》第四十四条、《旅行社条例实施细则》第四十七条的规定，向旅游行政管理部门报送企业经营、财务信息等统计资料，及按照国家旅游局部署开展的旅行社经营管理、产业发展等方面信息的专项调查。

为规范和加强旅行社统计调查工作，国家旅游局于 2010 年 12 月 30 日发布了《旅行社统计调查办法》。主要内容如下：

（一）统计调查的对象

在旅行社统计调查年度内，凡经旅游行政管理部门批准设立并领取《旅行社业务经营许可证》，在工商行政管理部门办理登记注册手续并领取营业执照的旅行社，均应当参加旅行社统计调查。

在旅行社统计调查年度内，经旅游行政管理部门批准设立并领取《旅行社业务经营许可证》、未完成工商登记和领取营业执照的旅行社，可不参加统计调查中的有关经营情况的数据填报，但应提交办理工商登记情况的报告。

在旅行社统计调查年度内，被注销、吊销《旅行社业务经营许可证》的旅行社，不参加旅行社统计调查。

旅行社分社参加设立该分社的旅行社的统计调查，同时将数据报送分社所在地旅游行政管理部门备案。

（二）旅行社接受统计调查的内容

旅行社应当按规定和要求，及时、如实、认真填写由国家旅游局统一制定的《旅游单位基本情况》（旅行社部分）、《旅行社外联接待入境旅游情况》、《旅行社组织出境旅游情况》、《旅行社组织接待国内旅游情况》和《旅行社财务状况》等报表，并按照国家旅游局的部署提供旅行社专项调查资料。

（三）旅行社接受统计调查的义务

旅行社应指定专人负责旅行社统计调查工作，并在所在地的旅游行政管理部门备案。

旅行社统计调查人员发生变动时，旅行社应及时安排人员接替并做好交接工作，包括做好旅行社统计调查系统登录账号和密码的交接。

旅行社应当按《旅游统计调查制度》要求，于每个季度后的 15 日内，在网上填报《旅行社外联接待入境旅游情况》、《旅行社组织出境旅游情况》和《旅行社组织接待国内旅游情况》；于次年 3 月底前，在网上填报《旅行社财务状况》。

旅行社应按照《旅行社条例实施细则》第四十七条的规定，于次年的 3 月底前，向所在地的旅游行政管理部门书面报送本企业的安全、质量、信誉等情况，包括投保旅行社责任保险、认证认可和奖惩等情况信息。

(四)统计调查机关的义务

各省、自治区、直辖市旅游行政管理部门应在每个季度后 20 日内，对本地区旅行社填报的数据进行核查、汇总，并将汇总材料的电子文档提交国家旅游局旅行社统计调查主管机构。

各级旅游行政管理部门应在季度后一个月内发布季度旅行社统计调查结果，在下一年度 6 月底前发布年度旅行社统计调查结果。旅行社统计调查结果采取公报或者通报的方式公开发布。

国家旅游局根据每年度旅行社统计调查情况，编制发布《中国旅行社业年度报告》。各级地方旅游行政管理部门可以根据本地区旅行社统计调查结果及旅行社业的经营发展等情况，研究编制并发布本地区旅行社业年度报告。

第四节　旅行社的经营规范

一、旅行社的经营原则

《旅行社条例》第四条规定，旅行社在经营活动中应当遵循自愿、平等、公平、诚信的原则，提高服务质量，维护旅游者的合法权益。

(1)自愿原则。自愿原则是指旅行社不得通过欺诈、胁迫等手段强迫旅游者和其他企业在非自愿的情况下与其发生旅游法律关系。

(2)平等原则。平等原则是指旅行社在经营活动中，与旅游者或其他法人之间发生业务关系，必须平等协商，不得将自己的意志强加给对方。

(3)公平原则。公平原则是指在设立权利义务、承担民事责任等方面应当公正、平等、合情合理，保证公正交易和公平竞争。

(4)诚实信用原则。诚实信用原则要求旅行社对旅游者和其他企业诚实不欺，恪守诺言，讲究信用，不损害他人利益和社会利益，并以诚实信用方式履行义务。

旅行社在开展业务经营活动中，还应提高服务质量，维护旅游者的合法权益。

二、旅行社的经营规范

根据《旅游法》、《旅行社条例》及其实施细则的规定，旅行社经营应遵守以下规范：

(一) 旅行社业务经营许可证不得转让、出租或出借

旅行社不得出租、出借旅行社业务经营许可证，或者以其他形式非法转让旅行社业务经营许可。旅行社及其分社、服务网点，应当将旅行社业务经营许可证、《旅行社分社备案登记证明》或者《旅行社服务网点备案登记证明》与营业执照一起，悬挂在经营场所的显要位置。旅行社的下列行为属于转让、出租或者出借旅行社业务经营许可证的行为：

(1) 除招徕旅游者和旅行社需要将在旅游目的地接待旅游者的业务委托给旅游目的地旅行社并签订委托接待合同的情形外，准许或者默许其他企业、团体或个人，以自己的名义从事旅行社业务经营活动；

(2) 准许其他企业、团体或者个人，以部门或者个人承包、挂靠的形式经营旅行社业务。

(二) 禁止旅行社进行虚假宣传

《旅游法》第三十二条规定，旅行社为招徕、组织旅游者发布信息，必须真实、准确，不得进行虚假宣传，误导旅游者。

(三) 禁止旅行社安排或从事相关旅游活动

《旅游法》第三十三条规定，旅行社及其从业人员组织、接待旅游者，不得安排参观或者参与违反我国法律、法规和社会公德的项目或者活动。《旅行社条例》规定，旅行社为旅游者安排或者介绍的旅游活动不得含有违反有关法律、法规规定的内容。《旅行社条例实施细则》明确了禁止的具体内容：(1) 含有损害国家利益和民族尊严内容的；(2) 含有民族、种族、宗教歧视内容的；(3) 含有淫秽、赌博、涉毒内容的；(4) 其他含有违反法律、法规规定内容的。

经营出境旅游业务的旅行社不得组织旅游者到国务院旅游行政主管部门公布的中国公民出境旅游目的地之外的国家和地区旅游。

(四) 旅行社需合理选择履行辅助人

履行辅助人，是指与旅行社存在合同关系，协助其履行包价旅游合同义务，实际提供相关服务的法人或者自然人。《旅游法》第三十四条规定，旅行社组织旅游活动应当向合格的供应商订购产品和服务。在《旅行社条例》中规定，旅行社招徕、组织、接待旅游者，其选择的交通、住宿、餐饮、景区等企业，应当符合具有合法经营资格和接待服务能力的要求。

(五) 旅行社与旅游者需公平交易

实践中，"零负团费"、强迫购物等问题受到社会各界所诟病，"零负团费"不仅扰乱了正常的旅游市场秩序，而且旅行社以低价揽客后大肆宰客，严重侵害了旅游者的合法权益。《旅游法》第三十五条从公平交易的角度切入，规定：

第一，旅行社不得以不合理的低价组织旅游活动，诱骗旅游者，并通过安排购物或者另行付费旅游项目获取回扣等不正当利益。

第二，旅行社组织、接待旅游者，不得指定具体购物场所，不得安排另行付费旅游项目。但是，经双方协商一致或者旅游者要求，且不影响其他旅游者行程安排的除外。

第三，发生违反前两款规定情形的，旅游者有权在旅游行程结束后 30 日内，要求旅行社为其办理退货并先行垫付退货货款，或者退还另行付费旅游项目的费用。

《旅行社条例》也规定，旅行社不得以低于旅游成本的报价招徕旅游者。未经旅游者同意，旅行社不得在旅游合同约定之外提供其他有偿服务。

旅行社以低价招徕旅游者，再通过诱骗、欺骗的方式强迫消费者进行消费，《旅游法》、《旅行社条例》针对这一问题采取标本兼治的做法，有针对性地要求旅行社不得以不合理的低价组织旅游活动，不得诱导、诱骗消费者，不得指定具体的消费场所，不得强迫购物。

(六)旅行社应为旅游团队委派合适的工作人员

《旅游法》第三十六条规定，旅行社组织团队出境旅游或者组织、接待团队入境旅游，应当按照规定安排领队或者导游全程陪同。

(1)导游和领队人员执业许可。从事导游和领队工作，必须取得导游证。《旅游法》第三十七条规定，参加导游资格考试成绩合格，与旅行社订立劳动合同或者在相关旅游行业组织注册的人员，可以申请取得导游证。

(2)导游权利保护。《旅游法》第三十八条规定，旅行社应当与其聘用的导游依法订立劳动合同，支付劳动报酬，缴纳社会保险费用；旅行社临时聘用导游为旅游者提供服务的，应当全额向导游支付《旅游法》第六十条第三款规定的导游服务费用(注：该款规定是安排导游为旅游者提供服务的，应当在包价旅游合同中载明导游服务费用)；旅行社安排导游为团队旅游提供服务的，不得要求导游垫付或者向导游收取任何费用。

(3)导游和领队人员执业规范。导游和领队从事业务活动，必须遵守《旅游法》的相关规定，具体包括：

① 导游和领队为旅游者提供服务必须接受旅行社委派，不得私自承揽导游和领队业务。

② 导游和领队从事业务活动，应当佩戴导游证，遵守职业道德，尊重旅游者的风俗习惯和宗教信仰，应当向旅游者告知和解释旅游文明行为规范，引导旅游者健康、文明旅游，劝阻旅游者违反社会公德的行为。

③ 导游和领队应当严格执行旅游行程安排，不得擅自变更旅游行程或者中止服务活动，不得向旅游者索取小费，不得诱导、欺骗、强迫或者变相强迫旅游者购物或者参加另行付费旅游项目。

案 例 5-2

2015 年 10 月 19 日近 11 时，在香港红磡民乐街一家珠宝店内，在来自内地的一个旅行团中一名内地女游客与内地女导游疑因购物问题争执并大打出手，同团的男游客调停期间，遭到一名香港籍男子和一名内地籍男子的袭击，倒地昏迷被送往医院，于 10 月 20 日上午 10 时 45 分不治身亡。

香港旅游业议会对事件进行了调查。经了解，受害游客所跟的团为深圳发往香港的三天两夜(18 日到 20 日)旅行团，一行 20 多人，事发时是购物活动，按照行程原定 18 日转往澳门。通过向其余团友询问得知，该团有些人未交钱，部分人给了约 300 元小费。按照香港的物价，三天两夜的旅行团成本至少为 1000 元，300 元的标准疑似低价团。

此后有媒体报出涉事的珠宝店曾被多次曝出存在强制购物，某网站上该店的评价八成为差评，直指该店存在强迫购物。

此外，打人的两名男子都不是死者所在的旅行团成员，"影子团友"的存在成为该事件中另一焦点所在。"影子团友"是近年来香港旅游结构变化出现的一种胁迫旅客购物的人群，他们以普通游客的身份加入旅行团中，实际上他们是商家安排在旅行团中的"内鬼"，参与强迫购物等。事发后，香港警方拘捕 4 人，其中同团的张姓女子与邓姓女领队涉嫌在公众地方打架被捕，内地男领队刘洋以及香港男导游胡彦南被控误杀罪，此后 4 人均被保释，案件于 22 日在香港九龙城裁判法院再讯。

本案评析："低价团"背后的利益驱动是购物点售卖高价乃至伪劣商品给游客，因此近年来成为有关部门重点整治的对象，《旅游法》就对低价团现象作出了专门规定，然而这一现象却屡禁不止。

组织低价团的旅行社和购物点诚然可恶，但不可忽视的是虽然媒体、有关部门一再提醒，但仍有游客前赴后继地报低价团，循环着被强迫购物、维权无果等类似情形。不得不说，不少人心中还存有"天上掉馅饼"的幻想，这也成为低价团屡禁不止的原因之一。

这类以"一条龙"经营的旅行社，会聘用香港导游做荣誉导游，实际由内地领队、其他随行人员或"影子团友"作托儿强逼游客购物，他们会随团来港"照顾"游客，其间会胁迫团友购物，遇有游客争执会"出手"。"发生争议不出店铺解决！"同一旅行社可能同时有多个团在购物店内，故发生争议吵架时，他们随时可召集数人"照顾"团友。

为此，2015 年 10 月 25 日国家旅游局发布提示，游客参与不合理低价旅游也将受到处理。虽然该规定引起一定争议，但无疑释放出一个信号：如果不想被强制购物，游客自身同样需要负责。

(七)对旅游业务作出委托的，应当委托给具有相应资质的旅行社

在旅行社的经营业务活动中，将接待旅游者的义务委托给其他旅行社完成是很常见的情形，《旅行社条例》对旅行社的这种业务委托作出了明确规定：

(1)旅行社需要将在旅游目的地接待旅游者的业务作出委托的，应当委托给具有相应资质的旅行社，征得旅游者的同意，将旅游目的地接受委托的旅行社的名称、地址、联系人和联系电话，告知旅游者，并与接受委托的旅行社就接待旅游者的事宜签订委托合同，确定接待旅游者的各项服务安排及其标准，约定双方的权利、义务。

(2)旅行社将旅游业务委托给其他旅行社的，应当向接受委托的旅行社支付不低于接待和服务成本的费用；接受委托的旅行社不得接待不支付或者不足额支付接待和服务费用的旅游团队。接受委托的旅行社违约，造成旅游者合法权益受到损害的，作出委托的旅行社应当承担相应的赔偿责任。作出委托的旅行社赔偿后，可以向接受委托的旅行社追偿。

（3）旅游行程开始前，当发生约定的解除旅游合同的情形时，经征得旅游者的同意，旅行社可以将旅游者推荐给其他旅行社组织、接待，并由旅游者与被推荐的旅行社签订旅游合同。未经旅游者同意的，旅行社不得将旅游者转交给其他旅行社组织、接待。接受委托的旅行社故意或者重大过失造成旅游者合法权益损害的，应当承担连带责任。

（八）应当投保旅行社责任险

旅行社应当投保旅行社责任险。旅行社对可能危及旅游者人身、财产安全的事项，应当向旅游者作出真实的说明和明确的警示，并采取防止危害发生的必要措施。

发生危及旅游者人身安全的情形的，旅行社及其委派的导游人员、领队人员应当采取必要的处置措施并及时报告旅游行政管理部门；在境外发生的，还应当及时报告中华人民共和国驻该国使领馆、相关驻外机构、当地警方。

为减少自然灾害等意外风险给旅游者带来的损害，旅行社在招徕、接待旅游者时，可以提示旅游者购买旅游意外保险。

（九）以互联网形式经营旅行社业务的规定

网络的发展为商业活动的开展提供了一个全新的交易平台。《旅游法》第四十八条规定：

（1）通过网络经营旅行社业务的，应当依法取得旅行社业务经营许可，并在其网站主页的显著位置标明其业务经营许可证信息。

（2）发布旅游经营信息的网站，应当保证其信息真实、准确。

《旅行社条例》也明确规定，旅行社以互联网形式经营旅行社业务的，除符合法律、法规规定外，其网站首页应当载明旅行社的名称、法定代表人、许可证编号和业务经营范围，以及原许可的旅游行政管理部门的投诉电话。

案例 5-3

南京杨某等 12 名游客报名参加南京某旅行社组织的港澳五日游，在港澳游玩结束返回珠海逗留期间，珠海地接导游擅自将游览百货公司行程变更为珠宝店，并极力向游客推销香烟和珠宝，但游客都不愿意购买，为此双方发生激烈争吵，导游威胁并将所有游客赶下大巴车，双方对峙 1 小时之后，司机自愿将游客送到广州白云机场，导游一度阻拦。

事后，游客将导游骂人的视频上传网络，并向南京市旅游质量监督管理所投诉。

本案评析：南京某旅行社在组织旅游过程中，违反了有关旅游法规、规章，未履行法定义务，应承担相应责任。理由如下：

第一，《旅行社条例》规定：（1）旅行社需要将在旅游目的地接待旅游者的业务作出委托的，应当委托给具有相应资质的旅行社，征得旅游者的同意，将旅游目的地接受委托的旅行社的名称、地址、联系人和联系电话，告知旅游者，并与接受委托的旅行社就接待旅游者的事宜签订委托合同，确定接待旅游者的各项服务安排及其标准，约定双方的权利、义务。

（2）旅行社将旅游业务委托给其他旅行社的，应当向接受委托的旅行社支付不低于接待和服务成本的费用；接受委托的旅行社不得接待不支付或者不足额支付接待和服务费用的旅游团队。接受委托的旅行社违约，造成旅游者合法权益受到损害的，作出委托的旅行社应当承担相应的赔偿责任。

第二，本案中，南京某旅行社违反了上述规定。一是未取得旅游者同意，将旅游业务委托给其他旅行社；二是导游擅自变更行程，将行程中的百货公司变更为珠宝店；三是导游胁迫旅游者参与购物活动，并以拒绝提供服务相威胁。

第三，根据《旅游法》和《旅行社条例》的规定，南京某旅行社应承担相应的法律责任。

三、旅行社及其导游和领队人员的权利和义务

（一）旅行社及其导游和领队人员的义务

根据《旅游法》、《旅行社条例》及其实施细则的规定，旅行社及其导游和领队人员在提供旅游时应该承担的义务有：

1. 按合同约定提供服务

旅行社应当为旅游者提供约定的各项服务，所提供的服务不得低于国家标准或行业标准。旅行社对旅游者就其服务项目和服务质量提出的询问，应作出真实、明确的答复。

2. 安全、质量保证义务

旅行社应当为旅游者提供符合保障旅游者人身、财物安全需要的服务，对有可能危及旅游者人身、财物安全的项目，应当向旅游者作出真实的说明和明确的警示，并采取防止危害发生的措施；对旅游地可能引起旅游者误解或产生冲突的法律规定、风俗习惯、宗教信仰等，应当事先给旅游者以明确的说明和忠告。《旅游法》第五十条规定，旅游经营者应当保证其提供的商品和服务符合保障人身、财产安全的要求。

3. 不得实施商业贿赂的义务

商业贿赂属于典型的不正当竞争行为，它损害了其他竞争对手的利益，也违反了诚实信用、公平竞争原则。《旅游法》第五十一条规定，旅游经营者销售、购买商品或者服务，不得给予或者收受贿赂。

4. 对旅游者个人信息保密义务

旅行社应对其获取的旅游者个人信息保密。《旅游法》第五十二条规定，旅游经营者对其在经营活动中知悉的旅游者个人信息，应当予以保密。

5. 报告义务

发生出境旅游者非法滞留境外或者入境旅游者非法滞留境内的，旅行社应当立即向所在地县级以上旅游行政管理部门、公安机关和外事部门报告。《旅游法》第五十五条规定，旅游经营者组织、接待出入境旅游，发现旅游者从事违法活动或者有非法滞留，擅自分团、脱团的，应当及时向公安机关、旅游主管部门或者我国驻外机构报告。

6. 提示旅游者文明旅游的义务

在旅游行程中，旅行社及其委派的导游人员、领队人员应当提示旅游者遵守文明旅游公约和礼仪。

（二）旅行社及其导游和领队人员的权利

旅行社及其委派的导游人员、领队人员在经营、服务中享有下列权利：

（1）要求旅游者如实提供旅游所必需的个人信息，按时提交相关证明文件；

（2）要求旅游者遵守旅游合同约定的旅游行程安排，妥善保管随身物品；

（3）出现突发公共事件或者其他危急情形，以及旅行社因违反旅游合同约定采取补救措施时，要求旅游者配合处理防止扩大损失，以将损失降低到最低程度；

（4）拒绝旅游者提出的超出旅游合同约定的不合理要求；

（5）制止旅游者违背旅游目的地的法律、风俗习惯的言行。

四、旅行社违反《旅游法》的法律责任

（1）未经许可经营旅行社业务的，由旅游主管部门或者工商行政管理部门责令改正，没收违法所得，并处1万元以上10万元以下罚款；违法所得10万元以上的，并处违法所得1倍以上5倍以下罚款；对有关责任人员，处2000元以上2万元以下罚款。

未经许可经营出境旅游和边境旅游业务，或者出租、出借旅行社业务经营许可证，或者以其他方式非法转让旅行社业务经营许可的，除依照前款规定处罚外，并责令停业整顿；情节严重的，吊销旅行社业务经营许可证；对直接负责的主管人员，处2000元以上2万元以下罚款。

（2）旅行社有下列行为之一的，由旅游主管部门责令改正，没收违法所得，并处5000元以上5万元以下罚款；情节严重的，责令停业整顿或者吊销旅行社业务经营许可证；对直接负责的主管人员和其他直接责任人员，处2000元以上2万元以下罚款：

① 未按照规定为出境或者入境团队旅游安排领队或者导游全程陪同；

② 安排未取得导游证的人员提供导游服务或者安排不具备领队条件的人员提供领队服务的；

③ 未向临时聘用的导游支付导游服务费用；

④ 要求导游垫付或者向导游收取费用。

（3）旅行社有下列行为之一的，由旅游主管部门或者有关部门责令改正，没收违法所得，并处5000元以上5万元以下罚款；违法所得5万元以上的，并处违法所得1倍以上5倍以下罚款；情节严重的，责令停业整顿或者吊销旅行社业务经营许可证；对直接负责的主管人员和其他直接责任人员，处2000元以上2万元以下罚款：

① 进行虚假宣传，误导旅游者；

② 向不合格的供应商订购产品和服务；

③ 未按照规定投保旅行社责任保险。

（4）旅行社以不合理的低价组织旅游活动，诱骗旅游者，并通过安排购物或者另行付费旅游项目获取回扣等不正当利益；组织、接待旅游者，指定具体购物场所，安排另行付

费旅游项目，由旅游主管部门责令改正，没收违法所得，责令停业整顿，并处 3 万元以上 30 万元以下罚款；违法所得 30 万元以上的，并处违法所得 1 倍以上 5 倍以下罚款；情节严重的，吊销旅行社业务经营许可证；对直接负责的主管人员和其他直接责任人员，没收违法所得，处 2000 元以上 2 万元以下罚款，并暂扣或者吊销导游证。

（5）旅行社组织、接待出入境旅游，发现旅游者从事违法活动或者在境外非法滞留，随团出境的旅游者擅自分团、脱团；入境旅游者在境内非法滞留，随团入境的旅游者擅自分团、脱团，不及时向公安机关、旅游主管部门或者我国驻外机构报告的，由旅游主管部门处 5000 元以上 5 万元以下罚款；情节严重的，责令停业整顿或者吊销旅行社业务经营许可证；对直接负责的主管人员和其他直接责任人员，处 2000 元以上 2 万元以下罚款，并暂扣或者吊销导游证。

（6）旅行社有下列行为之一的，由旅游主管部门责令改正，处 3 万元以上 30 万元以下罚款，并责令停业整顿；造成旅游者滞留等严重后果的，吊销旅行社业务经营许可证；对直接负责的主管人员和其他直接责任人员，处 2000 元以上 2 万元以下罚款，并暂扣或者吊销导游证：

① 在旅游行程中擅自变更旅游行程安排，严重损害旅游者权益；

② 拒绝履行合同；

③ 未征得旅游者书面同意，委托其他旅行社履行包价旅游合同。

（7）旅行社安排旅游者参观或者参与违反我国法律、法规和社会公德的项目或者活动的，由旅游主管部门责令改正，没收违法所得，责令停业整顿，并处 2 万元以上 20 万元以下罚款；情节严重的，吊销旅行社业务经营许可证；对直接负责的主管人员和其他直接责任人员，处 2000 元以上 2 万元以下罚款，并暂扣或者吊销导游证。

（8）旅行社违反规定给予或者收受贿赂的，由工商行政管理部门依照有关法律、法规的规定处罚；情节严重的，并由旅游主管部门吊销旅行社业务经营许可证。

五、旅行社违反《旅行社条例》的法律责任

（1）有下列情形之一的，由旅游行政管理部门或者工商行政管理部门责令改正，没收违法所得，违法所得 10 万元以上的，并处违法所得 1 倍以上 5 倍以下的罚款；违法所得不足 10 万元或者没有违法所得的，并处 10 万元以上 50 万元以下的罚款：

① 未取得相应的旅行社业务经营许可，经营国内旅游业务、入境旅游业务、出境旅游业务的；

② 分社超出设立分社的旅行社的经营范围经营旅游业务的；

③ 旅行社服务网点从事招徕、咨询以外的活动的。

（2）旅行社转让、出租、出借旅行社业务经营许可证的，由旅游行政管理部门责令停业整顿 1 个月至 3 个月，并没收违法所得；情节严重的，吊销旅行社业务经营许可证。受让或者租借旅行社业务经营许可证的，由旅游行政管理部门责令停止非法经营，没收违法所得，并处 10 万元以上 50 万元以下的罚款。

（3）旅行社未在规定期限内向其质量保证金账户存入、增存、补足质量保证金或者提交相应的银行担保的，由旅游行政管理部门责令改正；拒不改正的，吊销旅行社业务经营

许可证。

（4）旅行社不投保旅行社责任险的，由旅游行政管理部门责令改正；拒不改正的，吊销旅行社业务经营许可证。

（5）旅行社有下列情形之一的，由旅游行政管理部门责令改正；拒不改正的，处1万元以下的罚款：

① 变更名称、经营场所、法定代表人等登记事项或者终止经营，未在规定期限内向原许可的旅游行政管理部门备案，换领或者交回旅行社业务经营许可证的；

② 设立分社未在规定期限内向分社所在地旅游行政管理部门备案的；

③ 不按照国家有关规定向旅游行政管理部门报送经营和财务信息等统计资料的。

（6）外商投资旅行社经营中国内地居民出国旅游业务以及赴香港特别行政区、澳门特别行政区和台湾地区旅游业务，或者经营出境旅游业务的旅行社组织旅游者到国务院旅游行政主管部门公布的中国公民出境旅游目的地之外的国家和地区旅游的，由旅游行政管理部门责令改正，没收违法所得，违法所得10万元以上的，并处违法所得1倍以上5倍以下的罚款；违法所得不足10万元或者没有违法所得的，并处10万元以上50万元以下的罚款；情节严重的，吊销旅行社业务经营许可证。

（7）旅行社为旅游者安排或者介绍的旅游活动含有违反有关法律、法规规定的内容的，由旅游行政管理部门责令改正，没收违法所得，并处2万元以上10万元以下的罚款；情节严重的，吊销旅行社业务经营许可证。

（8）旅行社向旅游者提供的旅游服务信息含有虚假内容或者作虚假宣传的，由工商行政管理部门依法给予处罚。

旅行社以低于旅游成本的报价招徕旅游者的，由价格主管部门依法给予处罚。

（9）旅行社未经旅游者同意在旅游合同约定之外提供其他有偿服务的，由旅游行政管理部门责令改正，处1万元以上5万元以下的罚款。

（10）旅行社有下列情形之一的，由旅游行政管理部门责令改正，处2万元以上10万元以下的罚款；情节严重的，责令停业整顿1个月至3个月：

① 未与旅游者签订旅游合同；

② 与旅游者签订的旅游合同未载明本条例第28条规定的事项；

③ 未取得旅游者同意，将旅游业务委托给其他旅行社；

④ 将旅游业务委托给不具有相应资质的旅行社；

⑤ 未与接受委托的旅行社就接待旅游者的事宜签订委托合同。

（11）旅行社组织中国内地居民出境旅游，不为旅游团队安排领队全程陪同的，由旅游行政管理部门责令改正，处1万元以上5万元以下的罚款；拒不改正的，责令停业整顿1个月至3个月。

（12）旅行社委派的导游人员和领队人员未持有国家规定的导游证的，由旅游行政管理部门责令改正，对旅行社处2万元以上10万元以下的罚款。

（13）旅行社不向其聘用的导游人员、领队人员支付报酬，或者所支付的报酬低于当地最低工资标准的，按照《中华人民共和国劳动合同法》的有关规定处理。

（14）有下列情形之一的，对旅行社，由旅游行政管理部门或者工商行政管理部门责令改正，处 10 万元以上 50 万元以下的罚款；对导游人员、领队人员，由旅游行政管理部门责令改正，处 1 万元以上 5 万元以下的罚款；情节严重的，吊销旅行社业务经营许可证、导游证：

① 拒不履行旅游合同约定的义务的；

② 非因不可抗力改变旅游合同安排的行程的；

③ 欺骗、胁迫旅游者购物或者参加需要另行付费的游览项目的。

（15）旅行社要求导游人员和领队人员接待不支付接待和服务费用、支付的费用低于接待和服务成本的旅游团队，或者要求导游人员和领队人员承担接待旅游团队的相关费用的，由旅游行政管理部门责令改正，处 2 万元以上 10 万元以下的罚款。

（16）旅行社违反旅游合同约定，造成旅游者合法权益受到损害，不采取必要的补救措施的，由旅游行政管理部门或者工商行政管理部门责令改正，处 1 万元以上 5 万元以下的罚款；情节严重的，由旅游行政管理部门吊销旅行社业务经营许可证。

（17）有下列情形之一的，由旅游行政管理部门责令改正，停业整顿 1 个月至 3 个月；情节严重的，吊销旅行社业务经营许可证：

① 旅行社不向接受委托的旅行社支付接待和服务费用的；

② 旅行社向接受委托的旅行社支付的费用低于接待和服务成本的；

③ 接受委托的旅行社接待不支付或者不足额支付接待和服务费用的旅游团队的。

（18）旅行社及其委派的导游人员、领队人员有下列情形之一的，由旅游行政管理部门责令改正，对旅行社处 2 万元以上 10 万元以下的罚款；对导游人员、领队人员处 4000 元以上 2 万元以下的罚款；情节严重的，责令旅行社停业整顿 1 个月至 3 个月，或者吊销旅行社业务经营许可证、导游证：

① 发生危及旅游者人身安全的情形，未采取必要的处置措施并及时报告的；

② 旅行社组织出境旅游的旅游者非法滞留境外，旅行社未及时报告并协助提供非法滞留者信息的；

③ 旅行社接待入境旅游的旅游者非法滞留境内，旅行社未及时报告并协助提供非法滞留者信息的。

（19）因妨害国（边）境管理受到刑事处罚的，在刑罚执行完毕之日起五年内不得从事旅行社业务经营活动；旅行社被吊销旅行社业务经营许可的，其主要负责人在旅行社业务经营许可被吊销之日起五年内不得担任任何旅行社的主要负责人。

（20）旅行社损害旅游者合法权益的，应当承担相应的民事责任；构成犯罪的，依法追究刑事责任。

（21）旅游行政管理部门或者其他有关部门及其工作人员有下列情形之一的，对直接负责的主管人员和其他直接责任人员依法给予处分：

① 发现违法行为不及时予以处理的；

② 未及时公告对旅行社的监督检查情况的；

③ 未及时处理旅游者投诉并将调查处理的有关情况告知旅游者的；

④ 接受旅行社的馈赠的；

⑤ 参加由旅行社支付费用的购物活动或者游览项目的；

⑥ 通过旅行社为自己、亲友或者其他个人、组织牟取私利的。

思考题

1. 我国历次的旅行社管理制度是如何对旅行社进行分类的？
2. 旅行社设立的规定有哪些？
3. 旅行社行业管理制度有哪些？
4. 旅行社在经营中有哪些经营规范？

第六章 导游人员法律制度

现代旅游业的发展历史证明，旅游业中最具有代表性的工作无疑是导游工作。导游人员是旅游接待工作第一线的关键人员，是旅行社中一支最基本也最庞大的队伍。导游是旅行社的对外形象，是旅行社的一面镜子；同时导游也是"国家的橱窗"，是一个国家文明的代表和体现。但是，导游工作的特点决定了导游经常是单兵作战，这就给导游人员的管理工作提出了难题。为了确保对导游人员的有效管理，维护旅游市场秩序，提高旅游服务质量，规范导游工作，保护旅游者和导游员的合法权益，应把对导游人员的管理纳入法制化轨道。2013 年 10 月 1 日起实施的《旅游法》对导游人员的管理作出了明确规定，国务院和国家旅游局先后颁布了《导游人员管理条例》(1999 年 10 月 1 日起实施)、《导游人员管理实施办法》(2005 年 6 月 3 日修订实施)、《导游证管理办法》(2003 年 4 月 1 日起正式施行)等一系列导游人员管理法规和部门规章，从政治思想、职业道德、法制纪律、业务培训、内部考核和奖惩办法等方面对导游人员进行规范和管理。

值得注意的是，2016 年 9 月 27 日，国家旅游局为进一步推进简政放权、优化公共服务、激发市场活力，贯彻实施《旅游法》，推进导游管理体制机制改革，决定废止《导游人员管理实施办法》。自决定公布之日起，《导游人员管理实施办法》规定的导游岗前培训考核制度、计分管理制度、年审管理制度和导游人员资格证 3 年有效制度等停止实施，国家旅游局将根据导游管理体制机制改革工作的推进，逐步完善事中事后监管措施并加强监管。

第一节　导游人员概述

一、导游人员的概念

《导游人员管理条例》第二条规定："本条例所称导游人员，是指依照本条例的规定取得导游证，接受旅行社委派，为旅游者提供向导、讲解及相关旅游服务的人员。"

上述导游人员的概念包含了三层含义：

第一，特定的程序。在我国担任导游工作的人员，是依照《导游人员管理条例》经过导游人员资格考试并合格、取得导游证的人员，这与日常生活中人们俗称的"导游"不同。

第二，特定的委托。导游人员是接受旅行社委派而从事导游业务的人员。接受旅行社委派从事导游业务是导游人员概念的特征。

第三，特定的工作。导游人员的工作范围，主要是为旅游者提供向导、讲解及相关旅游服务。"向导"，一般是指为他人引路、带路；"讲解"，是指为旅游者解说、指点风景名胜；"相关旅游服务"，一般是指为旅游者代办各种旅行证件、代购交通票据、安排旅行住宿、旅程、就餐等与旅行游览有关的各种活动。

二、导游人员的分类

导游员是导游服务工作人员的总称，各类导游员的工作范围、接待对象、使用的语言、工作方式和性质、任职资格条件都不尽相同。按照不同的分类标准，可以把导游员进行多种分类。

（一）按语种分类

以导游人员服务时使用的语言为标准，导游人员可分为外国语导游员和中文导游员。外国语导游员主要是为外国旅游者提供导游服务的人员；中文导游员一般是为国内旅游者、回内地探亲的香港、澳门、台湾同胞和回国的外籍华人旅游者，按其不同要求提供相应语言服务的导游人员。

（二）按工作性质分类

以工作的职业性质为标准，导游人员可分为专职导游员、业余导游员和自由职业导游员。专职导游员指长期受雇于某家旅行社，为该企业正式职员的导游员，是我国导游队伍的主力军。业余导游员是指不以导游工作为主业，主要利用业余时间从事导游工作的人员。自由职业导游员是指以导游职业为主业，本身并不属于某家旅行社的正式员工，但通过合同形式与其供职的旅行社建立权利义务关系。

（三）按等级分类

按等级可以将导游员分为四类：初级导游员、中级导游员、高级导游员和特级导游员。初级导游员和中级导游员资格主要是通过考试取得，他们是导游员队伍的主要力量，所占比例较大。高级导游员和特级导游员资格主要是通过考核和同行专家评议，被旅行社所聘而取得的，虽然在数量上只是少数，但是对于保证导游服务质量和提升旅行社的形象起着非常关键和重要的作用，是旅行社中宝贵的人力资源。

（四）按工作区域分类

按工作区域可以将导游员分为地方陪同导游员（简称地陪）、全程陪同导游员（简称全陪）、定点导游员（也称讲解员）、国际导游员（一般称为领队）。地陪是指受接待旅行社委派，代表接待社实施接待计划，为旅游团（者）提供当地旅游活动安排、讲解、翻译等服务的导游人员；全陪是指受组团旅行社委派，作为组团社的代表，为旅游团（者）提供全旅程服务的导游人员；讲解员是指在重要景点或参观场所一定范围内为旅游者进行导游讲解的人员；领队是指受雇于派出方旅行社，负责陪同国际旅游团的全程旅游活动并协调与接待方旅行社关系的旅游工作人员。

三、从事导游职业的条件

(一) 从事导游职业的前提与必备条件

根据《导游人员管理条例》的规定，在我国从事导游职业的公民须具备相应条件才能进行导游活动。首先必须经过全国导游人员资格统一考试合格，取得国务院旅游行政主管部门颁发的导游人员资格证书，这是从事导游职业的前提条件；依法取得导游证则是进行导游活动的必备条件，没有取得导游证，就不得从事以谋取经济利益为目的的导游活动。陪同旅游者旅行、游览，为旅游者提供向导、讲解和其他旅游服务是导游人员职业的具体工作内容。

(二) 导游职业的"两证"分离制度

"两证"即导游人员资格证与导游证。从事导游工作必须"两证"齐全，但目前在我国实行的是"两证"分离制度。这是经过我国管理导游队伍的长期实践证明行之有效的制度，也是颁布导游法的国家一般采用的做法。其意义表现为：

第一，有利于人才储备。实践证明，实行导游人员资格证与导游证相分离的制度，可以为导游人员队伍的发展储备一大批具有导游人员资格但未从事具体导游业务的人才，这有利于鼓励导游人才脱颖而出，形成良性竞争的局面，有利于我国旅游业的发展。

第二，有利于确保导游质量。导游人员资格证与导游证是可以分离的，导游资格是每一个有志于成为导游员的公民从事导游职业的前提条件，主要衡量一个公民是否具备导游业务所应当具备的政治思想、道德品质、遵纪守法观念等基本素质、必备的专业知识和技能。导游人员除需具备上述资格条件外，还需具备一定的导游实践经验和技巧、独立工作的能力、热心为旅游者服务的态度以及法律、法规规定的其他条件。

第三，实践证明行之有效。导游人员资格证与导游证相分离的制度，是世界上一些已颁布导游法国家的成功实践经验。

四、从事导游职业的原则

从事导游职业应遵循的原则，是导游人员进行导游活动的基本原则，它是规范导游人员职业的标准和必须遵循的行为准则，也是从事导游职业的保障。

(一) 导游人员依法进行导游活动受法律保护

导游人员在工作中的作用不容忽视，其人身权和其他权利理应受到国家法律保护。导游人员的合法权益受到法律的全面保护，这是充分发挥导游人员作用的关键。因此，没有取得导游证的人员，为谋取经济利益而从事导游活动，则应由旅游行政管理部门予以处罚。

（二）导游人员应依法进行导游活动，自觉维护国家和民族的尊严，遵循职业道德

导游人员进行导游活动应具有较强的法律意识。其行为应当符合国家法律、法规要求，珍惜国家荣誉，维护国家尊严，树立崇高的爱国主义思想，既热情友好、谦虚谨慎、宾客至上，又保持中华民族的气节，应做到自尊、自爱、端庄、稳重、不卑不亢、一视同仁。

（三）从事导游职业不受地域限制

每一位符合条例规定从事导游职业条件的导游人员，其活动范围限定在中国境内，在境内不受身份、户籍、省份的限制，只要在旅行社签订了劳动合同或在导游服务公司登记了，就可以在当地从事与导游职业相关的导游活动。

第二节　导游人员管理制度

一、导游人员的管理部门及其权限

（一）旅游行政管理部门对导游人员的管理

国务院旅游行政管理部门负责全国导游人员的管理工作。省、自治区、直辖市人民政府旅游行政管理部门根据国务院旅游行政管理部门的委托行使相应管理权。旅游行政管理部门负责制定导游人员管理的有关政策、法规；依法行使国家权力，接受投诉处罚违法导游人员；依法保护导游人员的合法权益，并通过导游人员资格考试制度、导游证制度、导游人员等级考核制度等管理导游人员。

为加强新时期导游人员的管理，国家旅游局于2016年8月19日发布了《关于深化导游体制改革　加强导游队伍建设的意见》，旨在推动导游管理从行政化、非流动、封闭式向法治化、市场化转变，构建"进出、监管、保障、奖惩"四位一体的管理体系；破除一切阻碍导游参与分享改革发展成果的障碍，推动导游执业更加便利、多元和规范，建设一支诚实守信、乐于奉献、积极向上、奋发有为的导游队伍，营造游客、导游、市场共赢局面，使导游成为旅游市场秩序的坚定维护者，成为旅游业创新、创业的活跃领域，成为人民群众游得放心、舒心、开心的重要环节。按照国家旅游局的《关于深化导游体制改革加强导游队伍建设的意见》，我国导游体制改革的重点任务包括：

（1）改革准入培训注册制度，改革导游考试制度，构建适应市场新需求的准入制度；改革导游培训方式，提升导游队伍专业技能与综合素质；改革导游注册制度。

（2）改革导游执业制度，以市场化为导向，依据市场规则，构建自由执业、自由流通的导游执业制度，形成渠道丰富、主体多元、流通顺畅、市场活跃的导游执业生态。

（3）健全执业保障体系，从保障导游合法劳动报酬和社会保险权益、减轻导游执业负担等方面加强改革，破除导游参与分享发展成果的障碍，促进导游安全执业和体面执业，自觉践行行业核心价值观。

（4）健全事中事后监管体制。利用信息技术提升对导游执业全过程、动态化的监管水平；建立导游社会化评价与监督体系；健全旅游纠纷综合处理机制，运用法治方式化解旅游纠纷矛盾；实现由点到面、由事前到事中事后、由静态向动态的监管转变。

（5）建立健全导游协会组织，贯彻落实《旅游法》，推动建立体制合理、功能完备、管理有效、行为规范的导游行业组织体系，发挥导游行业组织联系政府、服务会员、促进行业自律的作用，构建导游依法自治的现代社会组织。

（6）创新导游激励机制。从加强导游人才队伍建设、完善导游等级评定制度、打造星级导游服务品牌、树立导游正面典型等方面，创新导游激励机制，增强导游职业归属感和荣誉感。

（二）景区（点）对导游人员的管理

景区（点）导游人员，是指在旅游景点、景区的范围内为旅游者提供向导、讲解服务的人员。我国幅员辽阔，旅游资源极为丰富，为适应我国各地旅游景点、景区规模不等、特色各具、风情各异的特点，为适应包括来自国内外的旅游者的不同需求，增设了景点、景区为旅游者提供讲解服务的导游人员。对这部分导游人员，由省、自治区、直辖市人民政府参照《导游人员管理条例》制定相关的管理办法。

（三）旅行社对导游人员的管理

《旅游法》第三十八条规定，旅行社应当与其聘用的导游依法订立劳动合同，支付劳动报酬，缴纳社会保险费用；旅行社临时聘用导游为旅游者提供服务的，应当全额向导游支付规定的导游服务费用；旅行社安排导游为团队旅游提供服务的，不得要求导游垫付或者向导游收取任何费用。

二、导游人员资格考试制度

我国实行统一的导游人员资格考试制度。经考试合格者，方可取得导游资格证。国务院旅游行政管理部门负责制定全国导游人员资格考试的政策、标准和对各地考试工作的监督管理。省级旅游行政管理部门负责组织、实施本行政区域内导游人员资格考试工作。直辖市、计划单列市、副省级城市负责本地区导游人员的考试工作。导游资格证终身有效。

（一）导游人员资格

导游人员资格，是指从事导游职业，在导游活动中为旅游者提供服务的人员应具备的条件、身份等。导游人员资格是一个导游员从事导游工作生涯的起点，是从事导游职业的人首先要解决的问题，只有取得导游人员资格的人，才能申请导游证，并以导游人员的身份进行导游活动。

我国对导游人员资格考试有明确规定。1987年颁布的《导游人员管理暂行规定》确立了导游资格考试制度，之后又不断完善。确立导游资格考试制度的意义在于：

第一，由国家统一组织的导游人员资格考试，体现了国家对导游工作的高度重视，表明了导游工作在整个旅游业中所占地位的重要性。

第二，为旅游行政管理部门对导游工作的管理提供了有力的法律手段。通过考试这一门槛，可以防止不合格人员混入导游队伍，避免由于导游素质差而造成的对我国旅游形象的不良影响。

第三，通过考试确认导游人员资格，体现了严格要求和公平竞争的宗旨，有利于调动广大意欲从事导游工作者的积极性，有利于保证和不断提高我国导游人员队伍的素质。

第四，为保障我国导游人员服务质量打下良好基础。导游人员服务质量的好坏，直接影响着旅游者对我国旅游业的评价。因此，保证良好的导游服务，是提高我国旅游业国际形象的重要条件。

第五，资格考试制度借鉴了世界旅游业发达国家的成功做法，同时也适应了国际旅游业的发展要求。

(二)参加导游人员资格考试的条件

国家实行全国统一的导游人员资格考试制度，具体由各省级人民政府旅游行政管理部门实施。参加导游人员资格考试必须具备下列四个条件：

1. 必须是中华人民共和国公民

公民，是指具有或取得某国国籍，并根据该国法律规定享有权利和承担义务的人。在我国，凡是按照《中华人民共和国国籍法》的规定取得中国国籍的人，都是中华人民共和国公民。对导游人员有国籍限制，要求申请人必须是本国公民并不是我国特有的，世界上其他国家也有类似规定，将某些行业的从业权，规定只授予本国公民，也是国际上普遍接受的一个通行惯例。

2. 必须具有高级中学、中等专业学校或者以上的学历

接受过何种教育，具有何种学历，是衡量一个从业人员的知识结构及文化程度的一个客观标准，也是从事某种职业对其从业人员的要求。一般认为，导游人员应当是一个"杂家"，即要求其具有较广泛的文化知识，对祖国的历史文化、名川大山、风土人情、民族习俗等有较广泛的了解。导游工作的这一职业特点，就要求导游从业人员必须具有较好的文化素养和相应的学历条件。

3. 必须身体健康

导游工作是一项紧张的脑力劳动和繁忙艰苦的体力劳动相结合的工作，特别是各地气候条件、生活习俗不同，给导游人员的生活和工作带来诸多不便，导游人员只有具备良好的身体素质，才能适应导游工作。

4. 必须具有适应导游需要的基本知识和语言表达能力

具有适应导游需要的基本知识，主要是指具有《导游人员管理条例》规定的文化程度和学历证明，以及参加各级旅游行政管理部门根据国家旅游局统一布置的对导游人员的考前培训；导游语言，是对祖国名胜古迹的艺术表达，它要求导游人员应当按照规范化的语言来解说，或以艺术化的语言进行表述，做到语言流畅、活泼风趣，吸引旅游者的注意力，形成轻松愉快、活泼有趣的氛围，从而消除游客的旅途疲劳，增添旅游情趣。语言表

达能力，是导游人员所应具备的基本条件。

(三)导游人员资格证书的取得

《导游人员管理条例》第三条第二款规定，经考试合格的，由国务院旅游行政部门或者国务院旅游行政部门委托省、自治区、直辖市人民政府旅游行政部门颁发导游人员资格证书。

导游人员资格证书由国家旅游局统一印制，导游人员资格证书的颁证机关是国家旅游局或国家旅游局委托的省、自治区、直辖市旅游局。

三、导游证书制度

导游证书简称"导游证"，是持证人已依法进行中华人民共和国导游注册、能够从事导游活动的法定证件。取得导游人员资格证，只是成为导游人员的第一步，要真正从事导游职业，还要依法取得导游证。

导游证书采用 IC 卡的形式。卡高 8.6cm、宽 5.4cm，正面设置中英文对照的"导游证 (CHINA TOUR GUIDE)"，列有导游等级、编号、姓名、语种等项目，中间为持证人近期免冠 2 寸正面照片。导游证等级以 4 种不同的颜色加以区分：初级为灰色、中级为粉米色、高级为淡黄色、特级为金黄色；背面设置有黄色金属芯片，并印有注意事项和卡号。导游证的芯片内存储了导游的姓名、性别、民族、学历、语种、出生年月、家庭住址、身份证号码、导游证编号、导游资格证号等基本情况和违规计分情况，可凭借手持读卡机等电子设备读取其内容。导游证的编号规则为"D-0000-000000"，英文字母"D"为"导"字的拼音字母的缩写，代表导游，前 4 位数字为省、城市、地区的标准国际代码，后 6 位数字为计数编码。不同等级的导游证卡号依各自顺序编号。在 IC 卡中，可以比较完整地记录持证人的职业信息，通过手持读卡机等电子设备及与数据库的联网，可以建立起持证人系统、动态的从业档案。

2016 年起，国家旅游局将建设全国导游公共服务平台，逐步启用电子导游证书以取代原有 IC 卡导游证。

(一)申领导游证的条件

导游证是国家准许从事导游工作的证件，也是导游人员执业的必备条件。要求导游人员执业必须具有导游证，是为了保证导游服务质量和便于旅游行政管理人员监督检查。《导游人员管理条例》规定，在中华人民共和国境内从事导游活动，必须取得导游证。《旅游法》第三十七条规定，参加导游资格考试成绩合格，与旅行社订立劳动合同或者在相关旅游行业组织注册的人员，可以申请取得导游证。由此可见，申请领取导游证的条件如下：

(1)已取得导游人员资格证书。即通过全国导游人员资格统一考试，获得国家旅游局颁发的资格证书的人员，这是申请领取导游证书的前提条件。

(2)与旅行社订立劳动合同或者在相关旅游行业组织注册。与旅行社订立劳动合同的人员，通常是旅行社的正式员工，这类人员与旅行社的关系是通过劳动合同来实现的。在相关旅游行业组织注册的人员，可以是专职导游人员，也可以是兼职导游人员，但他们都不是某一旅行社的正式员工，他们通过在旅游行业组织注册后，当某一旅行社需要导游人员时，可以通过旅游行业组织(导游服务公司)聘用他们。

(二) 申领导游证的程序

根据《导游人员管理条例》及实践经验，申领导游证的程序大体是：申请人在通过导游人员资格考试，与旅行社订立劳动合同或在相关旅游行业组织登记注册后，持所订立的劳动合同或者登记证明材料，方可向省、自治区、直辖市人民政府旅游行政部门申请领取导游证。

省、自治区、直辖市人民政府旅游行政部门应当按《导游人员管理条例》第六条的规定，自收到申请领取导游证的书面申请之日起 15 日内，颁发导游证；发现有下列情形之一的，不得颁发导游证：

(1)无民事行为能力或者限制民事行为能力的。

(2)患有传染性疾病的。

(3)受过刑事处罚的，过失犯罪的除外。

(4)被吊销导游证，自处罚之日起未逾 3 年的。《旅游法》第一百零三条规定，被吊销导游证的导游、领队和受到吊销旅行社业务经营许可证处罚的旅行社的有关管理人员，自处罚之日起未逾 3 年的，不得重新申请导游证或者从事旅行社业务。

不予颁发导游证的，应当书面通知申请人。

颁发导游证和临时导游证的部门，是省、自治区、直辖市人民政府旅游行政管理部门。导游证和临时导游证的样式规格，由国务院旅游行政管理部门规定。国务院旅游行政管理部门既有权规定样式规格并统一制作，也可以统一规定样式规格，由省、自治区、直辖市旅游行政管理部门分别制作和颁发。

(三) 导游证书的种类

根据《导游人员管理条例》的规定，"导游证"分为正式导游证和临时导游证两种。

正式导游证是指参加导游人员资格考试并取得资格证书的人员，经与旅行社订立劳动合同或者在相关旅游行业组织注册后，由省、自治区、直辖市人民政府旅游行政管理部门颁发的导游证。持有正式导游证的人员，可以是专职导游人员，也可以是兼职导游人员；可以是旅行社的正式员工，也可以是旅行社的聘用人员。

临时导游证是指具有特定语种语言能力的人员，虽未获得导游人员资格证书，但因旅行社需要聘请其临时从事导游活动，由旅行社向省、自治区、直辖市人民政府旅游行政管理部门申领的导游证。实践中，旅行社接待的外国旅游者来自小语种国家，或旅行社所在地缺乏某一语种的导游人员，无法满足导游服务需求，为适应市场需要聘请一定数量既精通专业知识，又有丰富实践经验的人员解燃眉之急。因此，《导游人员管理条例》第四条对此作出了例外性规定，即具有特定语种语言能力的人员，虽未取得导游人员资格证书，旅行社需要聘请临时从事导游活动的，由旅行社向省、自治区、直辖市人民政府旅游行政部门申请领取临时导游证。

正式导游证与临时导游证的区别主要包括：

(1)取得证书的前提条件不同。正式导游证持有人需通过导游人员资格考试，并取得资格证书后方可向旅游行政部门申请领取导游证；临时导游证持有人则不必获得导游人员资格证书。

（2）对语言能力的要求不同。正式导游证持有人无语种语言能力限制，临时导游证持有人则必须是具有特定语种语言能力的人，并且是由于旅行社急切需要并提出申请，否则不能申领临时导游证。

（3）申领程序不同。申请领取正式导游证，是由申领者个人向旅游行政部门领取；申请领取临时导游证，则是由旅行社根据需要向旅游行政部门申领。

另外，根据十二届全国人大常委会第二十四次会议于 2016 年 11 月 7 日对《中华人民共和国旅游法》的修订："从事领队业务，应当取得导游证，具有相应的学历、语言能力和旅游从业经历，并与委派其从事领队业务的取得出境旅游业务经营许可的旅行社订立劳动合同。"此后开展领队业务不需要领队证。

四、导游人员等级考核制度

为了加强导游人员队伍建设，提高导游人员的素质和服务水平，客观、公正地评价和选拔人才，调动导游人员钻研业务和努力工作的积极性，引进竞争机制，对现有导游人员进行等级评定考核成为必要。同时，导游人员等级考核制度也为改革全国导游人员管理体制、建立导游人员人才市场及各旅行社服务的等级化创造了条件。导游人员等级考核制度在《导游人员管理条例》中得到了确立。

《导游人员管理条例》第七条规定，国家对导游人员实行等级考核制度。导游人员等级考核标准和考核办法，由国务院旅游行政管理部门制定。国家旅游局于 2005 年 7 月 3 日发布施行了《导游人员等级考核评定管理办法（试行）》。

（一）导游人员等级划分及等级考核评定办法

导游人员等级分为两个系列、四个等级。两个系列是指等级考核分为外语导游员系列和中文导游员系列；四个级别是指通过考核，将导游员划分为特级导游员、高级导游员、中级导游员和初级导游员。导游人员等级考核评定工作，按照"申请受理、考核评定、告知、发证"的程序进行。导游人员等级考核的具体办法如下：

（1）特级导游人员的考核评定。采取论文答辩的方式。

（2）高级导游人员的考核评定。采取笔试的方式。考试科目为"导游案例分析"和"导游词创作"。

（3）中级导游人员的考核评定。采取笔试的方式，其中，中文导游员考试科目为"导游知识专题"和"汉语言文学知识"，外语导游人员考试科目为"导游知识专题"和"外语"。

（4）初级导游人员的考核评定，采取考核的方式。凡通过考试取得导游人员资格证书后在旅行社工作满 1 年的人员，经考核合格，即可成为初级导游员。

（二）导游人员等级考核评定的组织管理

国家旅游局组织设立全国导游人员等级考核评定委员会。全国导游人员等级考核评定委员会组织实施全国导游人员等级考核评定工作。省、自治区、直辖市和新疆生产建设兵团旅游行政管理部门组织设立导游人员等级考核评定办公室，在全国导游人员等级考核评定委员会的授权和指导下开展相应的工作。

初级导游和中级导游考核由省级旅游行政管理部门或其委托的地市级旅游行政管理部门组织评定；高级导游和特级导游由国务院旅游行政管理部门组织评定。

根据规定，由省部级以上单位组织导游评比或竞赛获得最佳名次的导游人员，报全国导游人员等级考核评定委员会批准后，可晋升一级导游等级。一人多次获奖只能晋升一次，晋升最高等级为高级。

导游人员等级证书由全国导游人员等级考核评定委员会统一制作并核发。每次等级考试后，国家旅游局通过新闻媒介向国内外公示特级、高级和中级导游员名单及旅行社、导游公司导游员的等级构成情况。各旅行社、导游公司应在待遇方面对不同级别的导游员加以区别，拉开档次。已实行岗位技能工资的单位，应以导游员等级作为岗位技能工资的评定依据。

第三节　导游人员的权利和义务

一、导游人员权利和义务的特点

(一)导游人员权利的特点

权利是指法律对公民在国家和社会生活中，能够作出或不作出一定行为，以及要求他人作出或不作出一定行为的许可和保障。导游人员的权利主要是指导游人员依法享有的权利，它表现为权利享有者可以自己作出一定的行为，也可以要求他人作出或不作出一定的行为。例如，导游人员在旅游活动中享有调整或变更接待计划的权利；导游人员进行导游活动时，有权拒绝旅游者提出的侮辱其人格尊严的要求。导游人员是旅游接待第一线关键的工作人员。根据国家有关法律、法规和《导游人员管理条例》，概括起来，其权利有以下特点：

(1)导游人员的权利来自法律、法规的规定，得到国家的确认和保证。

(2)导游人员的权利是保障权利人利益的法律手段，权利与利益有着密切联系，但权利并不等于利益。

(3)导游人员的权利与义务是对立统一、相辅相成的概念，享受权利就必须承担相应的义务，履行一定的义务就可享受相应的权利。

(4)导游人员的权利确定了权利人从事法律允许的行为范围，在此范围内，权利人满足自己利益的行为或者要求义务人从事一定的行为是合法的，超过这一范围，则是非法的或不受法律保护的。

(5)导游人员的权利主要是指导游人员在履行职务时所具有的权能，其享受的权利主要依据《导游人员管理条例》及有关法律规定。

(6)在某些情况下，导游人员的权利是与职责相连的，是履行职务时的特定权利，它代表着所属企业的权利，因而与一般权利相比，具有不能轻易放弃的性质。

(二) 导游人员义务的特点

义务是指法律规定公民对国家和社会必须作出一定行为或不得作出一定行为的责任。导游人员的义务是指导游人员必须依法履行的责任，包括必须作出的行为和不得作出的行为。例如，导游人员进行导游活动时，应当佩戴导游证，是导游人员必须作出的行为；导游人员不得私自承揽导游业务，是导游人员不得作出的行为。

导游人员的义务同权利一样，都是国家以法律、法规的形式加以确认的，所不同的是，导游人员的义务是导游人员在进行导游活动时所必须作出行为的范围，体现了一种必要性；而导游人员的权利则是导游人员可以作出行为的范围，体现的是一种可能性，这是导游人员义务区别于权利的最主要的特征。导游人员只有严格按照法律、法规的规定履行义务，才能使旅游者的旅游愿望得以实现，所以不履行义务应受到国家强制力的制裁。当然，导游人员的必要行为也是在一定范围内的，导游人员有权拒绝旅游者超出这一范围之外的利益要求。其义务主要是指《旅游法》、《导游人员管理条例》及有关法律所规定的义务。

二、导游人员权利的主要内容

根据《导游人员管理条例》及《行政复议法》、《行政诉讼法》的规定，导游人员的权利可以概括为以下四个方面：

(一) 导游人员的人身权

导游人员的人身权，是指导游人员进行导游活动时，人身自由不受非法限制和剥夺，人格尊严不受侵犯，名誉不受损害的权利。

人格，从法律意义上讲是指能够作为权利、义务主体的资格；人格权是人身权的一种，它包括生命权、健康权、名誉权、姓名权、肖像权等，是民事主体具有法律上的独立人格必须享有的民事权利，也是人作为民事主体从事民事活动所必须具备的条件。人格权是每一个公民和法人都毫无例外终身享有的基本的民事权利。导游人员代表旅行社等聘用单位履行职责，直接与旅游者接触，在旅游活动中，由于涉及方方面面，形成的社会关系错综复杂，一旦发生纠纷，导游人员极容易成为双方迁怒的对象。鉴于导游人员在旅游活动中其人身权利、人格尊严容易受到侵犯，《导游人员管理条例》规定，导游人员进行导游活动时，其人格尊严应当受到尊重，其人身安全不受侵犯。

此外，为保护导游人员的正当权利，针对在旅行游览中，个别旅游者对导游提出的一些带有侮辱其人格尊严或违反其职业道德的不合理要求的现象，《导游人员管理条例》明确规定，导游人员有权拒绝旅游者提出的侮辱其人格尊严或者违反其职业道德的不合理要求。

(二) 履行职务权

履行职务权，是指导游人员履行职务时所享有的权利，包括进行导游活动不受地域限制的权利；在引导旅游者旅行、游览过程中，遇到可能危及旅游者人身安全的紧急情况，经征得多数旅游者同意，可以调整或变更接待计划的权利。

　　导游人员按计划安排旅游活动是其应尽的义务，但在旅游活动开始后，遇到可能危及旅游者人身安全的紧急情况时，不变更或调整接待计划，就可能对旅游者人身安全带来威胁，所以在紧急情况下，《导游人员管理条例》第十三条第二款规定，在此情形下导游人员依法享有调整或变更接待计划的权利。但是，导游人员行使调整或变更接待计划权时，应当特别注意以下4个限制条件：

　　（1）必须是在引导旅游者旅行游览的过程中，即旅游活动开始后、结束前。在旅游合同订立后，旅游活动开始前出现不利于旅游活动的情形，应由旅行社与旅游者协商，达成一致意见后，由旅行社调整、变更旅游接待计划。

　　（2）必须是遇到有可能危及旅游者人身安全的紧急情形。

　　（3）必须征得多数旅游者同意。旅游合同要求在旅游接待计划一经双方确认后，双方应严格按约定履行，但发生了法定的紧急情形，为保证旅游者的人身安全，导游人员只要征得多数旅游者的同意，就可以行使该项权利。

　　（4）必须立即报告旅行社。旅游接待计划是旅行社确定并得到旅游者认可的，导游人员受旅行社委派执行旅游接待计划本身并无变更权，但在法定情形下行使该权利时，应当立即报告旅行社，以取得旅行社的正式认可。

（三）诉权

　　诉权，是指起诉和诉愿的权利，具体包括投诉权、申请复议权和起诉。导游人员在导游活动中会因其合法权益受到损害而请求有关部门予以解决。诉权是导游人员在履行职务过程中权利受到法律保护的有力保障。

　　（1）投诉权。导游人员的合法权益受到侵害时享有向旅游行政管理部门投诉的权利。

　　（2）复议权。导游人员对旅游行政管理部门的具体行政行为不服时依法享有申请复议权，具体指：对罚款、吊销导游证、责令改正、暂扣导游证等行政处罚不服的；符合法定条件申领导游人员资格证书和导游证，旅游行政管理部门拒绝颁发或不予答复的；旅游行政管理部门违法要求导游人员履行义务的；旅游行政管理部门侵犯导游人员人身权、财产权的；法律、法规规定的其他可以申请复议的内容。

　　（3）起诉权。导游人员对旅游行政管理部门的具体行政行为不服时，享有向人民法院提起行政诉讼的权利，具体内容同申请复议权范围。

（四）其他权利

　　导游人员的其他权利，主要是指导游人员为了更好地履行职务而应当享有的参加培训的权利以及获得晋级的权利等。

案例 6-1

　　2016年中秋小长假期间，游客蓝某某在福建武夷山景区等候缆车时，因导游王某某劝阻其插队行为，双方发生争执，蓝某某殴打导游，造成导游王某某多处受伤。武夷山市公安局依据《治安管理处罚法》相关规定，对蓝某某处以行政拘留 9 日并罚款。根据《国家旅游局关于旅游不文明行为记录管理暂行办法》第二条、第九条的规定，经旅游不文明行为记录评审委员会审定，蓝某某被列入旅游不文明行为记录，信息保存期限自 2016 年 9 月 18 日至 2020 年 9 月 17 日。

　　游客姚某在陕西西安骊山风景区服务中心向导游赵某问路，因赵某指引与之前姚某了解的线路不一致，便辱骂殴打赵某。根据相关规定，经旅游不文明行为记录评审委员会审定，姚某被列入旅游不文明行为记录，信息保存期限自 2016 年 9 月 18 日至 2019 年 9 月 17 日。

　　本案评析：导游人员的权利来自法律法规的规定，在导游活动中，导游人员的人身自由不受非法限制和剥夺，人格尊严不受侵犯，名誉不受损害。本案例中两名游客对导游人员的权利实施了侵犯，导游人员依法享有诉权，可以向有关行政机关或司法机关寻求救济，维护自己的合法权益。

三、导游人员义务的主要内容

　　《旅游法》第四十条规定，导游和领队为旅游者提供服务必须接受旅行社委派，不得私自承揽导游和领队业务。第四十一条规定，导游和领队从事业务活动，应当佩戴导游证，遵守职业道德，尊重旅游者的风俗习惯和宗教信仰，应当向旅游者告知和解释旅游文明行为规范，引导旅游者健康、文明旅游，劝阻旅游者违反社会公德的行为；导游和领队应当严格执行旅游行程安排，不得擅自变更旅游行程或者中止服务活动，不得向旅游者索取小费，不得诱导、欺骗、强迫或者变相强迫旅游者购物或者参加另行付费旅游项目。根据《旅游法》的上述规定以及《导游人员管理条例》等法律制度的规定，导游人员的义务可以概括为以下几个方面：

　　（1）提高自身业务素质和职业技能。导游人员自身业务素质的高低，职能、技能的优劣，直接关系到导游服务的质量，影响其能否为旅游者提供优良的导游服务。因此，导游人员应不断自觉提高自身业务素质及导游职业技能。

　　（2）进行导游活动时佩戴导游证。导游证是国家准许从事导游业的法定证件，我国对导游证实行证卡合一，佩戴导游证既是当事人资格的证明，又是当事人身份和业务能力的证明，同时佩戴导游证还方便了旅游者识别，使旅游者可及时得到导游人员的帮助和服务，同时又可便于旅游行政管理部门的监督检查，增加导游人员的责任感和义务感。

　　（3）为旅游者提供服务必须接受旅行社委派，不得私自承揽导游和领队业务。招徕、接待旅游者，为旅游者安排食宿等有偿服务，是旅行社的经营范围。导游人员作为旅行社的雇员，只能接受旅行社的委派，为旅游者提供向导、讲解及相关服务，而不得私自承揽或者以其他任何方式直接承揽导游业务。设立该项义务是为了保证服务质量，维护国家旅游业的形象；防止乱收费现象的产生，维护旅游者正当合法权益；防止削价竞争等不正当竞争行为，规范旅游市场秩序。

　　（4）自觉维护国家利益和民族尊严，不得有损害国家利益和民族尊严的言行。热爱祖国、拥护社会主义制度，以自己的言行维护国家利益和民族尊严，是导游人员必须具备的政治条件和业务要求。为此，导游人员在进行导游活动时，应自觉履行该项义务。

（5）遵守职业道德，着装整洁、礼貌待人，尊重旅游者的宗教信仰、民族风俗和生活习惯。导游人员进行导游活动时，应向旅游者讲解旅游地点的人文历史和自然情况，介绍风土人情和习俗；但不得迎合个别旅游者的低级趣味，在讲解、介绍中掺杂庸俗下流的内容，更不得损害旅游者的宗教信仰、民族风俗和生活习惯。这是导游人员在讲解、导游过程中应当遵循的业务要求和法定要求。

（6）严格按旅行社确定的接待计划安排旅游者的旅行、游览活动，不得擅自增加、减少旅游项目或者变更、中止导游活动。我国《合同法》规定，当事人应当按照约定全面履行自己的义务。旅行社确定的接待计划（旅游行程计划）是经旅游者认可的，是旅行社与旅游者订立的旅游合同的重要体现。它一般包括乘坐的交通工具、游览景点、住宿标准、餐饮标准、娱乐标准、购物次数等内容的安排。导游人员擅自增加、减少旅游项目或者中止导游活动，就可能对旅游者违约。一般情况下，导游人员不得擅自中止导游活动，但导游人员在引导旅游者旅行、游览过程中，遇到有可能危及旅游者人身安全的紧急情形时，经征得多数旅游者的同意，可调整或者变更接待计划，并应立即报告旅行社。

（7）在引导旅游者旅行、游览过程中，应就可能发生危及旅游者人身、财产安全的情况，向旅游者作出真实说明和明确警示，并按照旅行社的要求采取防止危害发生的措施。旅游活动是一种体验或经历，既有赏心悦目的体验，也可能会遇到危险的经历，鉴于客观存在的尤其在探险旅游中可能危及旅游者人身财产安全的情形，以及旅游项目中可能包含的危险因素，导游人员有义务保护旅游者的人身安全和财产安全。导游人员应事先将危险程度和安全防护措施向旅游者交代清楚，对于参加危险活动的旅游者要特别注意保护。实践中，这项义务被导游人员概括为"告知"义务。说明和警示要真实、准确、通俗易懂，不致发生歧义；同时，导游人员要按照旅行社的要求采取当危害发生时的措施，否则导游人员和旅行社要承担相应的法律责任。

（8）不得向旅游者兜售物品或者购买旅游者的物品，不得以明示或者暗示方式向旅游者索要小费。该项义务的履行是以"不作为"的形式表现的，有两层含义：一是向旅游者兜售物品或购买物品，不属于导游人员的职责范围，与其导游身份也不相称。尤其是导游人员以导游这一特定身份向旅游者兜售物品或购买物品，极易造成交易上的不公平和不公正，从而侵害旅游者的合法权益，损害导游人员的职业形象，并因此产生纠纷。二是以明示或暗示的方式索要小费，历来为我国旅游法规所禁止。明示的方式，是指导游人员用语言、文字或其他直接表达意思的方法明确地向旅游者索要小费；暗示的方式，是指导游人员不明确表示意思，而是以含蓄的言语、文字或者示意的举动等间接表达意思，向旅游者索要小费。

小费，是指在旅游活动中旅游者额外给予导游等旅游服务人员的金钱。对于小费问题应正确认识和合理疏导。其一，导游人员收取合理的小费是国际上通行的做法，国外绝大多数国家允许导游人员收取合理的小费；其二，小费是旅游者自愿在服务费以外支付给导游人员的费用，导游人员收取小费与否，不影响旅行社的收入；其三，服务良好的导游人员得到小费，是旅游者对其工作的肯定和奖励，但在旅游实践中，有些导游人员不择手段地采取明示或暗示的方法向旅游者索要小费，则会给旅游业的声誉造成极其恶劣的影响，理应禁止。

案例 6-2 🔍

　　吴先生报名参加了清远某旅行社组织的"广州番禺风情一日游"，缴交团款后，签订了合同。行程中，由于天气原因，其中一个景点由导游征得全团游客同意后予以取消。同时，在未征得全体游客同意的情况下，导游临时调换了两个购物点，造成吴先生认为是导游私自改变了行程、增多了购物点而产生投诉。

　　经查，情况基本属实。行程中，由于与地接社发生矛盾，不能按照原行程安排旅游活动，导游在未知会组团游客的情况下，临时调整了两个购物点，造成吴先生以为多增了两个购物点。后由于天气原因，某景点由导游征得全团大部分游客同意后取消。吴先生要求旅行社退还团费并投诉导游擅自更改行程，侵害了游客合法权益。

　　经协调，旅行社退还吴先生团费，并赔礼道歉。旅游质监管理部门对导游人员擅自更改行程，处以行政处罚，做出罚款 1 万元的处理。

　　本案评析： 本案中，旅行社首先违反了《旅游法》第 35 条"旅行社组织、接待旅游者，不得指定具体购物场所，不得安排另行付费旅游项目。但是，经双方协商一致或者旅游者要求，且不影响其他旅游者行程安排的除外"的规定；其次违反了《旅游法》第 9 条"旅游者有权自主选择旅游产品和服务，有权拒绝旅游经营者的强制交易行为"的规定。最后，旅行社在行程中擅自变更了两个购物点，违反了《旅游法》第 41 条"导游和领队应当严格执行旅游行程安排，不得擅自变更旅游行程或者中止服务活动，不得向旅游者索取小费，不得诱导、欺骗、强迫或者变相强迫旅游者购物或者参加另行付费旅游项目"的规定，属于擅自变更行程，依据《旅游法》第 100 条的规定，对导游可处 2000 至 20000 元的罚款。因此上述对导游的处罚是适宜的。

　　此外，依据《旅游法》第 67 条的规定，旅行社还应接受处理。

　　(9) 不得欺骗、胁迫旅游者消费或者与经营者串通欺骗、胁迫旅游者消费。欺骗，是指故意告知旅游者虚假的情况，或者隐瞒真实情况，诱使旅游者作出错误消费意思表示的行为。欺骗行为有两种情形：一是导游人员在导游活动中欺骗；二是导游人员与经营者串通欺骗。胁迫是指以给旅游者及其亲友的生命健康、名誉、荣誉、财产等造成损害为要挟，迫使旅游者作出违背真实消费意思表示的行为。欺骗、胁迫旅游者消费，是严重侵犯旅游者合法权益的行为，理应为法规所禁止。

案例 6-3 🔍

　　康辉旅行社旅游团一行 22 人来普陀山观光旅游，此次行程由舟山康泰旅行社导游余某作为地接导游。余某在普陀山客运码头接到团队后，就带着团队前往普济寺游览，在经过百步沙停车场时，向游客们介绍在进普济寺烧香之前，可以在百步沙停车场旁香店请香。游客们听了介绍后分别在该香店请了总价 6200 余元的香棒、蜡烛和金箔等佛教用品。但游客们在到达普济寺检票口时却被寺庙工作人员告知普陀山提倡文明进香，游客只准限量烧香，且不允许燃烧蜡烛和金箔，游客们所带的大部分佛教用品不得带入寺内。游客们随即向正在普济寺例行检查的旅游质监所执法人员进行了现场投诉，投诉余某未告知以上烧香事项，有欺骗旅游者消费行为。

旅游质监所经现场了解后，立即与商家取得联系，将未拆封的香棒、蜡烛和金箔等佛教用品退还给商家，共计 4400 余元。执法人员在做好游客安抚工作的同时还对余某立案查处，游客们对处理结果表示满意。

本案评析：余某是舟山康泰旅行社导游，长期从事普陀山旅游团队的地接工作，知道普陀山文明进香工作在普陀山的开展情况，但却未告知游客，且在游客们购买香烛后不阻止。寺庙内设有流通处，可以请香，并且比游客们在百步沙停车场旁香店请的香，价格便宜。因此认定当事人余某存在欺骗旅游者消费行为。

当地旅游质监所有权依据《导游人员管理条例》第 24 条规定"导游人员进行导游活动，欺骗、胁迫旅游者消费或者与经营者串通欺骗、胁迫旅游者消费的，由旅游行政部门责令改正，处 1000 元以上 3 万元以下的罚款；有违法所得的，并处没收违法所得；情节严重的，由省、自治区、直辖市人民政府旅游行政部门吊销导游证并予以公告；对委派该导游人员的旅行社给予警告直至责令停业整顿；构成犯罪的，依法追究刑事责任"进行处理。

四、导游人员违反《旅游法》应承担的法律责任

(1)未取得导游证或者不具备领队条件而从事导游、领队活动的，由旅游主管部门责令改正，没收违法所得，并处 1000 元以上 1 万元以下罚款，予以公告。

(2)导游、领队违反规定，私自承揽业务的，由旅游主管部门责令改正，没收违法所得，处 1000 元以上 1 万元以下罚款，并暂扣或者吊销导游证。

(3)导游、领队违反规定，向旅游者索取小费的，由旅游主管部门责令退还，处 1000 元以上 1 万元以下罚款；情节严重的，并暂扣或者吊销导游证。

(4)违反规定被吊销导游证的导游、领队，自处罚之日起未逾 3 年的，不得重新申请导游证。

思考题

1. 请解释导游人员的概念。
2. 我国为什么要实行导游人员资格证书与导游证书分离的做法？
3. 我国导游人员的管理制度有哪些？
4. 简述导游人员的权利和义务。
5. 导游人员违反《旅游法》的法律责任有哪些？

第七章 旅游服务合同法律制度

1999 年 3 月 15 日，九届全国人大二次会议通过了《中华人民共和国合同法》（以下简称《合同法》），于 1999 年 10 月 1 日起施行。该法的实施标志着我国社会主义市场经济法律体系建设进入了一个新的阶段，在保护合同当事人的合法权益、维护社会经济秩序、提高经济效益、促进经济的发展方面，发挥了重要作用。该法包括总则、分则、附则三部分，共 23 章 428 条，规定了立法的目的、合同的概念、合同的原则、合同的订立、合同的效力、合同的履行、合同的变更和转让、合同的权利义务终止，违约责任和其他规定以及 15 类列名合同。旅游合同制度是联系旅游的吃、住、行、游、娱、购六大要素的纽带，通过合同形式，能使旅游者、旅游经营者等合同当事人各方的合法权益得到有力的法律保障，能促使旅游经营者加强企业内部经营管理，提供规范服务，所以我们应当重视合同制度在旅游行业中的运用。《旅游法》第五章"旅游服务合同"用条款数量占总篇幅六分之一的比重，对旅游经营服务者和旅游消费者之间的民事合同行为，以及旅游经营者之间的权责关系，作出了明确、具体的规定。

第一节 合同法概述

一、合同的概念

《合同法》第二条规定，合同是平等主体的自然人、法人及其他组织之间设立、变更、终止民事权利义务关系的协议。

合同也称为契约，是反映交易的法律形式。合同是平等主体的自然人、法人和其他组织所实施的一种民事法律行为。合同以设立、变更或终止民事权利义务关系为目的和宗旨。

二、合同法的基本原则

(一)当事人法律地位平等原则
平等原则体现了合同关系的本质。平等原则的含义为：
(1)合同是平等主体之间设立、变更、终止债权债务关系的协议。
(2)合同当事人法律地位平等。
(3)合同当事人不得将自己的意志强加给另一方。

(二)自愿原则
自愿原则的基本含义是：
(1)当事人有订立或不订立合同的自由。
(2)除国家指令计划合同外，当事人有选择合同另一方的自由。
(3)合同当事人在遵守法律的前提下，有决定合同内容的自由。
(4)合同当事人有决定合同形式的自由。
(5)当合同争议发生时，合同当事人有选择解决争议方式的自由。
合同自愿是合同的一项最重要的基本原则，但是合同自愿也不是绝对的。任何自由都要受到必要的限制，合同也不例外。这些限制表现在：一是缔约的强制，即给一部分当事人施加必须缔结某种合同的义务。主要是对一些从事公共服务事业的当事人提出的要求，如《合同法》第二百八十九条规定："从事公共运输的承运人不得拒绝旅客、托运人通常、合理的运输要求。"二是强制性规范的限制，即法律设定一些强制性的规范，任何当事人都不得排斥这些规范的适用。例如限制垄断的规定，合同当事人就不得在合同中约定共同垄断某种价格。

(三)公平原则
公平是法律最基本的价值取向，遵循公平原则就是要求合同双方在权利义务的安排上大致相等；合同一方不得利用自己的优势地位或利用对方没有经验而签订显失公平的合同。

(四)诚信原则
诚信原则包括以下三个方面的含义：
(1)合同权利人应正当地行使权利，不得滥用。
(2)合同义务人应当积极地履行义务。
(3)合同当事人在行使权利、履行义务时禁止欺诈、胁迫、乘人之危，否则将导致合同无效。

案例 7-1

江某、张某二人与某旅行社签订了《旅游合同》，合同约定，肯尼亚 10 日动物迁徙之旅(旅游产品),时间自8月17日至8月26日止(共10天7夜),在马赛马拉住3晚,全程越野吉普。二人旅游费用合计4万多元。关于马赛马拉的行程约定为,第六天,纳库鲁国家公园到马赛马拉国家公园(马赛马拉是动物最集中的栖息地,还可以观看草原日出日落美景);第七天,马赛马拉国家公园(前往马拉河可看到成千上万的渡河幸存者聚集在草原上;运气好的话还可以看到成群结队的角马等动物前赴后继,从鳄鱼张开的血盆大口中横渡马拉河的壮观场景);第八天,马赛马拉国家公园(追踪成群结队出没的狮子、犀牛、斑马等,再次前往马拉河等待动物大迁徙等)。然而,8月22—25日期间,江某和张某虽在马赛马拉国家公园看到了角马等动物,但没有看到角马过河的场景。后来,江某和张某了解到8月22—24日有其他旅游团队在马赛马拉国家公园内看到过角马过河的场景。

江某和张某认为:自己参加旅行社的旅游是基于旅行社宣传的能看到角马过河场景,旅行社发布的网络宣传词"如果马赛马拉住一晚,看到马拉河之渡是运气,现在马赛马拉住三晚,看不到马拉河之渡是运气,让您拍照拍到手软",应认定为旅游合同的组成部分。而旅行社领队导游也不够专业,导致在确有角马过河的情况下,其他团队能看到角马过河而自己却没看到角马过河,认为旅行社发布的网络宣传词系欺骗和虚假承诺,旅行社构成欺诈,要求赔偿1.2万元/人。

本案评析:本案中旅行社遵循了诚信原则,不存在欺诈。

本案争议的焦点在于旅行社的网络宣传词是否构成欺诈。旅行社网络宣传词将是否能看到马拉河之渡与运气联系在一起,并未对能够看到角马过河作出明确的承诺,且在旅游合同的行程中也约定"运气好的话还可以看到",故旅行社发布的网络宣传词虽存有一定不当之处,但并不能因此认定旅行社按照旅游合同约定应当尽到确保江某和张某看到角马过河场景的义务,故不能因为有其他旅游者看到了角马过河就由此认定旅行社的行为构成欺诈。

(五)遵守法律和维护道德原则

《合同法》第七条规定,当事人订立、履行合同,应当遵守法律、行政法规,尊重社会公德,不得扰乱社会经济秩序,损害社会公共利益。

上述原则是对合同自愿原则的限制和补充。如前所述,合同主要涉及当事人自己的利益,国家一般不予干涉,由当事人自己约定,即"自愿原则"。但是当事人在订立、履行合同时,必须遵守法律、法规,尊重社会公德,也就是说,要受到法律、法规和社会公德的约束。因此,合同活动中的自愿原则是以遵守法律、法规,尊重社会公德,不损害社会公共利益为前提的。

(六)合同对当事人具有法律约束力的原则

《合同法》第八条规定,依法成立的合同,对当事人具有法律约束力。当事人应当按照约定履行自己的义务,不得擅自变更或者解除合同。依法成立的合同,受法律保护。

上述原则是指合同一旦依法成立,即对合同当事人产生约束力。合同当事人应当严格按照合同约定履行义务,非依法律规定或者经对方当事人同意,不得随意变更或解除合同。依法成立的合同,受国家法律保护;反之,不是依法订立的合同,则不受国家法律保护。同样，当事人按照依法成立的合同约定行使权利、履行义务的行为，任何单位和个人不得非法干涉。

三、合同的订立

(一)订立合同主体的资格

《合同法》第九条规定："当事人订立合同，应当具有相应的民事权利能力和民事行为能力。当事人依法可以委托代理人订立合同。"这是《合同法》关于订约资格的规定。由此规定可见，民事主体从事民事活动，必须符合法律关于民事主体资格的规定，即必须具有相应的民事权利能力和民事行为能力。

1. 当事人的民事权利能力

当事人的民事权利能力是指民事主体依法享有民事权利和承担民事义务的资格。民事权利能力是由法律赋予民事主体的。民事权利能力因民事主体的不同而有所区别：

(1)关于公民的民事权利能力。《民法通则》第九条规定，公民从出生时起到死亡时止，具有民事权利能力，依法享有民事权利，承担民事义务。由此规定可见：

第一，公民的民事权利能力始于出生，即公民的民事权利能力的产生是由出生这一事实引起的。至于如何具体确定公民出生的时间，最高人民法院于 1988 年 4 月 2 日发布的《关于贯彻执行〈中华人民共和国民法通则〉若干问题的意见(试行)》第一条规定，公民的民事权利能力自出生时开始。出生的时间以户籍证明为准；没有户籍证明的，以医院出具的出生证明为准；没有医院证明的，参照其他有关证明认定。

第二，公民的民事权利能力因死亡而终止。公民的民事权利能力为公民终身享有，公民一旦死亡，就不具有民事权利能力。至于公民死亡的标志和确切时间，以医学上公认的标准和医学鉴定的死亡时间为准。

(2)关于法人的民事权利能力。《民法通则》第三十六条第二款规定，法人的民事权利能力和民事行为能力，从法人成立时产生，到法人终止时消灭。这一规定表明：

第一，法人的民事权利能力始于其成立。法人因其性质的不同，所以在确定成立时间上也有区别。企业法人从办理完毕核准登记手续并依法领取营业执照之日起成立；事业单位和社会团体法人如果依法不需要办理法人登记的，则从实际成立之日起成立，如果依法需要办理登记手续的，则从其办理完毕核准登记之日起成立。法人一经成立，即具有民事权利能力。

第二，法人的民事权利能力因法人的终止而消灭。在法人存续期间，法人享有民事权利能力。法人一经终止，其民事权利能力亦即归于消灭。《民法通则》第四十五条规定，企业法人终止的原因有依法被撤销、解散、宣告破产以及其他原因，事业单位和社会团体法人的终止也不外乎这些原因。

(3)关于其他组织的民事权利能力。依照我国《民法通则》及其他有关法律、法规，其他组织的民事权利能力与法人相同，也是从该组织成立开始到该组织终止结束。

2. 当事人的民事行为能力

当事人的民事行为能力是指民事主体以自己的行为取得民事权利和设定民事义务的

资格。与当事人的民事权利能力一样，当事人的民事行为能力也因民事主体的不同而不同。

（1）关于公民的民事行为能力。公民的民事行为能力与民事权利能力并不一致，有民事权利能力的，并不一定就具有民事行为能力。《民法通则》根据公民的年龄和智力状况的不同，将公民的民事行为能力分为三种：

① 完全民事行为能力。所谓完全民事行为能力，是指达到法定年龄，能够通过自己的独立行为进行民事活动并独立承担民事责任。《民法通则》第十一条规定，18周岁以上的公民是成年人，具有完全民事行为能力，可以独立进行民事活动，是完全民事行为能力人。16周岁以上不满18周岁的公民，以自己的劳动收入为主要生活来源的，称为完全民事行为能力人。

② 限制民事行为能力。所谓限制民事行为能力，是指只具有部分民事行为能力，即可以进行某些民事活动，但不能独立地进行全部民事活动。2002年12月23日九届全国人大常委会第三十一次会议对《民法通则》第十二条有关限制民事行为能力和无民事行为能力的年龄所作的修改为"七周岁以上的未成年人是限制行为能力人"。《民法通则》第十三条规定："不能完全辨认自己行为的精神病人是限制民事行为能力人。"

③ 无民事行为能力。所谓无民事行为能力，是指完全不具有以自己的行为取得权利和设定义务的资格。修改后的《民法通则》第十二条第二款规定："不满七周岁的未成年人是无民事行为能力人。"《民法通则》第十三条规定："不能辨认自己行为的精神病人是无民事行为能力人。"

（2）关于法人的民事行为能力。法人的民事行为能力具有以下两个主要特点：

第一，法人的民事行为能力与其民事权利能力相一致。《民法通则》第三十六条第二款规定："法人的民事权利能力和民事行为能力，从法人成立时产生，到法人终止时消灭。"这表明法人的民事行为能力的产生和终止与其民事权利能力的产生和终止相一致。同时，按照《民法通则》第四十二条关于"企业法人应当在核准登记的经营范围内从事经营"的规定，法人的民事行为能力的范围也与其民事权利能力相一致，即法人只能在其民事权利能力的范围内，以自己的行为取得权利和设定义务，而不得超出其民事权利能力范围去取得权利和设定义务。

第二，法人的民事行为能力是通过法人的内部机构来实现的，也就是说，法人的民事行为能力是通过其法定代表人或者工作人员来实现的。

（3）关于其他组织的民事行为能力。其他组织的民事行为能力，也与法人的民事行为能力相同，即其民事行为能力与民事权利能力一致，也由其内部组织机构来实现。

3. 关于代订合同

当事人依法可以委托代理人订立合同。所谓委托代理人订立合同，是指当事人委托他人以自己的名义与第三人签订合同，并承担由此产生的法律后果的行为。

依照我国法律规定，当事人委托代理人订立合同的，应当签署授权委托书，写明代理人的姓名或者名称、代理事项、代理权限、代理期限等内容，并签名或者盖章，以明确有关的权利义务关系。

案例 7-2

南昌游客王某等 39 人报名参加当地某旅行社组织的北京八日游，支付了旅游费用，双方签订了合同。在北京旅游期间，旅行社并未按约定提供服务，为此，该旅游团游客十分不满，遂与导游交涉后达成退款协议，由旅行社退给旅游团每人部分费用。回南昌后，当旅游团游客向旅行社索要退款时，旅行社法定代表人对退款协议不予认可，申明退款协议无效。

本案评析：旅行社违约是肯定的，在此不谈，旅行社法定代表人的申明能否成立，这就要看导游是否取得了签订退款协议的授权。导游的本职工作是从事向导、讲解及相关服务，与旅游者签订退款协议不属于其工作范围，因此如果导游取得了签订退款协议的授权，则协议成立；如果未取得，则协议不成立。

(二)合同订立的条款

1. 合同订立的概念和要件

合同的订立，是指订约当事人就合同的主要条款达成合意。合同的成立意味着各方当事人的意思表示一致，合同的成立必须具备如下条件：

(1)存在双方或多方当事人。合同必须具有双方当事人，只有一方当事人不可能成立合同。订约当事人既可以是自然人，也可以是法人和其他组织。

(2)合同当事人对主要条款达成合意。合同成立的根本标志在于，合同当事人就合同的主要条款达成合意。

2. 合同的条款

根据《合同法》第十二条的规定，合同的内容由当事人约定，一般包括以下条款：当事人的名称或者姓名和住所；标的；数量；质量；价款或者报酬；履行期限、地点和方式；违约责任；解决争议的方法。

(三)合同的订立应具备要约和承诺阶段

1. 订立合同采取要约、承诺方式

《合同法》第十三条规定，当事人订立合同，采取要约、承诺方式。要约和承诺是合同成立的基本规则，也是合同成立必须经过的两个阶段。如果合同没有经过承诺，而只是停留在要约阶段，则合同根本未成立。合同的成立应经过要约、承诺阶段，同时也意味着当事人应具有明确的订立合同的目的。因为要约和承诺是就订立合同问题提出建议和接受建议，如果没有明确的订约目的就不可能形成要约和承诺。

2. 要约的概念

要约是一方当事人以缔结合同为目的，向对方当事人所作的意思表示。发出要约的人称为要约人，接受要约的人称为受要约人或承诺人。

一项要约发生法律效力，必须具有特定的有效条件，不具备这些条件，要约便不能成立，也不能产生法律效力。要约必须同时具备的条件是：

（1）要约必须具有订立合同的意图。要约具有订约意图，因此要约一经承诺，就可以产生合同，要约人要受到要约的拘束。

（2）要约必须向要约人希望与其缔结合同的受约人发出。要约原则上应向一个或数个特定人发出，即受约人原则上应当特定。

（3）要约的内容必须具体确定。"具体"，是指要约的内容必须具有足以使合同成立的主要条款；"确定"，是指要约的内容必须明确，不能含糊不清，使受要约人不能理解要约人的真实含义。

（4）表明经受要约人承诺，要约人即受该意思表示的约束。要约作为表达希望与他人订立合同的一种意思表示，其内容已经包含了可以得到履行的合同成立所需要具备的基本条件。在此情况下，如果受要约人表示接受此要约，则双方达成了订立合同的合意，合同也即告成立。例如，旅行社为招徕游客，向某公司发出一份线路宣传品，如果这份旅游线路宣传品中包含了旅游行程（包括乘坐的交通工具、游览的景点、住宿的标准、餐饮的标准等）安排、旅游价格、违约责任等，则应视为要约，即其内容是具体确定的，如果某公司表示接受该要约，双方即可达成订立合同的合意，而旅行社就要受该要约的约束。

只有具备上述四个要件，才能构成一个有效的要约。要约同时又具有一定的法律意义，即要约一经发生，即具有法律上的意义，也就是说，该要约一旦得到受要约人的承诺，就会产生法律效果。

3. 要约邀请的概念及其特点

要约邀请，又称要约引诱，是指希望他人向自己发出要约的意思表示。要约邀请作为一种意思表示，表达的内容是希望他人向自己发出要约。这是要约邀请与要约的本质区别。

由于要约和要约邀请都是发生在订立合同过程中的一种意思表示，而且两者之间在法律上具有不同的意义，所以区分要约和要约邀请的界限，明确要约邀请的范围和种类，对于合同实践具有重要意义。

4. 承诺的概念

承诺，是指受要约人同意要约的意思表示。承诺一旦生效，将导致合同的成立，因此承诺必须符合一定的条件。承诺必须具备如下条件，才能产生法律效力：

（1）承诺必须由受要约人向要约人作出。由于要约原则上是向特定人发出的，因此只有接受要约的特定人即受要约人才有权作出承诺。承诺必须向要约人作出，才能导致合同成立。如果向要约人以外的其他人作出承诺，不能产生承诺效力。

（2）承诺必须在规定的期限内到达要约人。承诺只有到达要约人时才能生效，而到达也必须具有一定的期限限制。《合同法》第二十三条规定："承诺应当在要约确定的期限内到达要约人。"

（3）承诺的内容必须与要约的内容一致。受要约人必须同意要约的实质内容，不得对要约的内容作出实质性的更改，否则不构成承诺，应视为对原要约的拒绝并作出一项新的要约，或称为反要约。

（4）承诺应当以通知的方式作出。这就是说，受要约人必须将承诺的内容通知要约人，至于受要约人应采取何种通知方式，应根据要约的要求确定。如某旅行社向另一旅行社发出要约，希望从该旅行社处以某价格接待旅游团，如果该旅行社同意即可发团，团到付款。在此种情形下，受要约旅行社可不再向要约旅行社发出承诺通知而直接发团。受要约旅行社的发团行为就是承诺的表示方式。

(四)订立合同的形式

1. 口头形式

口头形式，是指当事人只用口头语言为意思表示订立合同，而不用文字表达协议内容的合同形式。凡当事人无约定、法律未规定须采用特定形式的合同，均可采用口头形式，但发生争议时当事人必须举证证明合同的存在及合同关系的内容。口头形式的缺点是发生合同纠纷时难以取证，不易分清责任。所以，对于不能即时清结的合同和标的数额较大的合同，不宜采用这种形式。

2. 书面形式

书面形式，是指以文字表现当事人所订合同的形式。《合同法》第十一条规定，书面形式是指合同书、信件以及数据电文(包括电报、电传、传真、电子数据交换和电子邮件)等可以有形地表现所载内容的形式。

书面形式的最大优点是合同有据可查，发生纠纷时容易举证，便于分清责任。因此，对于关系复杂的合同、重要的合同，最好采用书面形式。

3. 其他形式

其他形式，是指口头形式、书面形式以外的合同形式。其他形式是指行为推定形式。当事人未用语言、文字表达其意思表示，仅用行为向对方发出要约，对方接受该要约，作出一定或指定的行为作为承诺，合同成立。行为推定这种合同形式只适用于交易习惯许可时或要约表明时，而不能普遍适用。例如，甲旅行社与乙旅行社在以往的业务合作中，通常都是一方旅行社发出要约后，另一方在规定的时间内没有作出意思表示，就认为另一方旅行社已经承诺。这次甲旅行社又向乙旅行社发出了在某日以某价格发团的要约，乙旅行社没有作出意思表示，则应当认定乙旅行社已经承诺。

(五)合同的成立时间和地点

1. 合同的成立时间

(1)对话方式订立的合同，以承诺人表示承诺的时间为合同成立的时间。

(2)当事人采用书面形式订立合同的，合同的成立时间为合同双方最后签字或盖章的时间。

(3)当事人采用信件、数据电文形式订立合同，在合同成立前要求签订确认书的，以签订确认书的时间为合同成立时间。

(4)法律、法规规定采用书面形式或当事人约定应采用书面形式订立合同，当事人未采用书面形式，但当事人一方已履行了合同主要义务，对方接受的，合同成立，对方接受履行的时间为合同成立时间。

(5)签订要式合同，以法律、法规规定的特殊形式要求完成时间为合同成立时间。

2. 合同的成立地点

（1）承诺生效的地点为合同成立的地点。如果采用数据电文形式订立合同的，收件人的主营业地为合同成立的地点；没有主营业地的，其经常居住地为合同成立的地点。

（2）采用合同书包括确认书形式订立合同的，双方当事人签字盖章地点为合同的成立地点，签字盖章不在同一地点的，最后签字盖章的地点为合同成立的地点。

（3）合同需要完成特殊的约定或法律形式才能成立的，以完成合同的约定形式或法定形式的地点为合同的成立地点。

（4）合同当事人对合同成立地点有特别约定的，其约定的地点为合同成立的地点。

（六）格式条款

1. 格式条款的概念和利弊

格式条款是指当事人为了重复使用而预先拟定并在订立合同时未与对方协商的条款。目前，在旅游业中，旅游业经营者与旅游者之间普遍使用格式条款订立合同，而这种格式条款都是旅游业经营者为了重复使用而预先拟定并未与旅游者协商的条款。

采用格式条款订立合同，既有有利的一面，又有不利的一面。有利的方面是采用格式条款订立合同，有利于减少交易成本。采用格式条款订立合同，对于提供商品或者服务的一方当事人来说，可以将类似的交易行为用相同的标准订立合同，而不必与每一个订约者进行磋商并拟订合同条款，节省了大量的人力、物力和时间。不利的方面主要是，格式条款的提供者在拟定格式条款时，更多地考虑了自己的利益，尽可能地将自己的权利在格式条款中加以陈述，并尽量减轻自己的责任，而对另一方的权利考虑较少或附加种种限制条件，尽量加重对方的责任。

2. 格式条款提供者的责任

《合同法》第三十九条第一款规定："采用格式条款订立合同的，提供格式条款的一方应当遵循公平原则确定当事人之间的权利和义务，并采取合理的方式提请对方注意免除或者限制其责任的条款，按照对方的要求，对该条款予以说明。"由此可见，格式条款的提供者具有如下两项责任：

（1）遵循公平原则确定当事人之间的权利和义务。所谓公平原则，是指格式条款的提供者在拟定格式条款时，应当将双方的权利义务确定得相互对等，双方当事人享有的权利和承担的义务大体相当，而不能一方只享有权利不承担义务，或者享有的权利明显大于承担的义务。如果格式条款的提供者在拟定格式条款时，确定自己享有大量的权利而只承担极少的义务，或者确定对方承担大量的义务而只享有少量的权利，这种格式条款违反公平原则，是"显失公平"的合同条款，经人民法院或者仲裁机构可以予以变更或者撤销。

（2）遵循诚信原则履行提示或者说明的义务。按照《合同法》的规定，格式条款的提供者应当采取合理的方式提请对方注意免除或限制其责任的条款，按照对方的要求，对该条款予以说明。所谓免除或者限制责任的条款，是指规定免除或者限制格式条款提供者责任的各种条件的条文。所谓合理的方式，就是指以能使对方当事人引起注意的方式提醒对方当事人考虑这些条款的含义。当对方当事人对免责条款存有疑虑时，格式条款的提供者应当予以说明。如果格式条款的提供者不尽提请对方注意和说明的义务，等于是采用提供格式条款的有利条件，将有利于自己而不利于对方的免责条款夹塞到合同中去，违背了订立合同应当遵守的诚实信用的原则。

3. 格式条款的解释

所谓格式条款的解释，是指当事人采用格式条款订立合同后，在履行过程中因对有关条款的含义有不同的理解，应当采取何种原则进行解释。

《合同法》第四十一条规定："对格式条款的理解发生争议的，应当按照通常理解予以解释。对格式条款有两种以上解释的，应当作出不利于提供格式条款一方的解释。"按此规定，格式条款争议的解释原则为不利于格式条款的提供者。所谓不利于格式条款提供者的解释，是指当事人双方对格式条款含义的理解发生争议时，应当作出不利于格式条款提供者的解释。

《合同法》第四十一条规定："格式条款和非格式条款不一致的，应当采用非格式条款。"当事人在采用格式条款订立合同时，如果在格式条款中未能将双方合意全部表达清楚，还可以另行签订书面协议，或者对格式条款进行修改，以其他的文字代替格式条款。在这种情况下，一份合同就具有了格式条款和非格式条款两部分，即由格式条款和非格式条款构成一份完整的合同。当事人在履行合同的过程中，如果发现格式条款和非格式条款存在不一致的地方，应当采用非格式条款。因为非格式条款不是当事人一方事先拟订的，而是双方当事人在经过协商之后确定的，更能充分反映和表达双方当事人的意愿，所以应当采用非格式条款。

案例 7-3

刘某报名参加某旅行社组织的云南八日游，并在旅行社提供的《旅游协议书》上签字，按合同规定缴纳了旅游费4900元。旅游至第三日，在中缅边境办理出境手续时，旅行社让刘某支付"边境通行证费"和"出境书药费"（缅方入境须知和免疫药品费）共计112元。刘某认为，按合同规定，只应支付"出境书药费"12元，而"边境通行证费"100元包括在旅游费中，应由旅行社支付。旅行社解释，合同中标明的"云南出境书药费"由两部分组成，即"出境费"和"书药费"。刘某对此解释虽然尚有异议，但为了能完成全部游览项目，还是暂时作了妥协，支付了这笔费用。

游览结束返回北京后，刘某找旅行社交涉，认为双方既然签订了旅游合同，就应该遵守，不得再变更，而在这次旅游中，旅行社违反约定，又额外加收了100元，要求旅行社退赔加收的这笔费用。

本案评析： 100元边境通行证费应由旅行社承担。因为对格式条款的理解发生争议的，应当按照通常理解予以解释，即以词语的语言含义为标准，对格式条款有两种以上解释的，应当作出不利于提供格式条款一方的解释。本案中，参加"中缅一日游"需支付两笔费用，即出境费（出境通行证费）和出境书药费，而旅行社提供的旅游格式合同写明"云南出境书药费不包含在旅游费中，由旅游者支付"，"出境书药费"之间并无任何标点符号，从词语的语言含义中也不能得出是两笔费用的理解。旅行社对此词语所作出的解释，只能认定其是故意或者过失地制造了该词语含义的不确定性，按照"对格式条款有两种以上解释的应当作出不利于提供格式合同一方的解释"，也应由旅行社承担该笔费用。

四、合同的效力

(一)合同生效

合同生效，是指已经成立的合同在当事人之间产生了一定的法律约束力，也就是通常所说的法律效力。《合同法》第八条规定："依法成立的合同，对当事人具有法律约束力。当事人应当按照约定履行自己的义务，不得擅自变更或者解除合同。"

合同生效的条件包括：(1)行为人具有相应的行为能力；(2)当事人的意思表示真实；(3)不违反法律或社会公共利益。

一般情况下，合同具备一般有效要件，即产生法律效力；但在特殊情况下，还须具备特别有效要件，才能产生法律效力，如法律、行政法规规定，合同应当办理批准、登记等手续才生效的，应依照其规定。这里的批准、登记等手续即是合同的特别生效要件。

(二)无效的合同及其确认

无效合同是指当事人之间已成立的合同，由于违反法定事由而导致法律不予认可其效力。根据所欠缺的有效要件的不同，可将无效合同作如下分类：

(1)行为人不具有相应的行为能力所实施的合同。

(2)一方以欺诈、胁迫的手段订立合同，并损害了国家利益。

(3)违反法律或社会公共利益的合同。主要包括：

①恶意串通，损害国家、集体或者第三人利益的合同。

②以合法形式掩盖非法目的的合同。

③损害社会公共利益的合同。

④违反法律或者行政法规的强制性规定的合同。

无效合同的确认权依法由人民法院或仲裁机构行使。合同被确认无效后，视为自始没有法律效力；如果部分条款无效且不影响其他条款效力的，其他部分仍然有效。

案例7-4

旅游者向某等5人向旅游行政管理部门投诉称：他们与某旅行社商定并签订了一份东南亚八日游旅游合同，且交纳了出境旅游的全部费用。该份合同书上加盖了该旅行社海外部的印章。不料，时至预定出国的日期，该旅行社海外部却借故一推再推。最后，该旅行社海外部电话无人接听，旅游者向某等人寻至该旅行社海外部，只见铁将军把门，已是人去楼空。为此，旅游者向某等人联名向旅游行政管理部门投诉，要求追回所交旅行费用，并给予经济赔偿。经查，该旅行社海外部已由该社职工李某承包，属行业内部承包，该海外部无独立法人资格，且该旅行社无出境旅游经营权。该旅行社负责人至旅游行政管理部门说明情况时称，该海外部已由李某承包，且在承包书中明确说明，承包期间产生的债权债务与旅行社无关，均由承包人承担。因此，根据承包协议书，该社负责人认为，旅游者遭受的经济损失应由承包人承担。

本案评析：该旅行社海外部与旅游者所签订的合同是无效的。原因为：

第一，根据《合同法》等有关法律、法规规定，合同生效的条件之一是订立合同的主体要具有相应的民事行为能力，本案中，该旅行社海外部并不具有独立的法人地位，即无民事行为能力。

第二，根据《旅行社条例》的规定，未经国家旅游局批准，任何旅行社不得经营出境旅游业务，该旅行社未经批准，擅自经营出境旅游业务，属超范围经营。根据《合同法》规定，违反法律法规的合同为无效合同。

该旅行社负责人的说法不成立。因为根据《合同法》及《民法通则》的规定，企业法人对他的法定代理人和其他工作人员的经营活动，承担民事责任。本案中，旅行社不得以内部承包为由，不承担责任。旅行社应承担旅游者遭受的经济损失。

(三) 可变更和可撤销的合同

《合同法》第五十四条规定："下列合同，当事人一方有权请求人民法院或者仲裁机构变更或者撤销：因重大误解订立的；在订立合同时显失公平的；一方以欺诈、胁迫的手段或者乘人之危，使对方在违背真实意思的情况下订立的合同，受损害方有权请求人民法院或者仲裁机构变更或者撤销。当事人请求变更的，人民法院或者仲裁机构不得撤销。"

1. 可变更或者可撤销的合同的概念和条件

所谓可变更或者可撤销的合同，是指合同成立以后，存在法定事由，根据一方当事人的申请，人民法院或者仲裁机构在审理后可根据具体情况准许变更或者撤销有关内容的合同。具体来讲，可变更或者可撤销的合同必须具备下列条件：

(1) 必须具有法定事由。法定事由是由法律规定的，即存在重大误解；订立合同时显失公平；一方以欺诈、胁迫的手段或者乘人之危，使对方在违背真实意思的情况下订立的合同的事由。

所谓因重大误解订立的合同，是指行为人因对行为的性质，对方当事人，标的物的品种、质量、规格和数量等的错误认识，使行为的后果与自己的意思相悖而订立的合同；"显失公平"的合同，是指一方当事人利用优势或者利用对方没有经验，致使双方订立的合同所规定的权利与义务明显违反公平、等价、有偿原则的合同；"一方以欺诈、胁迫的手段或者乘人之危，使对方在违背真实意思的情况下订立的合同"中的"乘人之危"，是指一方当事人乘对方处于危难之际，为牟取不正当利益，迫使对方作出不真实的意思表示，严重损害对方利益的行为。

应当说明的是，《合同法》第五十二条规定的"一方以欺诈、胁迫的手段订立合同，损害国家利益"的合同与《合同法》第五十四条第二款规定的"一方以欺诈、胁迫的手段或者乘人之危，使对方在违背真实意思的情况下订立的合同，受损害方有权请求人民法院或者仲裁机构变更或者撤销"的合同是不同的：

前者是一方以欺诈、胁迫的手段订立合同，损害了国家利益，因此这类合同从开始就属于无效合同；而后者虽然也是以欺诈、胁迫的手段或者乘人之危订立的合同，但是并没有损害国家利益，而是损害对方当事人的利益，在这种情形下，根据当事人意思自治原则，由受损害方请求人民法院或者仲裁机构变更或者撤销，并非从一开始就是无效的。

（2）必须有一方当事人请求变更或者撤销。根据当事人意思自治原则，对于可以变更或者撤销的合同，必须要有一方当事人即受损害方请求，没有一方当事人的请求，就不会产生"变更或者撤销"的结果。《合同法》第五十五条规定，具有撤销权的当事人自知道或者应当知道撤销事由之日起1年内没有行使撤销权及具有撤销权的当事人知道撤销事由后明确表示或者以自己的行为放弃撤销权的，该撤销权消灭。

（3）必须是由人民法院或者仲裁机构来行使变更或者撤销权。《合同法》规定，对于可变更或者可撤销的合同，必须是由人民法院或仲裁机构来作出变更或者撤销的裁决，其他任何机关均无权作出此类裁决，当事人也无权作出此类决定。

2. 变更或者撤销的效力

经人民法院或者仲裁机构予以变更的合同具有法律效力，双方当事人必须履行，否则应承担违约责任；而被撤销的合同如同无效的合同，自始就没有法律约束力。合同部分无效，不影响其他部分效力的，其他部分仍然有效。

此外，合同无效、被撤销或者终止的，不影响合同中独立存在的有关解决争议方法的条款的效力，即如果该合同中有关于解决争议方法的条款，虽然该合同被确认无效，被撤销或者终止，但该解决争议条款仍然有效。

（四）无效合同、被撤销合同的法律后果

《合同法》第五十八条规定，合同无效或者被撤销后，因该合同取得的财产，应当予以返还；不能返还或者没有必要返还的，应当折价补偿。有过错的一方应当赔偿对方因此所受到的损失，双方都有过错的，应当各自承担相应的责任。由此规定可见，无效合同、被撤销合同的法律后果可分为以下3种：

（1）返还因该合同取得的财产。如果双方均从对方取得了财产，合同无效或被撤销后，双方应返还已经得到的财产；如果仅仅一方取得了财产，则应当将取得的财产返还另一方。

（2）折价补偿。合同无效或被撤销后，如果不能返还或者没有必要返还从另一方取得的财产，就应当折价补偿。这一规定对双方当事人都是适用的。

（3）赔偿损失。合同无效或者被撤销后，谁有过错并给对方造成损失的，谁就承担因过错并给对方造成损失的责任。双方均存在过错的，双方都承担因自己的过错给对方造成损失的责任。如果由于双方共同过错造成的损失，应当根据各自的过错程度，承担和自己的过错相当或者相适应的责任。

五、合同的履行

合同的履行，是指债务人全面地、适当地完成其合同义务，债权人的合同债权得到完全实现。从合同效力方面观察，合同的履行是依法成立的合同所必然发生的法律效果，并且是构成合同法律效力的主要内容。合同的订立是前提，合同的履行是关键。

（一）合同履行的原则

合同履行的原则，是指当事人在履行合同义务时所应遵循的基本准则。具体包括：

（1）全面履行的原则。《合同法》第六十条规定："当事人应当按照约定全面履行自己的义务。"这就是全面履行的原则。全面履行的原则是判定合同当事人是否全面履行了合同义务以及当事人是否存在违约事实以及是否承担违约责任的重要法律准则。

（2）诚实信用履行原则。《合同法》第六十条第二款规定："当事人应当遵循诚实信用原则，根据合同的性质、目的和交易习惯履行通知、协助、保密等义务。"这就是诚实信用履行原则。按照这一原则，当事人除了应当按照约定全面履行合同义务外，更重要的是强调当事人应当履行依据诚实信用原则所产生的附属义务，即《合同法》所规定的通知、协助、保密等义务。履行这些附属义务时，应当根据合同的性质、目的和交易习惯来进行。

案 例 7-5

"五一"前夕，张先生所在单位20人和某旅行社签订了旅游合同，张先生等共支付旅游费用1.4万元。4月底，旅行社业务人员告诉张先生，旅行社未能购得合同约定的船票，旅游行程难以完成。旅行社的方案之一是由旅行社按约定支付总价款10%的违约金；方案之二是张先生等能够选择同年的7月至8月完成原定旅游行程。旅行社同时承诺提前在出团前一周告知张先生，假如没有提前一周通知张先生，旅行社将承担全额旅游费用同倍的违约金。张先生等同意旅行社第二个方案，并签订了书面协议。8月5日，旅行社通知张先生，行程安排在8月6日；张先生等以没有时间准备为由，拒绝参加旅游，要求旅行社支付违约金。最后，张先生等向旅游管理部门投诉，要求旅行社承担违约责任。

本案评析：第一，旅行社应当承担全额旅游费用同倍的违约金。因为旅行社和张先生等第二次签订旅游合同时，旅行社和旅游者之间充分协商，此合同反映了旅行社和旅游者之间的真实意思，应受到法律的保护。合同一旦签订，旅行社和旅游者都必须严格按照合同约定，全面及时履行合同义务。旅行社承诺第二次旅游必须提前一周通知张先生等，但事实上旅行社只是提前了一天，张先生等拒绝参加旅游并没有违反约定，而是旅行社违反了合同约定，所以旅行社应当承担违约责任。

第二，旅行社从业人员必须树立合同观念，遵守合同承诺，履行合同义务；不要为了一时吸引旅游者或者稳住旅游者，随意给旅游者承诺；假如有违约行为，旅行社必须勇于面对，并主动承担违约责任。

（二）合同履行的规则

1. 补充协议履行规则

《合同法》第六十一条规定："合同生效后，当事人就质量、价款或者报酬、履行地点等内容没有约定或者约定不明确的，可以协议补充；不能达成补充协议的，按照合同有关条款或者交易习惯确定。"由此规定可见，当事人依照合同订立的原则就没有约定或者约定不够明确的条款进行协商，达成补充协议。这种补充协议和原协议一样反映了各方当事人的共同愿望，一样依据法律具有约束力，是当事人履行合同的依据。

2. 合同约定不明确的有关履行规则

（1）质量要求不明确的履行规则。质量是指标的物的具体特征，即标的物的内在素质和外观形态的综合。质量条款是合同的必备条款。《合同法》规定：质量要求不明确的，按照国家标准、行业标准履行；没有国家标准、行业标准的，按照通常标准或者符合合同目的的特定标准履行。

（2）价款或者报酬不明确的履行规则。价款或者报酬是合同的必备条款。当合同在价款或者报酬约定不明确时，按照《合同法》的规定，应当按照订立合同时履行地的市场价格履行；依法应当执行政府定价或者政府指导价的，按照规定履行。

（3）履行地点不明确的履行规则。履行地点是当事人按照合同约定履行义务的地点。当合同约定的履行地点不明确时，《合同法》规定，给付货币的，在接受货币一方所在地履行；交付不动产的，在不动产所在地履行；其他标的，在履行义务一方所在地履行。

（4）履行期限不明确的履行规则。履行期限是履行合同义务的时间界限和依据。当合同履行期限约定不明确时，《合同法》规定，债务人可以随时履行，债权人也可以随时要求履行，但应当给对方必要的准备时间。这是因为债权人请求履行往往直接影响到债务人的利益，所以从公平角度考虑，应当给予债务人以必要的准备履行时间。

（5）履行方式不明确的履行规则。履行方式是指当事人完成合同义务的方法。合同对履行方式约定不明确时，《合同法》规定，按照有利于实现合同目的的方式履行。

（6）履行费用的负担不明确的履行规则。合同的履行，往往会产生一些费用，当合同对履行费用的负担的约定不明确时，《合同法》规定，由承担履行义务一方负担。

3. 合同履行过程中价格发生变动时的履行规则

合同在履行过程中价格发生变动是比较普遍的事情，特别是履行期限较长的合同，更容易遇到价格变化的问题。对此《合同法》规定：

（1）执行政府定价或者政府指导价的，在合同的交付期限内政府价格调整时，按照交付时的价格计价，即执行政府定价或者政府指导价的定向，在合同约定的交付期限内政府价格发生变动时，按照政府调整后的价格执行。这体现了法律保护守约方的利益。

（2）执行政府定价或者政府指导价的，逾期交付标的物的，遇价格上涨时，按照原价格执行；价格下降时，按照新价格执行。逾期提取标的物或者逾期付款的，遇价格上涨时，按照新价格执行；价格下降时，按原价格执行。在合同交付期限内没有履行合同，表明当事人存在违约行为。根据严格责任原则，谁有违约行为，谁就应该承担相应的利益损失，因此上述合同履行规则体现了惩罚违约方、保护守约方，即谁违约、谁受损，谁守约、谁受益的法律价值取向。

4. 债务人向第三人履行债务的规则

《合同法》第六十四条规定，当事人约定由债务人向第三人履行债务的，债务人未向第三人履行债务或者履行债务不符合约定，应当向债权人承担违约责任。合同是特定主体间的权利义务关系，合同的履行应当贯彻亲自履行的原则，即债务人向债权人履行合同，这是合同履行的一般规则。但是，在一定的前提下，《合同法》允许债务人向第三人履行。由于第三人不是合同当事人，所以债务人向第三人履行债务，必须符合一定的条件：

（1）债务人向第三人履行债务必须由合同当事人约定。合同是当事人之间的合意，当事人在订立合同的时候，有权就合同的具体履行问题包括履行对象达成合意，并使其成为合同的重要组成部分。这是合同当事人意思自治原则的体现，因此，债务人向第三人履行债务，必须由合同双方当事人约定。

（2）债务人未向第三人履行债务或者履行债务不符合约定，应当向债权人承担违约责任。因为债权人和债务人是合同法律关系的当事人，第三人不是合同当事人，所以当债务人未向第三人履行债务或者向第三人履行债务不符合约定，债务人应当向债权人承担违约责任。

5. 第三人向债权人履行债务的规则

《合同法》第六十五条规定，当事人约定由第三人向债权人履行债务的，第三人不履行或者履行债务不符合约定，债务人应当向债权人承担违约责任。第三人向债权人履行债务，也称第三人替代履行，是指在某些情况下由合同当事人以外的第三人替代债务人向债权人履行债务的行为。一般来说，合同的履行应当贯彻亲自履行规则，即由债务人本人或其代理人向债权人本人或其代理人履行，这是合同履行的一般规则。但根据合同当事人意思自治原则，上述一般规则并不一概排除第三人替代履行。第三人替代履行是在特殊情况下履行规则，它必须符合一定的条件：

（1）第三人替代履行必须由合同当事人约定，即经债权人与债务人协商约定，在一定条件下，债务人的履行债务义务由第三人替代履行。从债权人的角度来看，只要债务得到了履行，其债权也就得到了实现；从债务人的角度来看，不管是自己亲自履行，还是由第三人替代履行，都使债务得到了清偿；从合同履行的意义来讲，债务人已经履行了合同。当然，在这种情形下，必须是由合同当事人约定，才能由第三人替代债务人履行债务。

（2）第三人履行债务不当时，债务人应向债权人承担违约责任。第三人向债权人履行债务不当，包括第三人未向债权人履行或者履行债务不符合约定，表明债权人的利益没有得到实现，债务人也就存在相应的违约行为。由于只有债权人和债务人是合同法律关系的当事人，所以债务人应当向债权人承担责任。

6. 当事人不得因变动而影响合同履行规则

《合同法》第七十六条规定："合同生效后，当事人不得因姓名、名称的变更或法定代表人、负责人、承办人的变动而不履行合同义务。"

合同是当事人之间设立、变更、终止民事权利义务关系的协议。当事人姓名、名称的变更，并未使当事人的权利能力和行为能力有所变化，因此当事人的姓名、名称发生变动时，其承担的履约义务不发生变化，当事人必须继续履行合同义务，不履行合同义务必须承担违约责任。同样，当事人的法定代表人、负责人、承办人，均不是合同的当事人，其订立合同是代表法人进行的，不是个人行为，法人应当承担责任，不能因法定代表人、负责人、承办人的变化而影响合同当事人义务的履行，合同当事人应当全面履行合同所规定的义务。

六、合同的变更和转让

(一)合同的变更

《合同法》第七十七条规定，当事人协商一致，可以变更合同。变更合同，是指合同成立以后，尚未履行完毕之前由合同当事人双方依法对原合同的内容所进行的修改。从这一概念中可见，合同变更包括下述含义：

(1)合同变更发生在合同成立之后到合同没有完全履行之前，这里的没有完全履行之前包括合同订立之后根本没有履行和没有完全履行以前的期间，如果合同没有成立或者合同已经履行完毕，就不会发生合同变更的情形。

(2)合同变更是对已经成立的合同部分内容的变动或者修改，如果是对合同的全部内容进行变动或修改，就不属于合同的变更，而是重新协商订立合同。

(3)合同变更须经当事人协商一致。根据当事人意思自治原则，合同是双方当事人协商一致的结果，合同成立并生效后，任何一方当事人均不能随意变更。

(4)有些合同的变更须经批准。《合同法》第七十七条第二款规定："法律、行政法规规定变更合同应当办理批准、登记等手续的，依照其规定。"这就是说，经过当事人协商一致，可以变更合同。但是，依照法律、行政法规规定，变更合同应当办理批准、登记手续的，还应当依据法律、行政法规的规定办理手续。这既体现了合同当事人意思自治原则，又体现了对某些合同实行必要的国家干预原则。

《合同法》第七十八条规定，当事人对合同变更的内容约定不明确的，推定为未变更。因为变更后的合同权利义务只有明确，才能履行并产生法律上的约束力。如果变更后的合同权利义务不明确，则无法履行，不利于法律保护当事人的权益。对此，《合同法》规定"推定为未变更"，也就是说，法律不予认可双方当事人内容不明确的变更，对双方当事人不产生法律上的约束力。

案例 7-6

9月，某公司一行20人参加某旅行社组织的新加坡、马来西亚、我国香港特别行政区八日游。双方签订的旅游合同规定，出团日期为同年12月28日，每人费用5700元人民币。12月28日，该旅游团在旅行社领队的带领下，乘车准时抵达上海机场准备出境时，发现因新加坡使馆工作人员的失误，将签证的有效期错写为12月27日，而旅行社未能及时审核，造成签证过期，致使该旅游团无法按期出境。为此，经双方紧急协商，变更了行程。旅行社重新办理出境手续，应旅游者的要求乘飞机赴广东，改由南海出关先到香港特区，然后再去新加坡、马来西亚。旅行社按新行程安排完成了旅游活动，整个行程比原合同延期两日，旅行社为此全额承担了因重新签证、变更行程等所支出的费用合计人民币76000元。旅游结束后，旅游者要求旅行社承担违约赔偿责任，旅行社多次派人与旅游者协商解决纠纷并发函致歉，但未能达成共识。第二年3月，旅游质监部门主持调解，提出由旅行社赔偿全额旅游费的10%的调解意见，旅行社为表示解决纠纷的诚意，同意补偿全额旅游费的20%，旅游者仍不予接受。旅游者遂于同年4月诉至人民法院，要求旅行社赔偿全额旅游费114000元及误工费2800元。

本案评析：第一，双方协商行程变更是合同的变更。合同变更是指合同成立以后，尚未履行完毕之前由合同当事人依法对原合同的内容所进行的修改。本案中旅行社与旅游者已签订了旅游合同，因旅行社工作上的失误而无法按期履行，但事后旅行社与旅游者双方协商，变更了原定行程，旅游者按变更了的行程完成了旅游内容的行为应视为对合同变更内容的认可，因此双方行程变更是合同的变更。

第二，旅行社不应承担违约赔偿责任。因为旅行社已按变更后的合同履行了义务并承担了因变更合同而产生的相应费用，旅游者再提出要求旅行社赔偿全额旅游费用于法无据。

（二）合同的转让

1. 合同转让的概念

合同转让，是指合同当事人依法将合同的全部或者部分权利义务转让给他人的合法行为。其含义如下：

合同转让是合同当事人将其享有的权利或者承担的义务全部或者部分转让给他人，即转让给合同当事人以外的人，也称为第三人。例如，旅行社将其根据旅游合同享有的权利或承担的义务全部或部分转让给另一家旅行社。

合同转让不是合同内容的改变，即在合同转让中并不改变合同中所约定的权利和义务，而是权利享有主体将其权利全部或部分转让给他人，或者是义务承担主体将其应承担的义务转让给他人，而作为合同内容的权利义务并不因转让而改变。例如，旅行社将其应当履行的为旅游者代订机票的义务转让给另一家旅行社，在此情形下，订机票这一义务仍然应当履行，只不过履行订机票义务的履行者因转让而发生了改变。

合同转让属于一种合法行为，即合同转让属于《合同法》认可的行为。合同当事人只要符合《合同法》及其他有关法律、法规的规定进行转让，就不受他人干涉，其行为就受法律的保护。例如，旅行社将其依据旅游合同取得的权利或承担的义务转让给另一旅行社，只要该行为符合《旅行社条例》规定，即为合法行为并受法律保护。

合同转让应当经过对方同意或者通知对方方可产生法律效力。具体而言，《合同法》第八十条规定："债权人转让权利的，应当通知债务人。未经通知，该转让对债务人不发生效力。"第八十四条规定："债务人将合同的义务全部或者部分转移给第三人的，应当经债权人同意。"例如，某旅行社依据成立并生效的旅游合同取得了向旅游者收取旅行费用的权利，但因招徕的人数不足，该旅行社可将已签约的旅游者转让给另一旅行社，由另一旅行社向旅游者收取旅行费用，但该转让权利的行为，应当通知旅游者，未经通知，该转让对旅游者不发生效力。如果某旅行社将承担的组织、安排旅游者游览的义务全部或者部分转移给另一旅行社，必须要得到旅游者的同意。

合同转让涉及审批手续的，还须办理有关手续，否则，转让不会得到法律上的认可。

2. 合同权利的转让

合同权利的转让是指合同中享有权利的一方当事人通过协议将自己的债权全部或部分

转让给第三人的行为。

(1)合同权利转让的限制。《合同法》第七十九条的规定，合同转让并不是任意进行的，在一定情况下其转让是受一定限制的。合同权利的转让应当受到下列限制：

① 根据合同性质不得转让的，合同权利不得转让，这主要是指具有人身性质的权利不得转让。所谓具有人身性质的权利，属于非财产性的权利，是指债权人基于自己的人格和身份而享有的权利，包括人格权和身份权，属于这种性质的合同权利是不能转让的。

② 按照当事人约定不得转让的，合同权利不得转让。合同是双方当事人意思表示一致的结果，如果双方当事人在合同中作了合同权利不得转让的约定，债权人就不得违反该约定进行转让，否则应承担违约责任。

③ 依照法律规定不得转让的，合同权利不得转让。例如，根据法律规定必须经过批准方可转让的合同，必须经过批准方可转让；如果批准机关不予批准，债权人就不能擅自进行转让。

(2)债权人转让债权必须履行的义务。

① 通知义务。《合同法》第八十条规定，债权人转让权利应当通知债务人；如果没有通知债务人，则该转让对债务人不发生效力。从合同的有效性和不致引起争议来说，债权人的通知应以书面为宜，并应让债务人出具收到通知的字据，以免产生争议。《合同法》第八十条第二款规定："债权人转让权利的通知不得撤销，但经受让人同意的除外。"这一规定也体现了必要的国家干预原则和当事人意思自治原则。

② 债权人转让主债权应承担转让从债权的义务。《合同法》第八十二条规定："债权人转让权利的，受让人取得与债权有关的从权利，但该从权利专属于债权人自身的除外。"所谓从权利，是指与主权利有关的、与主权利存在从属关系的权利，例如，与债权有关的抵押权、利息债权、违约金债权、损害赔偿的请求权等。从权利一般是随主权利的转让而转让的，但专属于债权人自身的从权利是不能转让的，例如，人格权、身份权等是不能转让的。

③ 债权人转让权利需要办理登记的应进行登记。即根据法律、法规规定，转让权利应当办理登记、批准手续的，债权人必须履行批准、登记的义务。

3. 合同义务的转让

合同义务的转让是指合同中的债务人将自己应当履行的义务转让给第三人的行为。

债务人转让义务须遵守的规则如下：

(1)必须经债权人同意。《合同法》第八十四条规定："债务人将合同的义务全部或者部分转移给第三人的，应当经债权人同意。"这一规定是为了保护债权人的权利。应当说明的是，债务人转移债务不同于债权人转让债权，前者必须经另一方当事人即债权人的同意，而后者则只要债权人对债务人履行了通知义务即可，不必经债务人同意。

(2)新债务人应承担从债务。《合同法》第八十六条规定："债务人转移义务的，新债务人应当承担与主债务有关的从债务，但该从债务专属于原债务人自身的除外。"即从债务是随着主债务转移的，例如担保债务就是主债务的从债务，但是，属于原债务人人身性质的从债务则不能转移。

(3)应依法办理有关手续。《合同法》第八十七条规定，债务人转移义务，法律、法规规定应当办理批准、登记等手续的，应当办理批准、登记手续。

（三）合同订立后当事人合并或者分立后权利与义务的行使和承担

《合同法》第九十条规定："当事人订立合同后合并的，由合并后的法人或者其他组织行使合同权利，履行合同义务。当事人订立合同后分立的，除债权人和债务人另有约定的以外，由分立的法人或者其他组织对合同的权利和义务享有连带债权，承担连带债务。"

合并，一般是指两个或者两个以上的法人或者组织通过一定的程序组成一个新的法人或者组织的行为。所谓分立，一般是指法人或其他组织依照一定的程序分为两个或者两个以上的法人或者其他组织的行为。当事人在订立合同之后发生合并或者分立时，对于其合同约定的权利、义务的行使、履行，上述法律条文已有明确规定。这里应该明确的是"连带债权"和"连带债务"的概念。

（1）"连带债权"，是指分立后的两个或者两个以上的法人或者其他组织中的任何一个都有权请求债务人履行全部债务，而且债务一经全部履行就归于消灭的债权。比如，分立后的法人或者其他组织中的一个债权人要求债务人全部履行其义务后，分立后的其他法人或者组织就无权再要求债务人履行债务。

（2）"连带债务"，是指分立后的两个或者两个以上的法人或者其他组织在承担分立前的债务上都有清偿全部债务的责任，该责任因一次全部清偿而归于消灭的债务。关于连带责任，《民法通则》第八十七条规定："负有连带义务的每个债务人，都负有清偿全部债务的义务，履行了义务的人，有权要求其他负有连带义务的人偿付他应承担的份额。"无论连带债权还是连带债务，其中最重要的是"连带关系"。"连带关系"是指多数债权人或者多数债务人中的一人发生的效力对债权人或者债务人也产生同样的效力。

七、合同的终止、解除

（一）合同的终止

1. 合同终止的法律规定

合同的终止，也就是合同权利义务的终止，是指当事人双方终止合同关系，合同确定的当事人之间的权利、义务关系消灭。

《合同法》第九十一条规定了合同的权利义务终止的情形：

（1）债务已经按照约定履行。即债务人已经按照合同约定全部履行债务，债权人的权利已经全部得到了实现。

（2）合同解除。即经过合同当事人协议或由于出现法定事由，合同终止，亦即合同当事人的权利义务因解除而终止。

（3）债务相互抵消。即当事人互负到期债务，只要该债务的标的物种类、品质相同，任何一方都可以将自己的债务与对方的债务抵消。但是，依照法律规定或者按照合同性质不得抵消的，则不能相互抵消。根据当事人意思自治原则，当事人互负债务，即使标的物种类、品质不相同，但经双方协商，也可以抵消。依照《合同法》规定，前者属于法定抵消，后者属于协议抵消。

（4）债务人依法将标的物提存。即指由于债权人的原因而无法向其交付合同标的物时，债务人将标的物交给提存机关而使合同权利义务关系终止。

（5）债权人免除债务。根据当事人意思自治原则，债权人可以免除债务人部分或者全部债务。债务一经免除，合同的权利义务即告终止。

（6）债权、债务同归于一人。即由于债权、债务同归于一人，这时一方当事人既是债权人，又是债务人，自己向自己清偿债务是毫无意义的，因此合同的权利义务终止。

（7）法律规定或者当事人约定终止的其他情形。例如《保险法》规定：除保险法另有规定或者保险合同另有约定的以外，投保人可以任意解除合同。此外，当事人也可以约定各种终止合同的条件从而使合同终止。《合同法》作上述规定是当事人意思自治原则的体现。

2. 合同终止后的法定义务

《合同法》第九十二条规定："合同的权利义务终止后，当事人应当遵循诚实信用原则，根据交易习惯履行通知、协助、保密等义务。"

《合同法》第九十八条规定："合同的权利义务终止，不影响合同中结算和清理条款的效力。"即结算和清理的条款仍然必须执行。

以上都是合同终止后合同当事人应当履行的义务。

（二）合同的解除

合同解除是指在合同成立以后，当解除的条件具备时，因当事人一方或双方的意思表示，使基于合同发生的民事权利、义务关系归于消灭的行为。

1. 合同解除的分类

（1）以行使解除权的当事人为标准，可分为单方解除和协议解除。

单方解除，是指解除权人行使解除权将合同解除的行为。它不必经过对方当事人的同意，只要解除权人将解除合同的意思表示直接通知对方，或经过人民法院或仲裁机构向对方主张，即可发生合同解除的效力。

协议解除，是指当事人双方通过协商同意将合同解除的行为。协议解除不以解除权的存在为必要，解除行为也不是解除权的行使。我国法律把协议解除作为合同解除的一种类型加以规定，认为协议解除仍具有与一般解除相同的属性，但要求解除的条件为双方当事人协商同意，并且不因此损害国家利益和社会公共利益。

（2）以解除事由为标准，可分为法定解除和约定解除。

合同解除的条件由法律直接加以规定者，其解除为法定解除。我国法律普遍承认法定解除，不但有关于一般法定解除的规定，而且有关于特别法定解除的规定。

约定解除，是指当事人以合同形式，约定为一方或双方保留解除权的解除。保留解除权，可以在当事人订立合同时约定，也可以在以后另订立保留解除权的合同。《合同法》第九十三条规定："当事人协商一致，可以解除合同。"法律规定约定解除，实际上反映了合同自由的原则。

2. 合同的法定解除

合同的法定解除，是指合同成立后，在没有履行或者履行过程中，当事人一方行使法定解除权而终止。法定解除是一种单方的法律行为，即当事人一方在法定解除条件出现时，即可以通过行使解除权而使合同终止。《合同法》第九十四条规定了以下 5 种法定解除合同的情形：

（1）因不可抗力致使不能实现合同目的的，一方当事人可以解除合同。所谓不可抗力，是指不能预见、不能避免并且不能克服的客观情况。

（2）在履行期限届满之前，当事人一方明确表示或者以自己的行为表明不履行主要债务，一方当事人可以解除合同。所谓明确表示不履行主要债务，是指当事人以清楚的意思表示或向对方当事人传达了不履行主要债务的信息。以自己的行为表明不履行主要债务，是指一方当事人以明确的行为表明其不履行主要债务，而且这种情形是发生在履行期限届满之前。

（3）当事人一方迟延履行主要债务，经催告后在合理期限内仍未履行的，另一方当事人可以解除合同。所谓迟延履行主要债务，即不按约定的时间履行主要债务，经债权人催告后在合理期限内仍未履行，债权人即可据此得出债务人不具备履约能力或者根本不愿意履行的结论，在此情形下，债权人可以解除合同。

（4）当事人一方迟延履行债务或者有其他违约行为致使不能实现合同目的的，另一方当事人可以解除合同。即由于一方当事人迟延履行债务使合同目的不能实现，或者由于一方当事人的违约行为，使合同的实现已成为不可能，在这种情形下，另一方当事人可以解除合同。

（5）法律规定的其他情形。

《合同法》规定，合同当事人一方按照合同约定的条件解除合同，或者按照法定的情形解除合同的，应当通知对方。合同自通知到达对方时解除；对方有异议的，可以请求人民法院或者仲裁机构确认解除合同的效力。此外，法律、法规规定解除合同应当办理批准、登记等手续的，还应当依法办理有关手续。

由上述规定可见，合同一方当事人主张解除合同的，应当履行通知对方的义务，或者有依法办理有关手续的义务；否则，一方解除合同的行为无效。

3. 合同解除的法律后果

《合同法》第九十七条规定："合同解除后，尚未履行的，终止履行；已经履行的，根据履行情况和合同性质，当事人可以要求恢复原状、采取其他补救措施，并有权要求赔偿损失。"所谓恢复原状，就是指恢复到合同订立以前的状态，对于不能恢复原状的，则可以采取其他补救措施，还可以要求赔偿损失。

案例 7-7

北京某旅行社组织了一个"承德风光一日游"旅游团，全团一行 26 名游客，每人旅行费用 400 元。经协商，该旅行社与游客订立了一份合同。按照合同约定，该旅游团往返乘坐豪华空调旅游车，住宿标准为"标准双人间，独立卫生间"。餐饮标准为"八菜一汤"，不含酒水，在承德游览 5 个景点。该团在前往承德途中，导游向游客介绍了将游览的 5 个景点的概况，并介绍了此行将要下榻的是一家二星级饭店。当该团于傍晚时分抵达承德下榻饭店后，导游按约定住宿标准即"标准双人间，独立卫生间"安排游客入住，有几位客人进房后认为该饭店不符合二星级标准，理由是无中央空调、无热水供应，且地毯陈旧等。因此拒绝入住，与导游发生争执，并决定解除此次旅游合同，当夜自行返回北京，向旅游行政管理部门投诉，要求退还全部旅行费用，并赔偿经济损失。经旅游行政管理部门调查核实，该团安排下榻的饭店确属二星级饭店。

本案评析：根据本案情形，游客不能单方自行解除合同。因为本案不存在单方解除（法定解除）合同的情形：（1）因不可抗力；（2）另一方当事人在履行合同期限届满之前，明确表示或者以自己行为表示不履行主要债务；（3）另一方当事人迟延履行债务，或催告后仍未履行等。因此，根据《合同法》，在本案情形下，要解除合同，必须双方协商同意，即协议解除。本案产生的经济损失，应由游客自身承担。

八、违约责任

(一)违约责任的概念

违约责任属于民事责任的一种，即民事责任包括违约责任；违约责任是一种法律责任。了解这一点，对于促进合同的全面履行、弥补违约造成的损失，对于合同当事人以及整个社会的民事、经济活动都具有重要的意义。违约责任也称违反合同的民事责任，是指合同当事人因违反合同义务所承担的民事责任。违约责任具有如下特点：

(1)违约责任的产生是以合同的有效存在为前提的。合同生效以后，将在当事人之间产生法律约束力，当事人应当按合同约定，全面、严格地履行合同义务，任何一方当事人因违反有效合同所规定的义务均应承担违约责任。所以违约责任是违反有效合同所规定的义务的后果。

(2)违约责任是合同当事人不履行债务所应承担的责任。此处的债务是一个广义的概念，既包括合同约定的义务，也包括法律规定的义务。因为合同当事人除了应当全面履行合同约定的义务外，还应当遵循诚实信用原则，根据合同的性质、目的和交易习惯，履行法定义务，不履行这些法定义务，同样构成违约，从而应当承担违约责任。如果按照合同约定和法律规定，不存在违约行为，则自然不存在违约责任的承担。

(3)违约责任只能在合同当事人之间产生。违约责任具有相对性和特定性，债务人只向债权人承担违约责任，而不能向合同关系以外的任何其他人承担违约责任。

(4)违约责任可以由合同当事人自行约定。当事人可以在法律规定的范围内对违约责任预先作出安排，例如可以约定损害赔偿的计算方法或者违约金的数额，设定免责条款或者限制责任条款等。

(二)违约责任的严格责任原则

在民事法律中，严格责任原则是确定行为人的民事责任的根据和标准，是确定民事违约责任的基础。严格责任原则的确定，对于违约责任的构成要件、损害赔偿的范围、举证责任的承担等具有重要的意义。

《合同法》第一百零七条规定："当事人一方不履行合同义务或者履行合同义务不符合约定的，应当承担继续履行、采取补救措施或者赔偿损失等违约责任。"由此规定可见，

《合同法》规定的违约责任不要求证明行为人在主观上是否存在过错，而只要行为人没有履行合同或者履行合同不符合约定，就应当承担违约责任。即《合同法》中关于违约责任采取严格责任原则，只要有违约情形发生，就须承担违约责任，只有发生不可抗力才可以免除违约责任。

《合同法》采取严格责任原则，一是有利于促使合同当事人认真履行合同义务，以避免违约情形发生后，违约方总是千方百计寻找理由，证明自己主观上不存在过错。采取严格责任原则后，不论何种原因，只要行为人没有全面履行合同，存在违约情形，就应当承担违约责任。二是有利于保护守约方的合法权益。过去在合同违约上采取过错责任原则，对于违约方的过错，守约方作为原告需要承担大量的举证责任，不利于保护受害人的合法权益。若采取严格责任原则，守约方则无须举证违约方具有主观"过错"。

（三）违约责任的承担

1. 违约责任的承担主体

（1）一方违约时违约责任的承担。《合同法》第一百零七条规定，在合同履行中，无论是哪一方，只要其没有履行合同或者履行合同不符合约定，即应承担违约责任。

（2）双方违约时违约责任的承担。《合同法》第一百二十条规定："当事人双方都违反合同的，应当各自承担相应的责任。"由此规定可见，双方当事人在履行合同中都没有按照合同约定履行义务，则双方当事人都应当承担相应的违约责任。

（3）由于第三人的原因造成违约时违约责任的承担。《合同法》第一百二十一条规定："当事人一方因第三人的原因造成违约的，应当向对方承担违约责任。当事人一方和第三人之间的纠纷，依照法律规定或者按照约定解决。"由此规定可见，只要合同一方当事人没有履行合同规定的合同义务，或者履行合同义务不符合合同约定，就要承担相应的违约责任，而对于违约方主观上是否存在着过错、该违约情形的产生是否违约方的客观原因则一概不予过问，也就是说，违约问题属于该合同当事人之间的问题。合同当事人一方有违约情形，就应承担相应的责任。合同当事人一方的违约行为即使是由于第三人的原因造成的，违约人也应当承担违约责任。至于由于第三人的行为给违约方造成的损失，则属于另外的法律关系。合同责任的问题旨在平衡合同当事人之间的法律关系。当事人一方与第三人之间的关系属于另一种法律关系。当事人一方向另一方合同当事人承担违约责任，因此所遭受的损失是第三人的行为造成的，根据公平原则，该损失理应由第三人承担。根据《合同法》的规定，当事人一方与第三人之间的纠纷，依照法律规定或者按照约定解决。

案 例 7-8

郭某等12名旅游者参加了某国际社组织的黄山四日游。双方签订合同规定：该旅游团交通为双飞，即从北京飞黄山，游程结束后乘汽车赴芜湖再飞回北京，但合同中没有约定乘哪家航空公司何种机型的飞机。在游览过程中，导游擅自减少了一个计划内景点，同时也违反合同规定增加了游览项目。第四天早晨，旅游团赴芜湖乘联航飞机返京。郭某等旅游者以联航飞机不安全且飞机降落在南苑机场回家交通不方便，而部分客人已通知家人在首都机场接机为由，拒绝退房返京，要求从黄山乘国航飞机返京。经反复协商未果，结果旅游者滞留在宾馆，导致误机。旅游者向质监所投诉。

本案评析：第一，旅行社违约，应承担违约责任。根据《合同法》规定，当事人一方不履行合同义务或者履行合同义务不符合约定的，就应承担违约责任。本案中，旅行社擅自增加、减少游览项目，都属违反合同约定的行为，应承担违约责任。

第二，旅游者违约，应承担违约责任。《合同法》规定同上，该案中合同规定"从芜湖乘机返京"是明确的，旅游者拒绝从芜湖乘机，显然是违约行为。

第三，本案中，旅行社和旅游者双方违约。《合同法》规定，当事人双方都有违反合同的，应当各自承担相应责任。本案中旅行社擅自增加、减少景点，应当承担赔偿损失的责任(如相应的门票费等)，旅游者违反由芜湖乘机返京的合同规定，由此而造成的损失应自负。

2. 违约责任的承担方式

《合同法》第一百零七条规定，违约责任的承担方式主要有下列几种：

(1)继续履行。继续履行是指当事人一方不履行合同或者履行合同义务不符合约定时，另一方当事人可以要求其在合同履行期限届满后继续按照合同所约定的主要条件继续完成合同义务的行为。继续履行，按照《合同法》的规定，具体可分为如下两类：

① 金钱债务的继续履行。《合同法》第一百零九条规定："当事人一方未支付价款或者报酬的，对方可以要求其支付价款或者报酬。"即合同一方当事人未按合同约定支付价款或者报酬以及支付价款或者报酬不符合合同约定的，另一方当事人可以要求其继续支付价款或报酬，或者按照合同要求支付约定价款或报酬。

② 非金钱债务的继续履行。《合同法》第一百一十条规定："当事人一方不履行非金钱债务或者履行非金钱债务不符合约定的，对方可以要求履行，但有下列情形之一的除外：第一，法律上或者事实上不能履行；第二，债务的标的不适于强制履行或者履行费用过高；第三，债权人在合理期限内未要求履行。"

《合同法》的上述规定表明：在非金钱债务的履行上，如提供货物、提供服务等，合同一方当事人未履行上述义务或履行上述义务不符合合同约定，另一方当事人可以要求继续履行。但是，由于非金钱债务不同于金钱债务，其往往具有特定性，所以《合同法》在非金钱债务的履行上作出了例外规定：

第一，法律上或者事实上不能履行。所谓法律上不能履行的债务，通常是指标的物已被司法机关或行政机关查封、扣押的债务；而事实上不能履行的债务，则是指履行标的物已经丢失、损毁，也就是说，由于上述原因，该非金钱债务已不可能履行。

第二，债务的标的不适于强制履行或者履行费用过高的。由于这些实际原因，要求继续履行已无实际意义，因此没有必要继续履行。

第三，债权人在合理期限内未请求履行的。既然债权人未请求履行，那么就说明该债权人对该债务的履行不甚关心，这就失去了要求债务人继续履行的义务。

(2)采取补救措施。所谓采取补救措施，是指违约方采取的除继续履行、支付赔偿金、支付违约金、支付定金方式以外的其他补救措施，其目的在于消除、减轻因违约给对方当事人造成的损失。《合同法》第一百一十一条规定："质量不符合约定的，应当按照当事人的约定承担违约责任。对违约责任没有约定或者约定不明确，依照本法第六十一条的规定仍不能确定的，受损害方根据标的的性质以及损失的大小，可以合理选择要求对方承担修理、更换、重作、退货、减少价款或者报酬等违约责任。"这就是《合同法》所要求违约方采取的补救措施。

(3)赔偿损失。《合同法》第一百一十二条规定："当事人一方不履行合同义务或者履行合同义务不符合约定的，在履行义务或者采取补救措施后，对方还有其他损失的，应当赔偿损失。"赔偿损失作为合同当事人承担违约责任的一种方式一直为我国法律所确认。所谓赔偿损失，是指违约方因不履行或者不完全履行合同义务给对方造成损失时，依法或者根据合同约定应赔偿对方当事人所受损失的行为。

采取赔偿损失的方式，需要具备一定的条件，这些条件在民法理论上称为构成要件，根据归责原则，构成违约赔偿损失的要件是：

① 必须要有损害事实。损害事实的存在是承担赔偿责任的首要构成要件，不存在损害事实，也就无所谓赔偿损失了。

② 必须有违约行为。如果仅有损害事实存在而无违约行为，即损害事实的发生是由于其他行为造成的，则合同一方当事人也不承担赔偿损失责任。

③ 违约行为和损害事实之间存在因果关系，即损害事实的发生是由于损害行为所必然造成的。

以上三个条件是在适用严格责任原则下采取赔偿损失方式所必须具备的。只要行为人有违约行为，且该违约行为造成了损害事实，即违约行为与损害事实之间存在必然的因果关系，则行为人就应当承担赔偿损失的责任。

依照《合同法》，赔偿损失规则主要有下列4种：

① 等额赔偿规则。赔偿损失是一种补偿性的违约责任，即赔偿损失是通过补偿使受害人的损失恢复到合同订立前的状态或者合同履行后受害人可以获得的利益的状态。《合同法》第一百一十三条规定："当事人一方不履行合同义务或者履行合同义务不符合约定，给对方造成损失的，损失赔偿额应当相当于因违约所造成的损失，包括合同履行后可以获得的利益。"上述规定表明，赔偿损失是赔偿实际损失，即为等额赔偿。

② 赔偿限制规则。《合同法》第一百一十三条规定："赔偿损失额应当相当于因违约所造成的损失，包括合同履行后可以获得的利益，但不得超过违反合同一方订立合同时预见到或者应当预见到的因违反合同可能造成的损失。"这一规定就是对赔偿予以必要的限制。作出这种限制，是为了体现"公平"原则，保护合同当事人双方的权利及利益。可预见规则就是赔偿限制规则之一。

③ 经营欺诈惩罚赔偿规则。如前所述，赔偿金是补偿性的，不具有惩罚性。如果合同一方当事人采取欺诈的方法给另一方当事人造成了损失，则赔偿就具有了惩罚性。《合同法》第一百一十三条第二款规定："经营者对消费者提供商品或者服务有欺诈行为的，依照《中华人民共和国消费者权益保护法》的规定承担损害赔偿责任。"《消费者权益保护法》第五十五条规定，经营者提供商品或者服务有欺诈行为的，应当按照消费者的要求增

加赔偿其受到的损失，增加赔偿的金额为消费者购买商品的价款或者接受服务的费用的 3 倍；增加赔偿的金额不足 500 元的，为 500 元。

④ 减少损失规则。《合同法》第一百一十九条规定："当事人一方违约后，对方应当采取适当措施防止损失的扩大；没有采取适当措施致使损失扩大的，不得就扩大的损失要求赔偿。"这一规定体现了"公平"的原则。当事人有违约行为时，应当承担相应的违约责任，但这并不意味着没有违约的一方当事人在明知对方违约时，故意或放任损失的扩大，以致违约方承担更重的赔偿责任。为了体现法律的公平原则，法律要求没有违约的一方当事人在损失发生时要采取适当的措施去防止损失的扩大。如果没有违约的一方当事人没有采取适当的措施，造成损失扩大，那么，他就无权就扩大的损失要求赔偿。

案例 7-9

黄某等 20 名旅游者报名参加某国际旅行社组织的北京—宜昌—三峡—成都旅游团，双方签订了旅游合同。在旅游过程中，因组团社与地接社之间发生团款纠纷，耽误了旅游行程，造成重庆红岩村景点的游览项目被迫取消。旅游结束后，黄某等旅游者向旅游质量监督管理部门投诉，诉称组团社与地接社的纠纷殃及无辜的旅游者，旅行社应当承担违约责任，要求赔偿全部旅游费；被投诉旅行社辩称，此次旅游景点的遗漏，完全是地接社的原因造成的，组团社并没有过错，不应该承担责任，但是考虑到旅游者的实际利益，同意先退赔遗漏景点门票每人 32 元，如旅游者还有其他赔偿要求，应向有过错的地接社提出。

本案评析：第一，本案中组团社应承担违约责任。《合同法》的第一百二十一条规定："当事人一方因第三人的原因造成违约的，应当向对方承担违约责任。当事人一方和第三人之间的纠纷，依照法律规定按照约定解决。"合同关系是一种相对的法律关系，仅在当事人双方之间发生法律效力。对于旅游者来说，组团社因地接社的行为不能完全履行合同时，合同的当事人组团社应对地接社的履行行为负责，向旅游者承担违约责任，然后再就其因此受到的损失向地接社追偿。

第二，旅行者赔偿全部旅游费用的请求缺乏依据。《合同法》中赔偿损失规则规定，当事人一方不履行合同义务或者履行合同义务不符合约定，给对方造成损失的，损失赔偿额应当相当于因违约所造成的损失，即是等额赔偿。本案中，旅行社已按合同履行了绝大部分义务，旅游者也享受了旅行社提供的各项服务。个别景点遗漏，只需赔偿因此项违约而造成的旅游者的损失，不应赔偿全部旅游费用。

(4) 赔偿违约金。违约金是指当事人在合同中约定的或者由法律所规定的，一方违约时应向对方支付一定数量的货币。

《合同法》第一百一十四条规定了违约金的性质："当事人可以约定一方违约时应当根据违约情况向对方支付一定数额的违约金……约定的违约金低于造成的损失的，当事人可以请求人民法院或者仲裁机构予以增加；约定的违约金过分高于造成的损失的，当事人可以请求人民法院或者仲裁机构予以适当减少。当事人就迟延履行约定违约金的，违约方支付违约金后，还应当履行债务。"从以上规定可见，违约金就其性质而言，是属于承担违约责任的一种形式。它是一种以补偿性为主、惩罚性为辅的违约责任承担形式。即违约金主要是补偿因违约造成的损失。对于约定的违约金低于或过分高于造成的损失的，人民法院或仲裁机构可予以增加或适当减少，但没有要求必须相等。由此可见，违约金具有以补偿性为主、惩罚性为辅的性质。

(5)定金罚则。定金，是指合同当事人为了确保合同的履行，依据法律规定或者当事人双方的约定，由当事人一方在合同订立时或者订立后履行前，按照合同标的额的一定比例，预先给付对方当事人的金钱。

《合同法》第一百一十五条规定："当事人可以依照《中华人民共和国担保法》约定一方向对方给付定金作为债权的担保。债务人履行债务后，定金应当抵作价款或者收回。给付定金的一方不履行约定的债务的，无权要求返还定金；收受定金的一方不履行约定的债务的，应当双倍返还定金。"定金作为一项合同法律制度，既有履行担保功能，也有违约救济功能。一般来说，定金应当以书面约定，即定金应当由合同双方当事人以书面的形式来约定。

定金只是价款或服务费的一部分，是按照合同标的额的一定比例支付的，一般不能超过合同标的额，我国《担保法》第九十一条明确规定："定金的数额由当事人约定，但不得超过主合同标的额的20%。"

按照《合同法》和《消费者权益保护法》的规定，在一般情况下合同双方当事人在合同约定中没有明确是定金的，应视为预收款(预付款)。当发生违约时，预收款(预付款)只要如数退还并承担该事项的利息即可；而定金则或者是加倍返还，或者是无权要求返还。两者的法律后果是不同的。

案例 7-10

8月25日，田某同某旅行社签订东南亚六日游合同。合同规定：9月30日出发，旅客离京直飞泰国；旅游费用每人共计4750元，先交纳定金3800元，用于办理护照、签证和订购机票等费用支出，余款取机票时付清。合同订立之后，田某交付3800元，旅行社开具了"定金"发票。

同年9月8日，田某所在单位突然委派其到外地出差一个月，不可能按原计划参团出游，他提出解除签订的旅游合同，并要求退还已交付的费用3800元。旅行社称其交付的费用已用于办理护照、签证和机票的支付。田某要求旅行社提供有关凭证，如果确实已花费，同意合理扣除，但应退还余款。旅行社则认为，田某交付的3800元是定金，双方的合同已作出标明，按照《合同法》第一百一十五条"给付定金的一方不履行约定的债务的，无权要求返还定金"的规定，田某的要求是不合理、不合法的。

本案评析：第一，本案的焦点涉及田某已交付的3800元到底是定金，还是预付款。定金与预付款有相似之处，都是先行给付对方的一定款项，实践中常易混淆，但两者在性质上是不同的。

第二，从本案看，由于合同订立者缺乏法律知识，将定金与预付款混为一谈，所以，不能单从合同中的字面上来定性。实际上，旅行社收取的这笔款项，是旅游费价款的分期支付，属于给付债务的一部分；从旅行社对不履行合同时的处理来看，这笔费用也不符合定金的特征，如果出现旅行社原因取消出团，旅行社绝不可能承担定金双倍返还的罚则；另外，依照《担保法》第九十一条的规定，定金的数额不得超过合同标的额的20%，而这笔费用已是全部旅游费的80%，大大超过了法定的比例，因此，就算是定金也是无效的。

综上所述，对这笔款项应该按预付款来处理，依照有关法律，旅游者应承担违约的相应责任，旅行社在扣除已发生的费用(如护照、签证费用)后，应退还田某剩余款。

(四)不可抗力

《合同法》第一百一十七条第二款规定："本法所称不可抗力，是指不能预见、不能避免并不能克服的客观情况。"不可抗力通常可分为自然现象和社会现象。自然现象有地震、水涝、洪灾等；社会现象有政治骚乱、罢工等。

1. 不可抗力的条件

不可抗力具有严格的构成条件。根据《合同法》的规定，不可抗力的构成条件为：

(1)不可预见性。所谓不可预见性，是指合同当事人在订立合同时不可抗力事件是否会发生是不可能预见的。应当指出的是，所谓不可预见，是指在当时的客观、主观条件下，该当事人是不可能预见到的。

(2)不可避免性。所谓不可避免性，是指合同当事人对于可能出现的意外情况尽管采取了及时合理的措施，但是在客观上并不能阻止这一意外情况的发生。即尽管当事人在主观上做了很大的努力，但在客观上并不能阻止这一意外情况的发生。

(3)不可克服性。所谓不可克服性，是指合同的当事人对于意外事件所造成的损失是不能克服的。如果意外事件造成的结果可以通过当事人的努力而得到克服，则该事件即不属于不可抗力事件。

2. 不可抗力的法律后果

《合同法》第一百一十七条规定："因不可抗力不能履行合同的，根据不可抗力的影响，部分或者全部免除责任，但法律另有规定的除外。当事人迟延履行后发生不可抗力的，不能免除责任。"

由上述规定可见，不可抗力是法定的违约责任的免除条件或免除事由之一。如果让当事人对自己主观上无法预见，客观上不能避免、不能克服的事件造成的损失承担法律责任，是不符合"公平"原则的。不可抗力作为免责事由是有时间限制的，即它只有发生在合同订立之后、履行完毕之前。如果不可抗力发生在合同订立之前或者履行之后，都不能构成不可抗力事件。此外，如果当事人迟延履行义务后发生不可抗力的，也不能成为免责事由。

案例 7-11

2月，某旅行社接待香港特区某旅行社组织的内地观光团。按照合同的约定，该旅游团在北京游览 4 天，安排 2 月 11 日是游览长城。该旅行社委派导游关某担任该团陪同。关某未经旅行社同意，擅自将游览长城的日期改为 2 月 14 日即离京的前一天，而将 2 月 11 日改为购物。观光团的团员对此变更曾表示异议，但关某称此变更是旅行社的安排。不料，2 月 13 日晚天降大雪，2 月 14 日晨该观光团赴长城时，积雪封路，只得返回。翌日，该观光团离京返港后，书面向旅游行政管理部门投诉，称该旅行社委派的导游未征得旅游者同意，擅自改变旅游行程，违反了合同约定，造成旅游观光团未能游览长城，旅行社应承担赔偿责任；该旅行社则辩称，改变旅游行程，属导游个人行为，与旅行社无关；而导游关某则辩称，造成长城未能游览，是由于大雪封路的原因，属不可抗力，依据法律规定，不承担赔偿责任。

本案评析：在本案中，造成该观光团未能游览长城的原因，并非不可抗力，而是导游人员擅自改变旅游行程，也就是说，如果不改变约定的旅游行程，游览长城这一项目是能够实现的。旅行社违约行为在先。此外，也必须明确，并非只要不可抗力发生，就可以不承担赔偿责任。根据《合同法》第一百一十七条的规定，在本案中，旅行社不得以不可抗力为理由，推卸赔偿责任。

3. 遭遇不可抗力一方当事人的义务

《合同法》第一百一十八条规定："当事人一方因不可抗力不能履行合同的，应当及时通知对方，以减轻可能给对方造成的损失，并应当在合理期限内提供证明。"由此规定可知，遭遇不可抗力一方当事人具有下列义务：

(1) 及时通知义务。不可抗力发生后，遭遇不可抗力的一方应当及时通知对方，向对方通报自己不能履行或者不能完全履行或者延期履行合同的情况和理由，以期得到对方的协助，共同采取措施，防止和减少损失。遭遇不可抗力的一方若不及时履行通知义务，则不能部分或者全部免除责任。

(2) 提供证明义务。不可抗力发生后，遭遇不可抗力的一方当事人应当在合理期限内提供有关机构的证明，以证明不可抗力事件发生及影响当事人履行合同的具体情况。依据合同实践及《合同法》的规定，证明应当采用书面形式，而且应当在合理的期限内提供。

总之，当一方当事人遭遇不可抗力时，必须及时通知对方，并在合理的期限内提供证明，这是法定的义务。如果当事人没有履行这两项义务，则不能部分或全部免除违约责任。

案例 7-12

1 月 30 日至 2 月 4 日，刘某等 16 名旅游者参加北京旅行社组织的"云南双飞六日游"。按合同约定应于 2 月 3 日乘飞机从西双版纳回昆明。由于大雾和雷电天气，预订航班被迫取消。旅行社为了确保 2 月 4 日准时乘上昆明至北京的航班，决定改乘大巴赶回昆明。经与旅游者协商未达成一致，旅游者坚持按原约定乘机返昆明，由此滞留西双版纳 4 天，直到 2 月 8 日，旅行社设法买到机票后才返程。刘某等旅游者为此投诉旅行社，要求旅行社承担违约责任，并支付他们滞留西双版纳期间的住宿费用及误工费。

本案评析： 第一，该旅行社违约。《合同法》规定，当事人一方不履行合同义务或履行合同义务不符合约定的，就是违约行为。本案中，旅行社没有按约定提供从西双版纳至昆明的乘机服务，就是违反了原合同的规定。

第二，旅行社不承担违约责任。《合同法》规定，只要有违约情形发生，就须承担违约责任，发生了不可抗力除外。本案中，旅行社的违约是由于大雾和雷电天气不可抗力所致，且旅行社及时向旅游者做了说明，并采取了补救措施，依照《合同法》，可以免除违约责任。因此，旅游者的投诉要求不合理。

第二节　旅游服务合同

一、旅游服务合同的概念和种类

为了更好地规范旅游经营者的经营行为，充分保护旅游者的合法权益，《旅游法》规定，旅行社组织和安排旅游活动，应当与旅游者订立合同。这里所说的合同即是指旅游服务合同。

旅游服务合同，顾名思义，是与旅游相关的服务合同。在我国《旅游法》中，旅游服务合同既包括旅游者与旅游经营者签订的包价旅游合同，也包括旅游经营者根据旅游者的具体要求安排旅游行程的旅游安排合同，旅游经营者接受旅游者委托为其提供代订交通、住宿、餐饮、游览、娱乐等旅游服务的委托合同，以及为旅游者提供旅游行程设计、旅游信息咨询等服务的相关旅游合同。在《旅游法》第五章旅游服务合同中，以包价旅游合同为典型，其他旅游合同为辅，确定了较为完备的旅游服务合同体系法律规范。

二、包价旅游合同的订立

(一)包价旅游合同的形式和内容

包价旅游合同的订立，是旅行社经营者与旅游者之间作出意思表示、达成合意，最终签订旅游服务合同的过程。《旅游法》第五十八条规定，包价旅游合同应当采用书面形式，包括下列内容：(1)旅行社、旅游者的基本信息；(2)旅游行程安排；(3)旅游团成团的最低人数；(4)交通、住宿、餐饮等旅游服务安排和标准；(5)游览、娱乐等项目的具体内容和时间；(6)自由活动时间安排；(7)旅游费用及其交纳的期限和方式；(8)违约责任和解决纠纷的方式；(9)法律、法规规定和双方约定的其他事项。

值得注意的是，《旅游法》关于上述包价旅游合同内容的规定属于强制性规定，旅行社与旅游者签订包价旅游合同必须包括上述规定的内容。

(二)旅行社订立合同时应当履行的义务

1. 合同内容说明义务

《旅游法》规定，订立包价旅游合同时，旅行社应当向旅游者详细说明合同所载内容。

该项义务在法律上属于先契约义务。先契约义务是当事人为缔结合同而接触、准备或磋商时，所发生的各种说明、告知、保密、保护等义务。违反先契约义务者，应承担缔约过失责任。因此旅行社在订立包价旅游合同时，如果未向旅游者履行合同内容的说明义务而导致包价旅游合同不成立、被撤销等，因此造成旅游者损失的，应当承担赔偿损失的缔约过失责任①。

2. 提供旅游行程单义务

旅游行程单，是旅行社就所提供包价旅游服务的具体说明文件。一般来说，旅游者与旅行社在订立包价旅游合同时，对包价旅游合同中旅行社的行程安排已经有了大致的了解，但对于具体的出发时间、住宿地点、游览日程等尚不确定。旅行社在对所有行程安排确定以后，就应该向旅游者提供旅游行程单，说明旅行社向旅游者提供的旅游服务的具体信息。由于旅游行程单是对包价旅游合同必备条款中的旅游行程安排、服务项目安排与标准、具体内容与时间等进行的细化，其内容与包价旅游合同的内容相一致，所以，《旅游法》第五十九条规定："旅行社应当在旅游行程开始前向旅游者提供旅游行程单；旅游行程单是包价旅游合同的组成部分。"

旅行社未在旅游行程开始前向旅游者交付旅游行程单的，属于违反包价旅游合同的行为，应根据《旅游法》第七十条的规定承担继续履行、采取补救措施、赔偿损失等责任。

3. 人身意外伤害险提示义务

鉴于我国旅游者投保人身意外保险的意识有待提高的现实，旅行社在招徕、接待旅游者时，应当提示旅游者购买旅游意外保险，为此，《旅游法》第六十一条规定："旅行社应当提示参加团队旅游的旅游者按照规定投保人身意外伤害保险。"

4. 告知义务

旅行社的告知义务，是指旅行社以恰当的方式告诉旅游者可能危及旅游者人身、财产安全的旅游风险，以及可能对旅游者产生不利影响的法律风险，以使其保持警惕的义务②。《旅游法》第六十二条规定，订立包价旅游合同时以及履行包价旅游合同过程中，旅行社应当向旅游者告知下列事项：（1）旅游者不适合参加旅游活动的情形；（2）旅游活动中的安全注意事项；（3）旅行社依法可以减免责任的信息；（4）旅游者应当注意的旅游目的地相关法律、法规和风俗习惯、宗教禁忌，依照中国法律不宜参加的活动等；（5）法律、法规规定的其他应当告知的事项。

（三）关于代订合同的要求

旅行社对其通过线路设计、服务组织而形成的包价旅游服务，既可以自行向旅游者进行宣传、与旅游者订立包价旅游合同，也可以委托其他旅行社代理营销包价旅游服务产品，可以委托地接社接待旅游者，以利于提高市场效率。《旅游法》第六十条对此类委托代理进行了明确的规定："旅行社委托其他旅行社代理销售包价旅游产品并与旅游者订立包价旅游合同的，应当在包价旅游合同中载明委托社和代理社的基本信息。旅行社依照本

---

① 杨富斌，苏号朋．中华人民共和国旅游法释义．北京：中国法制出版社，2013：170.
② 杨富斌，苏号朋．中华人民共和国旅游法释义．北京：中国法制出版社，2013：170.

法规定将包价旅游合同中的接待业务委托给地接社履行的，应当在包价旅游合同中载明地接社的基本信息。"此项规定包含以下两个方面的要求：

1. 包价旅游产品的代理

旅行社委托其他旅行社代理销售包价旅游产品并与旅游者订立包价旅游合同的，应当在包价旅游合同中载明委托社和代理社的基本信息。该项规定是根据我国《民法通则》、《合同法》所确立的代理制度、代订合同制度，结合旅行社的经营特点所作出的规定。委托社是指委托其他旅行社代理销售包价旅游产品的旅行社，代理社是指接受委托为其他旅行社销售包价旅游产品的旅行社。代理社应当在包价旅游合同中明示其为代理社，标明委托社的名称、许可证编号、地址、联系方式等信息，不得故意隐瞒或误导旅游者。

2. 接待业务的委托

通常旅游者所在地旅行社与旅游者签订合同后，该旅行社为了降低经营成本，并不直接到旅游目的地为旅游者提供旅游服务，而是将旅游目的地的接待业务交由目的地旅行社承担。这样一种包价旅游合同的签订和履行相分离的做法已是旅行社业务的基本结构，但对于旅游者来说并不十分清楚。为此，《旅游法》规定，旅行社依照本法规定将包价旅游合同中的接待业务委托给地接社履行的，应当在包价旅游合同中载明地接社的基本信息。将旅游目的地地接社的相关信息明确告知旅游者，以便旅游者充分了解旅游服务内容。

三、包价旅游合同的履行

旅游合同的履行，是旅游合同目的的起码要求，没有合同的履行，就没有合同目的的实现。关于包价旅游合同的履行，涉及地接社和履行辅助人。关于地接社，是指接受组团社委托，在目的地接待旅游者的旅行社。关于履行辅助人，是指与旅行社存在合同关系，协助其履行包价旅游合同义务，实际提供相关服务的法人或者自然人。《旅游法》第六十七条、第六十九条对包价旅游合同的履行有以下规定：

（1）旅行社应当按照包价旅游合同的约定履行义务，不得擅自变更旅游行程安排。

（2）经旅游者同意，旅行社将包价旅游合同中的接待业务委托给其他具有相应资质的地接社履行的，应当与地接社订立书面委托合同，约定双方的权利和义务，向地接社提供与旅游者订立的包价旅游合同的副本，并向地接社支付不低于接待和服务成本的费用。地接社应当按照包价旅游合同和委托合同提供服务。

（3）因不可抗力或者旅行社、履行辅助人已尽合理注意义务仍不能避免的事件，影响旅游行程的，按照下列情形处理：

① 合同不能继续履行的，旅行社和旅游者均可以解除合同。合同不能完全履行的，旅行社经向旅游者作出说明，可以在合理范围内变更合同；旅游者不同意变更的，可以解除合同。

② 合同解除的，组团社应当在扣除已向地接社或者履行辅助人支付且不可退还的费用后，将余款退还旅游者；合同变更的，因此增加的费用由旅游者承担，减少的费用退还旅游者。

③ 危及旅游者人身、财产安全的，旅行社应当采取相应的安全措施，因此支出的费用，由旅行社与旅游者分担。

④ 造成旅游者滞留的，旅行社应当采取相应的安置措施。因此增加的食宿费用，由旅游者承担；增加的返程费用，由旅行社与旅游者分担。

案 例 7-13

6月2日，山东某旅行社组织的100余名济南游客因台风滞留韩国济州岛，旅行社承担了游客滞留济州岛期间的食宿费用。但在返程交通费用上，游客与旅行社之间却迟迟未能达成共识。

本案评析：第一，在此次滞留事件中，游客和旅行社之间的分歧在于行程延误所导致的返程交通费用该由谁承担？根据《旅游法》的相关规定，这笔费用不应该全部由旅行社承担。《旅游法》第六十七条第四款规定：因不可抗力或者旅行社、履行辅助人已尽合理注意义务仍不能避免的事件，造成旅游者滞留的，旅行社应当采取相应的安置措施。因此增加的食宿费用，由旅游者承担；增加的返程费用，由旅行社与旅游者分担。

第二，游客在增强依法维权意识的同时也要遵守《旅游法》中的相关规定。旅游服务过程是需要消费者与旅行社共同完成的，游客也要多一些理解，不要盲目维权或过度维权。

四、包价旅游合同的解除、转让

(一)不能成团与合同解除、转让

旅行社组织、安排旅游活动，为降低旅游服务提供成本，往往采取组织特定人数以上的旅游团队进行旅游的经营方式，然而，旅行社在预定的旅游行程开始前，能否招徕预期人数的旅游者组成旅游团，常常不可确定。为防止旅行社在此情况下的随意转团行为发生，《旅游法》第六十三条规定：

(1)旅行社招徕旅游者组团旅游，因未达到约定人数不能出团的，组团社可以解除合同。但是，境内旅游应当至少提前7日通知旅游者，出境旅游应当至少提前30日通知旅游者。

(2)因未达到约定人数不能出团的，组团社经征得旅游者书面同意，可以委托其他旅行社履行合同。组团社对旅游者承担责任，受委托的旅行社对组团社承担责任。旅游者不同意的，可以解除合同。

(3)因未达到约定的成团人数解除合同的，组团社应当向旅游者退还已收取的全部费用。

(二)旅游者替换与合同转让

旅游者在旅游行程开始前的合理期间内，可以决定由第三人替换其参加旅游活动，旅游者的这种权利被称为旅游者的替换权。

《旅游法》第六十四条规定，旅游行程开始前，旅游者可以将包价旅游合同中自身的

权利义务转让给第三人，旅行社没有正当理由的不得拒绝，因此增加的费用由旅游者和第三人承担。

(三)旅游者的任意解除合同

旅游者在旅游行程结束前，不需要阐述理由，可以行使随时解除包价旅游合同的权利。《旅游法》第六十四条规定，旅游行程结束前，旅游者解除合同的，组团社应当在扣除必要的费用后，将余款退还旅游者。

(四)旅行社的单方解除合同

包价旅游合同中，因旅游者违反法律或者违背协助履行义务的原因导致合同无法履行，则允许旅行社单方面解除合同，免受包价旅游合同的约束。《旅游法》第六十六条规定，旅游者有下列情形之一的，旅行社可以解除合同：

(1)患有传染病等疾病，可能危害其他旅游者健康和安全的；

(2)携带危害公共安全的物品且不同意交有关部门处理的；

(3)从事违法或者违反社会公德的活动的；

(4)从事严重影响其他旅游者权益的活动，且不听劝阻、不能制止的；

(5)法律规定的其他情形。

因上述规定情形解除合同的，组团社应当在扣除必要的费用后，将余款退还旅游者；给旅行社造成损失的，旅游者应当依法承担赔偿责任。

(五)合同解除后旅行社的协助返程义务

《旅游法》第六十八条规定，旅游行程中解除合同的，旅行社应当协助旅游者返回出发地或者旅游者指定的合理地点。由于旅行社或者履行辅助人的原因导致合同解除的，返程费用由旅行社承担。

五、旅游服务合同的违约赔偿责任

(一)旅行社违约赔偿责任的承担

《旅游法》确立了旅行社违反包价旅游合同的违约责任应当适用严格责任原则的标准，这与我国《合同法》以严格责任作为违约责任之一般归责原则的立场是一致的。《旅游法》第七十条规定：

(1)旅行社不履行包价旅游合同义务或者履行合同义务不符合约定的，应当依法承担继续履行、采取补救措施或者赔偿损失等违约责任；造成旅游者人身损害、财产损失的，应当依法承担赔偿责任。

(2)旅行社具备履行条件，经旅游者要求仍拒绝履行合同，造成旅游者人身损害、滞留等严重后果的，旅游者还可以要求旅行社支付旅游费用1倍以上3倍以下的赔偿金。

(3)由于旅游者自身原因导致包价旅游合同不能履行或者不能按照约定履行，或者造成旅游者人身损害、财产损失的，旅行社不承担责任。

(4)在旅游者自行安排活动期间，旅行社未尽到安全提示、救助义务的，应当对旅游者的人身损害、财产损失承担相应责任。

案例 7-14

"飞机飞走了,我们 57 人都没登机,现在还滞留在机场,你们赶紧过来帮帮我们吧。"10 月 2 日凌晨 3 时,广西壮族自治区旅游投诉受理部门接到滞留在南宁机场的游客来电。经了解,滞留游客是由广西某旅行社组织赴韩国旅游的一个散客拼团。游客来自南宁、柳州、钦州、防城港等城市。10 月 1 日晚 11 时,57 名团员按照合同集体搭乘大巴前往机场。抵达机场时已是凌晨零时左右,而飞机的预计起飞时间是 2 日凌晨 2 时许。由于旅行社送游客护照的车辆在途中出现故障,凌晨 5 时 40 分飞机起飞了 3 个小时后,护照才送到机场,最终造成该团游客不能按时登机误了行程。

由于游客来自不同的城市,诉求比较复杂,再加上部分游客维权要求过高,案件处理遇到了较大困难。现场提出两个解决方案:第一个方案是将旅行团时间更改至 3 日出发,8 日回程。大部分游客提出因为工作原因不能接受时间更改,而团队旅游的签证是团队签证,若是有大部分人不能出行,签证会失效。第二个方案则是全额退款,并赔偿 4000 元。该旅行社的负责人说,此事确实是旅行社失误,愿意全额退款的同时,再向每人支付 4000 元赔偿金。有游客提出,《旅游法》规定,旅行社不履行包价旅游合同义务或者履行合同义务不符合约定的,旅行社支付旅游费用 1 倍以上 3 倍以下的赔偿金。因此,他们认为旅行社至少要赔偿 6500 元以上的金额,并希望旅游局的领导当场进行判定。

本案评析:本案应该按旅行社提出的赔偿方案赔偿游客。根据《旅游法》,旅行社承担惩罚性赔偿的前提条件是,旅行社具备履行条件,经旅游者要求仍拒绝履行合同,造成旅游者人身损害、滞留等严重后果。这种情形在旅游行业中通常被称为甩团。但本案中该旅行社是过失违约,不是甩团,因此对游客提出的"旅行社支付旅游费用 1 倍以上 3 倍以下的赔偿金"不予支持,应该按旅行社提出的全额退款,并赔偿 4000 元的方案执行。

旅行社由于自身的过失,造成了巨大的经济损失,对于旅游企业来说,是一次深刻的教训,旅游企业必须认认真真做好每一个环节的工作,否则就要为过失"买单"。对于游客来说,在事件发生后的维权的过程中,要保持理性。

(二)地接社、履行辅助人违约时违约赔偿责任的承担

《旅游法》第七十一条规定,由于地接社、履行辅助人的原因导致违约的,由组团社承担责任;组团社承担责任后可以向地接社、履行辅助人追偿。

由于地接社、履行辅助人的原因造成旅游者人身损害、财产损失的,旅游者可以要求地接社、履行辅助人承担赔偿责任,也可以要求组团社承担赔偿责任;组团社承担责任后可以向地接社、履行辅助人追偿。但是,由于公共交通经营者的原因造成旅游者人身损害、财产损失的,由公共交通经营者依法承担赔偿责任,旅行社应当协助旅游者向公共交通经营者索赔。

案 例 7-15

南京小伙李某报团准备到杭州游玩，却在途中出了车祸。当李某向旅行社要求赔偿时，被几方踢起了皮球：旅行社称，车不是他们开的，而且旅游团已经转包给了地接社，不应赔偿；地接社称，李某并未与他们签订合同，损失不该由他们承担；客运公司称，伤者是在旅游时出的事，应该找旅行社索赔。李某索赔无门，只能将两家旅行社都告上了法庭。

本案评析：本案中李某出车祸属于公共交通经营者的责任，应由客运公司承担赔偿责任。《旅游法》第七十一条规定，由于地接社、履行辅助人的原因造成旅游者人身损害、财产损失的，旅游者可以要求地接社、履行辅助人承担赔偿责任，也可以要求组团社承担赔偿责任；组团社承担责任后可以向地接社、履行辅助人追偿。但是，由于公共交通经营者的原因造成旅游者人身损害、财产损失的，由公共交通经营者依法承担赔偿责任，旅行社应当协助旅游者向公共交通经营者索赔。本案中两家旅行社应该协助李某向客运公司索赔。

（三）旅游者损害赔偿责任的规定

个别旅游者在遭受权益侵害或者与旅行社、履行辅助人之间解决纠纷时，往往采取过激手段，致使旅行社、履行辅助人、旅游从业人员的合法权益受到损害，甚至危害到公共安全。对此，《旅游法》第七十二条规定，旅游者在旅游活动中或者在解决纠纷时，损害旅行社、履行辅助人、旅游从业人员或者其他旅游者的合法权益的，依法承担赔偿责任。

思考题

1. 什么是合同？合同的订立要经过哪些程序？
2. 格式条款的解释的法律规定是什么？
3. 如何认定无效合同？哪几种合同可以撤销？
4. 合同的履行规则有哪些？
5. 合同法定解除的条件是什么？
6. 承担违约责任有哪些形式？
7. 不可抗力的法律规定有哪些？
8.《旅游法》对包价旅游合同订立的法律规定有哪些？
9.《旅游法》对包价旅游合同履行的规定有哪些？
10.《旅游法》对包价旅游合同的转让和解除是如何规定的？
11.《旅游法》对旅行社违约赔偿责任的承担是如何规定的？

第八章 旅游安全与保险法律制度

旅游安全是旅游业的生命线。没有安全，便没有旅游。为加强旅游安全管理工作，保障旅游者人身、财物安全，全国人大、国家旅游局、公安部发布了一系列关于旅游安全的法律规章制度，我国的旅游安全管理已经步入法制化的轨道。

虽然我国已经有了比较健全的旅游安全管理制度，但旅游的风险因素总是不可避免，旅游活动总是不同程度地受到各种风险的威胁，交通安全、盗抢、自然灾难、疾病随时都可能发生。为了抵御旅游活动中不可预料的风险，减少损失，旅游保险制度是必不可少的。而且，我国在旅游业不断发展的同时，各种旅游纠纷亦不时见诸报端，火爆的旅游市场要有配套的保障措施来维护，而开展旅游保险则是两全之策。

第一节 旅游安全管理概述

一、旅游安全管理工作的意义

旅游安全管理是旅游行政管理部门及旅游企事业单位为保障旅游者人身、财物等的安全，对旅游安全工作进行计划、组织、协调、控制的活动。

加强旅游安全管理，有利于良好的旅游环境的形成。旅游安全是旅游业发展的前提，是旅游业的生命线。旅游安全事故的出现，不仅影响旅游活动的进行，危及旅游者的生命、财产，带来巨大的经济损失，而且会直接影响社会的安定，从而损害国家旅游业的形象和声誉。因此，为建立一个稳定、安全的旅游环境，我国十分重视旅游安全管理工作。

加强旅游安全管理，有利于旅游市场安全服务规范化。目前我国国家旅游局发布实施的有关安全管理标准，是旅游业的主管部门与有关旅游企业在广泛协商一致的基础上产生的统一要求，为我国旅游市场安全性的规范化运作提供了依据和保障。

加强旅游安全管理，有利于我国旅游市场的拓展。旅游企业市场竞争的首要目标是争取更多客源、扩大市场份额，为此必须以包括安全管理工作在内的高质量的产品和服务来拓展旅游市场。只有不断推出高质量的产品和服务的旅游企业，才能在市场竞争中立于不败之地。

二、旅游安全管理立法简述

鉴于旅游安全的重要性，世界各国都十分重视旅游安全管理的立法工作。1989年"各国议会旅游大会"通过的《海牙旅游宣言》就明确指出，旅游者的安全和保护及对他们人格的尊重是发展旅游的先决条件。20世纪90年代以来，世界各国明显加大了旅游安全工作力度，颁发制定和健全了相关法律法规，以保证本国旅游业持续、稳定的发展。我国历来十分重视旅游安全工作，国家旅游局、公安部等部门曾多次发出通知，要求各地、各企业采取有力措施，保障旅游者的安全。国家旅游局还多次召开旅游安全管理工作会议，要求旅游安全工作人员齐心协力、忠于职守、认真做好旅游安全工作，并相继出台了一系列旅游安全管理办法和条例，有力地促进了我国旅游安全管理工作的规范化、制度化。

1989年6月14日，国家旅游局、公安部联合发出了《关于进一步加强旅游安全保卫工作的通知》，要求各地采取切实措施，保障来华旅游者的安全。1990年2月20日，国家旅游局在总结多年来我国旅游安全管理工作经验的基础上，发布了《旅游安全管理暂行办法》，使我国旅游管理工作步入规范化、法制化的轨道。此后，国家旅游局先后发布了《重大旅游安全事故报告制度试行办法》(1993年)、《重大旅游安全事故处理程序试行办法》(1993年)、《旅游安全管理暂行办法实施细则》(1994年)、《漂流旅游安全管理暂行办法》(1998年)，国家旅游局、公安部联合发布了《关于加强旅游涉外饭店安全管理、严防恶性案件发生的通知》(1993年)。2013年10月1日起实施的《旅游法》更是从法律上确认了旅游安全的重要性，明确规定了各级人民政府、旅游经营者及旅游者在旅游安全管理工作中的职责及相关权利和义务。

2016年9月7日，国家旅游局审议通过了《旅游安全管理办法》，自2016年12月1日起施行(国家旅游局1990年2月20日发布的《旅游安全管理暂行办法》同时废止)。

上述这些法律、管理办法和条例、通知等，构成了一个比较完善的旅游安全法律保障体系，使我国的旅游安全管理逐步走上规范化、法制化的轨道。

第二节　旅游安全管理的内容

一、旅游安全管理的基本原则

根据《旅游安全管理办法》的规定，制定旅游安全管理办法、加强旅游安全管理的目的是提高应对旅游突发事件的能力，保障旅游者的人身、财产安全，促进旅游业持续健康发展。

(1)各级旅游主管部门应当在同级人民政府的领导和上级旅游主管部门及有关部门的指导下，在职责范围内，依法对旅游安全工作进行指导、防范、监管、培训、统计分析和应急处理。

(2)旅游经营者应当承担旅游安全的主体责任，加强安全管理，建立、健全安全管理制度，关注安全风险预警和提示，妥善应对旅游突发事件。

(3)旅游从业人员应当严格遵守本单位的安全管理制度，接受安全生产教育和培训，增强旅游突发事件防范和应急处理能力。

(4)旅游主管部门、旅游经营者及其从业人员应当依法履行旅游突发事件报告义务。

二、《旅游法》关于旅游安全的规定

为保障旅游者的旅游安全，体现旅游立法以人为本的原则，《旅游法》第七十六条至第八十二条，对旅游安全问题作了明确的法律规定，确立了我国旅游安全保障制度。具体内容如下：

(一)旅游安全管理机构及其职责

(1)县级以上人民政府统一负责旅游安全工作。县级以上人民政府有关部门依照法律、法规履行旅游安全监管职责。

(2)国家建立旅游目的地安全风险提示制度。旅游目的地安全风险提示的级别划分和实施程序，由国务院旅游主管部门会同有关部门制定。县级以上人民政府及其有关部门应当将旅游安全作为突发事件监测和评估的重要内容。

(3)县级以上人民政府应当依法将旅游应急管理纳入政府应急管理体系，制订应急预案，建立旅游突发事件应对机制。突发事件发生后，当地人民政府及其有关部门和机构应当采取措施开展救援，并协助旅游者返回出发地或者旅游者指定的合理地点。

(二)旅游经营者在旅游安全管理中的职责

(1)旅游经营者应当严格执行安全生产管理和消防安全管理的法律、法规和国家标准、行业标准，具备相应的安全生产条件，制定旅游者安全保护制度和应急预案。

(2)旅游经营者应当对直接为旅游者提供服务的从业人员开展经常性应急救助技能培训，对提供的产品和服务进行安全检验、监测和评估，采取必要措施防止危害发生。

(3)旅游经营者组织、接待老年人、未成年人、残疾人等旅游者，应当采取相应的安全保障措施。

(4)旅游经营者应当就旅游活动中的下列事项，以明示的方式事先向旅游者作出说明或者警示：①正确使用相关设施、设备的方法；②必要的安全防范和应急措施；③未向旅游者开放的经营、服务场所和设施、设备；④不适宜参加相关活动的群体；⑤可能危及旅游者人身、财产安全的其他情形。

(5)突发事件或者旅游安全事故发生后，旅游经营者应当立即采取必要的救助和处置措施，依法履行报告义务，并对旅游者作出妥善安排。

(三)旅游者在旅游安全管理中的权利及义务

(1)旅游者在人身、财产安全遇有危险时，有权请求旅游经营者、当地政府和相关机构进行及时救助。

（2）中国出境旅游者在境外陷于困境时，有权请求我国驻当地机构在其职责范围内给予协助和保护。

（3）旅游者接受相关组织或者机构的救助后，应当支付应由个人承担的费用。

案例 8-1

12 月 24 日，北京赵女士出差入住浙江某宾馆。正待休息，房间电话响起，电话里传来彬彬有礼的声音："我是宾馆总服务台，为了感谢客人入住我们宾馆，在圣诞节前，我们为客人准备了圣诞礼物。"一会儿，响起敲门声，赵女士想都没想就把门打开了。两青年进屋，突然，其中一位从塑料袋里抽出一把刀，架在赵女士的脖子上，"拿钱来"。赵女士勇敢顽强地与歹徒搏斗，身受重伤，其间她大声呼喊，可是没有人来。歹徒找到了现金，捆住赵女士后，关门而去。

本案评析：血的事实说明，本案中某饭店在安全管理机构的设立、安全规章制度和安全管理责任制的建立、安全设施设备的设立等方面存在严重的漏洞。旅游企业作为落实旅游安全管理工作的基层单位，必须切实履行自己的旅游安全管理工作的职责，真正树立起"没有安全，便没有旅游业的发展"这一观念，只有这样，旅游安全工作的"安全第一，预防为主"的方针才能落到实处，收到实效。

三、经营安全

（1）旅游经营者应当遵守下列要求：

① 服务场所、服务项目和设施设备符合有关安全法律、法规和强制性标准的要求；

② 配备必要的安全和救援人员、设施设备；

③ 建立安全管理制度和责任体系；

④ 保证安全工作的资金投入。旅游经营者应当定期检查本单位安全措施的落实情况，及时排除安全隐患；对可能发生的旅游突发事件及采取安全防范措施的情况，应当按照规定及时向所在地人民政府或者人民政府有关部门报告。

（2）旅游经营者应当对其提供的产品和服务进行风险监测和安全评估，依法履行安全风险提示义务，必要时应当采取暂停服务、调整活动内容等措施。

经营高风险旅游项目或者向老年人、未成年人、残疾人提供旅游服务的，应当根据需要采取相应的安全保护措施。

（3）旅游经营者应当对从业人员进行安全生产教育和培训，保证从业人员掌握必要的安全生产知识、规章制度、操作规程、岗位技能和应急处理措施，知悉自身在安全生产方面的权利和义务。

旅游经营者应当建立安全生产教育和培训档案，如实记录安全生产教育和培训的时间、内容、参加人员以及考核结果等情况。

未经安全生产教育和培训合格的旅游从业人员，不得上岗作业；特种作业人员必须按照国家有关规定经专门的安全作业培训，取得相应资格。

(4)旅游经营者应当主动询问与旅游活动相关的个人健康信息，要求旅游者按照明示的安全规程，使用旅游设施和接受服务，并要求旅游者对旅游经营者采取的安全防范措施予以配合。

(5)旅行社组织和接待旅游者，应当合理安排旅游行程，向合格的供应商订购产品和服务。旅行社及其从业人员发现履行辅助人提供的服务不符合法律、法规规定或者存在安全隐患的，应当予以制止或者更换。旅行社组织出境旅游，应当制作安全信息卡。安全信息卡应当包括旅游者姓名、出境证件号码和国籍，以及紧急情况下的联系人、联系方式等信息，使用中文和目的地官方语言(或者英文)填写。旅行社应当将安全信息卡交由旅游者随身携带，并告知其自行填写血型、过敏药物和重大疾病等信息。

(6)旅游经营者应当依法制定旅游突发事件应急预案，与所在地县级以上地方人民政府及其相关部门的应急预案相衔接，并定期组织演练。

旅游突发事件发生后，旅游经营者及其现场人员应当采取合理、必要的措施救助受害旅游者，控制事态发展，防止损害扩大。

旅游经营者应当按照履行统一领导职责或者组织处置突发事件的人民政府的要求，配合其采取的应急处置措施，并参加所在地人民政府组织的应急救援和善后处置工作。

旅游突发事件发生在境外的，旅行社及其领队应当在中国驻当地使领馆或者政府派出机构的指导下，全力做好突发事件应对处置工作。

旅游突发事件发生后，旅游经营者的现场人员应当立即向本单位负责人报告，单位负责人接到报告后，应当于1小时内向发生地县级旅游主管部门、安全生产监督管理部门和负有安全生产监督管理职责的其他相关部门报告；旅行社负责人应当同时向单位所在地县级以上地方旅游主管部门报告。

情况紧急或者发生重大、特别重大旅游突发事件时，现场有关人员可直接向发生地、旅行社所在地县级以上旅游主管部门、安全生产监督管理部门和负有安全生产监督管理职责的其他相关部门报告。

旅游突发事件发生在境外的，旅游团队的领队应当立即向当地警方、中国驻当地使领馆或者政府派出机构，以及旅行社负责人报告。旅行社负责人应当在接到领队报告后1小时内，向单位所在地县级以上地方旅游主管部门报告。

四、风险提示

国家建立旅游目的地安全风险(以下简称风险)提示制度。根据可能对旅游者造成的危害程度、紧急程度和发展态势，风险提示级别分为一级(特别严重)、二级(严重)、三级(较重)和四级(一般)，分别用红色、橙色、黄色和蓝色标示。

风险提示级别的划分标准，由国家旅游局会同外交、卫生、公安、国土、交通、气象、地震和海洋等有关部门制定或者确定。风险提示信息，应当包括风险类别、提示级别、可能影响的区域、起始时间、注意事项、应采取的措施和发布机关等内容。

一级、二级风险的结束时间能够与风险提示信息内容同时发布的，应当同时发布；无法同时发布的，待风险消失后通过原渠道补充发布。三级、四级风险提示可以不发布风险结束时间，待风险消失后自然结束。

风险提示发布后，旅行社应当根据风险级别采取下列措施：

(1) 四级风险的，加强对旅游者的提示；

(2) 三级风险的，采取必要的安全防范措施；

(3) 二级风险的，停止组团或者带团前往风险区域；已在风险区域的，调整或者中止行程；

(4) 一级风险的，停止组团或者带团前往风险区域，组织已在风险区域的旅游者撤离。

其他旅游经营者应当根据风险提示的级别，加强对旅游者的风险提示，采取相应的安全防范措施，妥善安置旅游者，并根据政府或者有关部门的要求，暂停或者关闭易受风险危害的旅游项目或者场所。

风险提示发布后，旅游者应当关注相关风险，加强个人安全防范，并配合国家应对风险暂时限制旅游活动的措施，以及有关部门、机构或者旅游经营者采取的安全防范和应急处置措施。

国家旅游局负责发布境外旅游目的地国家(地区)，以及风险区域范围覆盖全国或者跨省级行政区域的风险提示。发布一级风险提示的，需经国务院批准；发布境外旅游目的地国家(地区)风险提示的，需经外交部门同意。

地方各级旅游主管部门应当及时转发上级旅游主管部门发布的风险提示，并负责发布前款规定之外涉及本辖区的风险提示。

风险提示信息应当通过官方网站、手机短信及公众易查阅的媒体渠道对外发布。一级、二级风险提示应同时通报有关媒体。

五、安全管理

(一) 旅游主管部门应当加强下列旅游安全日常管理工作

(1) 督促旅游经营者贯彻执行安全和应急管理的有关法律、法规，并引导其实施相关国家标准、行业标准或者地方标准，提高其安全经营和突发事件应对能力；

(2) 指导旅游经营者组织开展从业人员的安全及应急管理培训，并通过新闻媒体等多种渠道，组织开展旅游安全及应急知识的宣传普及活动；

(3) 统计分析本行政区域内发生旅游安全事故的情况；

(4) 法律、法规规定的其他旅游安全管理工作。

旅游主管部门应当加强对星级饭店和 A 级景区旅游安全和应急管理工作的指导。地方各级旅游主管部门应当根据有关法律、法规的规定，制定、修订本地区或者本部门旅游突发事件应急预案，并报上一级旅游主管部门备案，必要时组织应急演练。地方各级旅游主管部门应当在当地人民政府的领导下，依法对景区符合安全开放条件进行指导，核定或者配合相关景区主管部门核定景区最大承载量，引导景区采取门票预约等方式控制景区流量；在旅游者数量可能达到最大承载量时，配合当地人民政府采取疏导、分流等措施。

(二)旅游突发事件发生后,发生地县级以上旅游主管部门应当根据同级人民政府的要求和有关规定,启动旅游突发事件应急预案,并采取下列一项或者多项措施

(1)组织或者协同、配合相关部门开展对旅游者的救助及善后处置,防止次生、衍生事件;

(2)协调医疗、救援和保险等机构对旅游者进行救助及善后处置;

(3)按照同级人民政府的要求,统一、准确、及时发布有关事态发展和应急处置工作的信息,并公布咨询电话。

(4)参与旅游突发事件的调查,配合相关部门依法对应当承担事件责任的旅游经营者及其责任人进行处理。

(三)各级旅游主管部门应当建立旅游突发事件报告制度

旅游主管部门在接到旅游经营者的报告后,应当向同级人民政府和上级旅游主管部门报告。一般旅游突发事件上报至设区的市级旅游主管部门;较大旅游突发事件逐级上报至省级旅游主管部门;重大和特别重大旅游突发事件逐级上报至国家旅游局。向上级旅游主管部门报告旅游突发事件,应当包括下列内容:

(1)事件发生的时间、地点、信息来源;

(2)简要经过、伤亡人数、影响范围;

(3)事件涉及的旅游经营者、其他有关单位的名称;

(4)事件发生原因及发展趋势的初步判断;

(5)采取的应急措施及处置情况;

(6)需要支持协助的事项;

(7)报告人姓名、单位及联系电话。

以上内容暂时无法确定的,应当先报告已知情况;报告后出现新情况的,应当及时补报、续报。

(四)各级旅游主管部门应当建立旅游突发事件信息通报制度

旅游突发事件发生后,旅游主管部门应当及时将有关信息通报相关行业主管部门。旅游突发事件处置结束后,发生地旅游主管部门应当及时查明突发事件的发生经过和原因,总结突发事件应急处置工作的经验教训,制定改进措施,并在30日内按照下列程序提交总结报告:

(1)一般旅游突发事件向设区的市级旅游主管部门提交;

(2)较大旅游突发事件逐级向省级旅游主管部门提交;

(3)重大和特别重大旅游突发事件逐级向国家旅游局提交;

(4)旅游团队在境外遇到突发事件的,由组团社所在地旅游主管部门提交总结报告;

(5)省级旅游主管部门应当于每月5日前,将本地区上月发生的较大旅游突发事件报国家旅游局备案,内容应当包括突发事件发生的时间、地点、原因及事件类型和伤亡人数等;

(6)县级以上地方各级旅游主管部门应当定期统计分析本行政区域内发生旅游突发事

件的情况，并于每年 1 月底前将上一年度相关情况逐级报国家旅游局。

案例 8-2

2015 年 6 月 1 日 21 时 30 分，隶属于重庆东方轮船公司的"东方之星"客轮，在从南京驶往重庆途中突遇罕见强对流天气，在长江中游湖北监利水域沉没。沉船事件发生后，交通运输部门、解放军、武警部队和公安干警、沿江省市等调集动员了大批专业搜救人员、解放军、武警和消防官兵以及沿江地区群众，采取空中巡航、水面搜救、水下搜救、进舱搜救和全流域搜救相结合的方式，在事发地及下游水域开展全方位、立体式、拉网式搜寻。最终，经各方全力搜救，事发时船上 454 人中 12 人生还，442 具遇难者遗体全部找到。

事故发生后，湖北省启动突发事件一级应急响应，成立水上搜救指挥部。长江航务、海事等部门抵达现场展开搜救。交通运输部立即启动一级应急响应，连夜召开应对长江中游"东方之星"客轮翻沉应急领导小组第一次会议，迅速成立由部长杨传堂为组长、副部长何建中为副组长的应急处置领导小组，立即开展各项应急工作。公安部第一时间启动应急响应机制，紧急部署湖北、湖南、重庆等地公安机关和治安、消防、交警等警种，协调海警、交通、公安等各方力量立即行动，全力以赴开展救援工作。保监会主席项俊波立即主持召开会议，决定启动保险业重大突发事件三级响应程序，成立应急工作小组，研究部署保险业应急处置工作。保监会要求有关保监局和保险公司迅速响应、全力配合，做好事件应急处置工作。中央财政紧急拨付 1000 万元应急搜救专项经费，全力支持"东方之星"客轮人员搜救工作。

国家主席习近平对长江沉船事故作出重要批示，要求国务院工作组赶赴现场指导搜救工作，湖北省、重庆市等有关方面，组织足够力量全力开展搜救，妥善做好善后工作，同时深刻吸取教训，强化维护公共安全的措施，保护人民生命安全。同时国务院总理李克强批示交通运输部等有关方面迅速调集一切可以调集的力量，争分夺秒抓紧搜救，把伤亡人数降到最低，及时救治获救人士，并率领副总理马凯、国务委员杨晶等有关人员，赴现场指挥救援和应急处置工作。正在恩施自治州调研的时任湖北省委书记李鸿忠立即作出批示，要求长江海事局、荆州、咸宁市和省有关部门，全力以赴组织抢险救援，妥善安置好获救人员，并紧急赶往事发现场。时任省长王国生紧急赶往现场。

本案评析："东方之星"客轮翻沉事件是一起由突发罕见的强对流天气带来的强风暴雨袭击导致的特别重大灾难性事件。不管事故的原因是什么，我们都需要考虑这么一个问题，那就是未雨绸缪，不管是游客，还是船东，都要时刻具备安全防范意识。此外，企业不能仅仅以经济利益为核心来经营，更重要的是，要勇于承担社会责任，否则，失去的可能要远大于得到的。

通过本次特大事故，深刻总结教训，必须牢固树立安全发展观念，健全完善相关法制体制机制，编织全方位、立体化的公共安全网，进一步加强长江等内河航运安全工作，需要做好几项工作：

（1）进一步严格恶劣天气条件下长江旅游客船禁限航措施。交通运输部门要及时发布并严格实施长江旅游客船恶劣天气条件下禁限航规定。

(2)提高船舶检验技术规范要求，完善船舶设计、建造和改造的质量控制体制机制，提高内河客船抗风能力等安全性能。

(3)进一步加强长江航运恶劣天气风险预警能力建设。气象部门要进一步加大科研投入，加强监测预警方法研究，提高监测预警能力。

(4)加强内河航运安全信息化动态监管和应急救援能力建设。交通运输部门要进一步健全完善水上交通动态监控相关措施，充分发挥信息技术在提高安全防范和应急反应能力方面的重要作用。

(5)地方政府和交通运输部门要进一步加强长江应急救援体系建设，加大投入，增加设置长江搜救站点，强化救援队伍建设，配备结构合理、性能高效的救援装备，提高应急反应能力，做到及时发现，快速反应，科学施救，保障有力。

(6)长江旅游客运公司要按照《安全生产法》和水上交通管理的法律法规及规章制度，严格实施公司安全管理体系，健全企业安全生产责任体系，全面落实企业主体责任；建立健全本公司船舶限航、停航、抛锚及预警的制度规定。

(7)加大内河船员安全技能培训力度，提高安全操作能力和应对突发事件的能力。

(五)外国旅游者在华旅游期间发生伤亡事故的处理

1. 外国旅游者在我国境内遭遇伤亡事故处理的注意事项

(1)立即通过外事管理部门通知有关国家驻华使、领馆和组团单位。

(2)为前来了解、处理事故的外国使、领馆人员和组团单位及伤亡者家属提供方便。

(3)与有关部门协调，为国际急救组织前来参与对在国外投保的旅游者(团)的伤亡处理提供方便。

(4)对在华死亡的外国旅游者严格按照外交部《外国人在华死亡后的处理程序》进行处理。

2. 对外国旅游者死亡后的处理程序

(1)死亡确定。死亡分正常死亡和非正常死亡，因年迈或其他疾病而自然死亡的，为正常死亡；因意外突发事故死亡的，为非正常死亡。

(2)通知外国使、领馆及死者家属。根据《维也纳领事关系公约》或双边领事条约的规定以及国际惯例，外国人在华死亡后应尽快通知死者家属及其所属国家驻华使、领馆。

(3)尸体解剖。正常死亡者或死因明确的非正常死亡者，一般不需进行尸体解剖。若死者家属或其所属驻华使、领馆要求解剖，我方可同意，但必须有死者家属或使、领馆有关官员签字的书面请求。非正常死亡者，为查明死因，需要进行解剖时由公安、司法机关按其有关规定办理。

(4)出具证明。正常死亡，由县级及县级以上医院出具"死亡鉴定书"。

(5)对尸体的处理。对在华死亡的外国人尸体的处理，可在当地火化，亦可将尸体运回其国内。但究竟如何处理，应尊重死者家属或所属使、领馆的意愿。

(6)骨灰和尸体运输出境。尸体、棺柩出境须具备以下证明：由医院或法医出具的死亡证明或死亡鉴定书，在特殊情况下，亦可由有关涉外公证处出具死亡公证书代替上述证明书；由医院出具的防腐证明书；由防疫部门检疫后出具的棺柩出境许可证明书。

（7）死者遗物的清点和处理。

（8）撰写《死亡善后处理情况报告》。

第三节　高风险旅游项目的安全管理

随着旅游市场的不断扩大和丰富，各种刺激性更强的个性化专项旅游受到越来越多游客的青睐。国家旅游局要求，各旅行社安排的旅游行程中，若涉及高空、高速、水上、潜水、探险等高风险旅游项目，应充分评估项目风险，确保经营者具备相关资质和安全保障能力，并就项目风险对游客作出明确提示。游客选择参加高风险旅游项目前，应认真了解项目经营者的资质、安全措施及项目的安全要求，结合自身身体条件、年龄等情况慎重选择。同时，为提高风险抵御能力，应尽量选择购买能够承保所参与项目的个人保险。

一、高风险旅游项目

目前，我国还没有制定高风险旅游项目目录，《旅游法》首次正式提出高风险旅游项目的概念，并将其概括为5个种类，即高空、高速、水上、潜水、探险。实践中，高空类项目主要包括滑翔伞、热气球、动力伞等空中项目；高速类项目主要包括轮滑、滑雪、卡丁车以及大型游乐设施等速度类项目；水上类主要包括摩托艇、游艇、水上飞伞以及水上游乐设施等水域类项目；潜水类项目主要指旅游者穿戴潜水服、氧气瓶等潜入水下的观光、休闲项目，以及水下游艇等水下旅游项目；探险类项目包括穿越高山、峡谷、暴走以及蹦极、攀岩等项目。

二、经营高风险旅游项目应当取得经营许可

《旅游法》第四十七条规定，经营高空、高速、水上、潜水、探险等高风险旅游项目，应当按照国家有关规定取得经营许可。

高风险旅游项目，即为大众化的高危险性体育项目。《全民健身条例》规定高危险性体育项目属于特许经营项目，其条件包括相关体育设施符合国家标准，具有达到规定数量的取得国家职业资格证书的社会体育指导人员和救助人员，具有相应的安全保障制度和措施；其目录由国务院体育主管部门会同有关部门制定、调整并经国务院批准后公布。国家强制标准《体育场所开放条件与技术要求》（GB19079）对蹦极、攀岩等13个场所进行了规范。

（一）高空旅游项目的经营许可

高空旅游项目一般依照《民用航空法》的规定，由国务院民用航空主管部门及其设立的地区民用航空管理机构实施许可和监管。国家体育总局的《航空体育运动管理办法》规定，滑翔机、载人气球、飞艇等民用航空器由民用航空部门审批和管理，降落伞、滑翔伞等航空运动器材由体育部门审批；《滑翔伞运动管理办法》规定，国家体育总局委托中国

航空运动协会对滑翔伞俱乐部、飞行等进行审批或验收。

(二)高速旅游项目的经营许可

高速旅游项目一般是依托游乐设备等特种设备来实施的旅游项目。《安全生产法》规定，生产经营单位使用的涉及生命安全、危险性较大的特种设备，必须按照国家有关规定，由专业生产单位生产，并经取得专业资质的检测、检验机构检测、检验合格，取得安全使用证或者安全标志。涉及生命安全、危险性较大的特种设备的目录由国务院负责特种设备安全监督管理的部门制定，报国务院批准后执行。《特种设备安全监察条例》规定，大型游乐设施的制造、使用、维修、检测、监督检查等均由特种设备安全监督管理部门来负责。经国务院批准执行的特种设备目录，对动力驱动、利用柔性绳索牵引箱体等运载工具运送人员的机电设备客运索道包括客运架空索道、客运缆车、客运拖牵索道等，以及用于经营目的，承载乘客游乐的设施，其范围规定为设计最大运行线速度≥2m/s，或者运行高度距地面≥2m 的载人大型游乐设施，包括观览车、滑行车、架空游览车等 13 大类，提出了要求。

(三)水上旅游项目的经营许可

水上旅游项目包括水域和海域两种水上空间。《海上交通安全法》、《水路运输管理条例》、《内河交通安全管理条例》等对快艇等水上高危旅游项目作出了规制。交通部的《游艇安全管理规定》对游艇所有人自身用于游览观光、休闲娱乐等活动的游艇航行、停泊以及俱乐部等进行了规范。国家特种设备目录列出了"峡谷漂流系列、水滑梯系列"等水上游乐设施。由建设部和国家质量技术监督局制定的《游乐园管理规定》，对"采用沿轨道运动、回转运动、吊挂回转、场地上(水上)运动、室内定置式运动等方式承载游人游乐的机械设施组合"的游艺机和游乐设施进行了规范，该规定明确园林行政主管部门负责游乐园的登记工作，质量技术监督行政部门负责游艺机和游乐设施的登记工作。

(四)探险旅游项目的经营许可

探险旅游一般是依托山地环境所进行的高风险活动。《国内登山管理办法》规定，对西藏自治区 5000 米以上和其他省、自治区、直辖市 3500 米以上独立山峰的登山活动进行审批；攀登 7000 米以上山峰，登山活动发起单位应当在活动实施前 3 个月向国家体育总局申请特批。目前，一些探险旅游项目也在室内兴起，室内探险项目一般按照体育项目进行审批。

第四节　旅游保险

一、旅游保险的概念及其特点

旅游保险是指旅游活动的投保人根据合同的约定，向保险人支付保险费，保险人对于合同约定的在旅游活动中可能发生的事故及其发生所造成的财产损失、人身伤亡承担保险赔偿责任，或者当被保险人在旅游活动中死亡、伤残、疾病时承担赔偿保险金责任的行为。

旅游保险与其他保险相比较，具有如下特点：

(1)短期性。旅游保险相对于其他保险而言，保险期限是很短的。如在乘坐各种交通工具时，保险期限是从购票登上交通工具时起，至抵达目的地离开交通工具时止的几个小时或数天。

(2)强制保险与自愿保险相结合。旅游保险种类繁多，如旅行社责任保险对于旅行社而言属于强制保险；旅游意外保险对于旅游者个人来说，是自愿投保的。

(3)财产保险与人身保险相结合。保险根据保险标的的不同，分为财产保险和人身保险，两种保险所依据的原则和具体规定也有所不同，一般而言，投保时要根据具体情况投保财产险或人身险。但在旅游保险中，财产险和人身险往往紧密联系，因而在有的险种中，旅游投保人可以在一份合同中同时投保财产险和人身险。

二、旅游保险合同

旅游保险合同是投保人与保险人约定在旅游活动中的保险权利和义务关系的协议。旅游保险合同是保险在旅游活动中的具体体现。旅游保险合同必须具备保险合同主体、客体和保险合同内容这三个要素。

(一)旅游保险合同的主体

旅游保险合同的主体，是指旅游保险合同的参加者或当事人，包括保险人和投保人双方以及第三人。

1. 保险人

又称承保人，是指依法成立的，在保险合同成立时，有权收取保险费，并于保险事故发生时承担赔偿责任的人，也即经营保险业务的保险公司。在旅游保险合同中，保险人与其他保险合同一样也是各个保险公司，而且法律规定旅行社办理旅游意外保险，必须在我国境内保险公司办理。

2. 投保人

又称要保人，是指对保险标的具有保险利益，向保险人申请订立保险合同并负有支付保险费义务的人。投保人可以是自然人，也可以是法人。根据法律规定，投保人对保险标的应当具有保险利益，否则保险合同无效。保险利益，是指投保人对保险标的具有的法律上承认的利益，即在保险事故发生时，可能遭受的损失或失去的利益。这是保险合同生效的重要条件。在旅游保险中，投保人可以是旅游企业，也可以是旅游者个人或旅游团。如旅行社责任险中的投保人是旅行社，而一般旅游意外保险的投保人则可以是旅游者个人。

3. 第三人

旅游保险合同与其他合同不同，旅游保险合同可以为投保人自己的利益订立，也可以为他人的利益而订立。同时，旅游保险合同规定事故发生后的利益可以归属于投保人，也可以归属于其他人，从而保险合同产生了第三人，即保险合同的关系人，包括被保险人和受益人。

（1）被保险人，是指保险事故发生时遭受损害并享有赔偿请求权的人。无论是财产保险合同，还是人身保险合同，投保人与被保险人既可以是同一人，也可以是不同的人。旅游保险中的被保险人一般是旅游者。当然，在不同的旅游保险合同中，被保险人也可以是领队、导游，甚至可以是旅行社。

（2）受益人，又称保险金受领人，是指由投保人或者被保险人在保险合同中指定的，于保险事故发生时，享有赔偿请求权的人，受益人可以是投保人或者被保险人，也可以是其他人。如果投保人或者被保险人没有在保险合同中指明受益人，则为被保险人的法定继承人。

（二）旅游保险合同的客体

旅游保险合同的客体，又称旅游保险标的，是指旅游保险合同双方当事人权利和义务所指的对象。旅游保险标的可分为以下类别：

1. 财产及其有关利益

财产，是指现实存在的并为人们所控制和利用而具有经济价值的生产资料和消费资料，包括动产和不动产。当财产遭受损失时，除了财产本身的经济损失外，还会引起各种利益以及责任和信用等无形物的损失。具体来说，旅游财产保险往往包括财产损失保险、责任保险、信用保险等形式。

2. 人的寿命和身体

旅游人身保险合同的客体是人的寿命和身体。这种保险标的无法用价值来衡量，因而在订立保险合同时，预先由双方当事人约定保险金额。旅游人身保险合同通常以意外伤害保险的形式出现。

因旅游保险合同具有综合性的特点，它不同于一般保险合同依保险标的不同分为两大类（财产保险合同、人身保险合同），往往是把财产与人身结合在一起，例如《旅游意外保险合同》中的保险标的既包括旅客财产，又包括旅游者的人身。

（三）旅游保险合同的内容

旅游保险合同的内容，即旅游保险合同双方当事人的权利和义务。旅游保险合同一般都是依照保险人预先拟定的保险条款订立的，因而在旅游保险合同成立后，双方当事人的权利和义务就主要体现在这些条款上。根据法律规定，旅游保险合同的主要条款一般应包括保险人的名称和住所；投保人、被保险人的名称和住所，以及人身保险的受益人的名称和住所；保险标的；保险责任和责任免除；保险期间和保险责任开始时间；保险价值；保险金额；保险费以及支付办法；保险金赔偿或者给付办法；违约责任和争议处理。

另外，订立旅游保险合同，保险人应当向投保人说明合同条款的内容，并可就保险标的或者被保险人的有关情况提出询问，投保人应当如实告知。保险人还可以与投保人共同商定保险合同的具体内容。

（四）旅游保险合同的订立和终止

1. 旅游保险合同的订立

旅游保险合同必须以书面方式订立。通常的做法是由旅行社、旅游经营单位或者旅游者本人作为投保人向保险人提出投保要求，与保险人签订书面保险协议。旅游保险是一项比较特殊的保险业务，它具有涉及面广、人数多、保险期限短等特点。旅游保险合同订立的形式有以下三种情况：

（1）由投保人和保险人共同签订保险合同，签章后保险合同成立。

（2）由投保人向保险人提交保险申请书，由保险人签发保险单，保险合同成立。

（3）由运输部门出售的旅客乘坐交通工具的票据，也是保险合同的一种形式。它既是乘车凭证，又是旅客参加旅行保险的凭证（有强制保险，也有自愿保险，但多为强制保险）。

旅游保险合同签订后在执行过程中需要增加附加条款的，应由投保人和保险人协商而定，经双方同意后可作为附加条款，附于基本条款之后。根据保险惯例，其有效性为附加条款为先，基本条款为后。

2. 旅游保险合同的终止

旅游保险合同的终止，是指旅游保险合同的当事人依据法律的规定或旅游保险合同本身使生效的保险合同失去效力的行为。已终止的保险合同不再继续履行。导致旅游保险合同终止的情形有：

（1）自然终止。凡保险合同时限届满，保险人的保险责任即告终止。

（2）因合同解除而终止。在签订旅游保险合同时，双方明确自然终止前解除该合同的条件，当规定的解除条件出现时，该保险合同的效力终止。

（3）义务履行完毕终止。根据保险单的规定，保险人承担的赔偿责任履行完毕（支付部分或最高赔偿金）而终止。

（4）被保险人因放弃旅游而终止。

三、目前主要的旅游保险险种

从 2001 年 9 月 1 日起，国家旅游局不再强制旅行社为游客购买旅游意外保险。为了获得更为完善的保障，旅行社可建议游客自行联系保险公司或通过旅行社与保险公司联系，按各自需要投保旅游保险。最早进入国内的美国友邦保险公司在我国推出的"商务旅行保险计划"险种，该保险业务把旅游人身意外的保障分为人身意外、医疗转运、遗体遣返、个人行李及现金丢失、旅行延误、第三者责任等方面。这反映了外资保险很早就注重针对不同的市场需求设计多样化的、具有特色的旅游保险产品。

一直以来，几乎每个保险公司都有"意外伤害保险产品"，这些产品一般保费相对低廉，保障额度相对较高。不过，在各公司的保险产品中，都将"被保险人因从事潜水、跳伞、滑翔、登山、攀岩、探险、狩猎、蹦极运动、武术比赛、摔跤比赛、搏击、特技表演、赛马、赛车等高风险运动"作为责任免除条款。

目前我国境内的大部分保险公司开办的旅游险种主要有：

（1）旅游救助保险。这是中国人寿、中国太平洋保险公司与国际 SOS 救援中心联手推出的旅游救助险种。它将原先的旅游人身意外保险的服务范围扩大，将传统保险公司的一般事后理赔向前延伸变为事故发生时提供及时有效的救助。

（2）旅游求援保险。旅游求援是指当办理了旅游保险的旅游企业或旅游者在旅游活动中，遇到了规定范围内的各种不便时，由特定的组织（企业）为其提供的旅游保障服务。旅游求援主要是为在旅游活动中遇到不便的旅客提供的，并且主要是通过协调各方面关系来帮助需要帮助的旅游企业或者旅游者。这种保险对于出国旅游十分合适。有了它的保障，旅游者一旦发生意外事故或者由于不谙当地习俗法规引起了法律纠纷，只要拨打电话，就会获得无偿的救助。

（3）旅游意外伤害保险。旅游意外伤害保险，是指在合同期内，在旅行社安排的旅游活动中，遭遇外来的、突发的、非疾病导致的意外保险。保险期限一般是指旅游者踏上旅行社提供的交通工具开始，到行程结束后离开旅行社安排的交通工具止。旅游意外保险是一种短期保险，保障的是游客不是旅行社，是由游客自愿购买的短期补偿性险种。旅游意外伤害保险的保障范围包括：

第一，人身意外保险：由于意外造成死亡或永久性伤残而给予一笔预先约定的金额。

第二，医疗费用保障：在旅途中因意外而引致的医疗费用开支。万一在外地发生严重事故，受保人可享用国际医疗队伍的服务。大部分的旅游保险都是只保障因意外造成之医疗开支，但是也有少部分的保单可同时保障在旅途中因疾病而带来的医疗支出。

第三，个人财物保障：保障在旅途中，财物因意外损毁或被盗窃所带来的经济损失。

第四，个人法律责任保障：在旅途中受保人因疏忽而导致第三者人身伤亡或财物损失而被追讨索偿的保障。由于不同的保险公司发出的保单条款可能有异，因此保障范围可有不同。

旅游意外伤害保险的范围一般包括医疗费用、人身意外、意外双倍赔偿、紧急医疗运送、运返费用、个人行李、行李延误、取消旅程、旅程延误、缩短旅程、个人钱财及证件等。

（4）住宿旅客人身保险。我国保险公司已开发了住宿旅客人身保险的新险种。该险种每份保费 1 元，从住宿之日零时起算，保险期限期 15 天，期满可续保，一次可投多份。每份保险责任分为三个方面：一为住宿旅客保险金 5000 元；二为住宿旅客见义勇为保险金 1 万元；三为旅客随身物品遭意外损毁或盗抢而丢失的补偿金 200 元。

在保险期内，旅客因遭意外事故、外来袭击、谋杀或为保护自身或他人生命财产安全而致自身死亡、残疾或身体机能丧失，或随身携带物品遭盗窃、抢劫等而丢失的，保险公司按不同标准支付保险金。

第五节　旅行社责任保险

一、旅行社责任保险制度概述

《旅行社责任保险管理办法》经 2010 年 7 月 29 日国家旅游局第 9 次局长办公会议、2010 年 11 月 8 日中国保险监督管理委员会主席办公会审议通过，自 2011 年 2 月 1 日起施行。依照《旅行社条例》和《旅行社责任保险管理办法》，在中华人民共和国境内依法设立的旅行社，应当投保旅行社责任保险。

(一) 旅行社责任险的概念

根据《旅行社责任保险管理办法》，旅行社责任保险，是指以旅行社因其组织的旅游活动对旅游者和受其委派并为旅游者提供服务的导游或者领队人员依法应当承担的赔偿责任为保险标的的保险。它是旅行社为自己投保的险种，投保人、被保险人、受益人均为旅行社，一旦因旅行社责任造成游客、导游、领队遭受人身和财产损失，保险公司代表旅行社承担赔偿责任，起到了既能对游客、导游、领队的人身伤害和财产损失进行赔偿，保障游客、导游、领队权益，又使旅行社的责任风险得以转嫁的双重作用。

(二) 旅行社责任险与旅游意外险的区别

1. 投保人、被保险人和受益人不同

旅游意外险是游客、导游、领队自己投保或由旅行社代为投保，被保险人、受益人均为游客、导游、领队，一旦出险，游客、导游、领队的权益会得到保障。旅行社责任险是旅行社为自己投保，投保人、被保险人、受益人均为旅行社，一旦游客、导游、领队在旅游活动中遭受人身和财产损失，保险公司代表旅行社承担赔偿责任，起到既能对游客、导游、领队的人身伤害和财产损失进行赔偿，又使旅行社的责任风险得以转嫁的多重作用。

2. 保险的标的和承保的公司不同

旅游意外险按我国《保险法》的规定，属于人身保险，只能由人寿保险公司承保。旅行社责任险既包括人身赔偿，又包括对行李物品的损失和第三者的责任等财产的赔偿。

3. 投保的强制性不同

旅游意外险是人身保险，是自愿的，投保与否以及投保多少，由游客自定。旅行社责任险是强制性的，旅行社必须投保旅行社责任险。

4. 保险的责任范围不同

旅行社责任险的保险责任范围比旅游意外险扩大了很多，不仅包括旅行社责任引起的游客人身伤亡、财产遭受的损失及由此发生的相关费用的赔偿，同时也包括保险事故发生导致的诉讼费用和必要的施救费用等。在实际发生意外时，如果法院或仲裁机构认定旅行社的责任赔偿超过它的投保范围和投保金额时，旅行社要补足赔偿金额或自行承担赔偿责任。

5. 投保方式、投保金额不同

旅行社责任险按年投保，一次性投保，保险期限为1年。旅行社可根据以往经验、组团接待量、管理水平、抗风险能力等选择合适的投保额度。这意味着投保额度将成为一种强有力的市场竞争手段：投保额度相同，组团接待量越多的旅行社越能体现出规模优势从而降低单位成本；投保额度不同，有实力的旅行社可提高投保额度赢取客源，扩大市场份额。旅游意外险的投保金额由游客与保险公司自行约定，一次性购买，旅游活动结束，保险合同即终止。

162

二、旅行社责任保险的承保范围

《旅行社责任保险管理办法》第四条规定，旅行社责任保险的承保范围包括旅行社在组织旅游活动中依法对旅游者的人身伤亡、财产损失承担的赔偿责任和依法对受旅行社委派并为旅游者提供服务的导游或者领队人员的人身伤亡承担的赔偿责任。具体包括下列情形：

（1）因旅行社疏忽或过失应当承担赔偿责任的；

（2）因发生意外事故旅行社应当承担赔偿责任的；

（3）国家旅游局会同中国保险监督管理委员会规定的其他情形。

三、保险期限和保险金额

旅行社责任保险的保险期间为1年。旅行社应当在保险合同期满前及时续保。

旅行社在组织旅游活动中发生《旅行社责任保险管理办法》第四条所列情形的，保险公司依法根据保险合同约定，在旅行社责任保险责任限额内予以赔偿。责任限额可以根据旅行社业务经营范围、经营规模、风险管控能力、当地经济社会发展水平和旅行社自身需要，由旅行社与保险公司协商确定，但每人人身伤亡责任限额不得低于20万元人民币。

四、投保和赔偿

（1）旅行社投保旅行社责任保险的，应当与保险公司依法订立书面旅行社责任保险合同。

（2）保险合同成立后，旅行社按照约定交付保险费。保险公司应当及时向旅行社签发保险单或者其他保险凭证，并在保险单或者其他保险凭证中载明当事人双方约定的合同内容，同时按照约定的时间开始承担保险责任。

（3）旅行社投保旅行社责任保险，可以依法自主投保，也可以有组织统一投保。

（4）旅行社组织的旅游活动中发生保险事故，旅行社或者受害的旅游者、导游、领队人员通知保险公司，保险公司应当及时告知具体的赔偿程序等有关事项。

（5）保险事故发生后，旅行社按照保险合同请求保险公司赔偿保险金时，应当向保险公司提供其所能提供的与确认保险事故的性质、原因、损失程度等有关的证明和资料。

（6）旅行社对旅游者、导游或者领队人员应负的赔偿责任确定的，根据旅行社的请求，保险公司应当直接向受害的旅游者、导游或者领队人员赔偿保险金。旅行社怠于请求的，受害的旅游者、导游或者领队人员有权就其应获赔偿部分直接向保险公司请求赔偿保险金。

（7）保险公司收到赔偿保险金的请求和相关证明、资料后，应当及时作出核定；情形复杂的，应当在30日内作出核定，但合同另有约定的除外。保险公司应当将核定结果通知旅行社以及受害的旅游者、导游、领队人员；对属于保险责任的，在与旅行社达成赔偿保险金的协议后10日内，履行赔偿保险金义务。

（8）因抢救受伤人员需要保险公司先行赔偿保险金用于支付抢救费用的，保险公司在接到旅行社或者受害的旅游者、导游、领队人员通知后，经核对属于保险责任的，可以在责任限额内先向医疗机构支付必要的费用。

（9）因第三者损害而造成保险事故的，保险公司自直接赔偿保险金或者先行支付抢救费用之日起，在赔偿、支付金额范围内代位行使对第三者请求赔偿的权利。旅行社以及受害的旅游者、导游或者领队人员应当向保险公司提供必要的文件和所知道的有关情况。

（10）旅行社与保险公司对赔偿有争议的，可以按照双方的约定申请仲裁，或者依法向人民法院提起诉讼。

五、监督检查

（1）县级以上旅游行政管理部门依法对旅行社投保旅行社责任保险情况实施监督检查。

（2）中国保监会及其派出机构依法对保险公司开展旅行社责任保险业务实施监督管理。

六、罚则

（1）旅行社解除保险合同但未同时订立新的保险合同，保险合同期满前未及时续保，或者人身伤亡责任限额低于 20 万元人民币的，由县级以上旅游行政管理部门依照《旅行社条例》第四十九条的规定处罚。

（2）保险公司经营旅行社责任保险，违反有关保险条款和保险费率管理规定的，由中国保监会或者其派出机构依照我国《保险法》和中国保监会的有关规定予以处罚。

（3）保险公司拒绝或者妨碍依法检查监督的，由中国保监会或者其派出机构依照《保险法》的有关规定予以处罚。

案例 8-3

A 游客准备参加 B 旅行社组织的团队旅游，向旅行社咨询服务项目时，顺带问业务员是否需要购买旅游保险。业务员告诉游客，游客可以购买保险，也可以不购买保险，反正旅行社已经为游客办理了旅游保险。在旅游行程中，A 游客由于疏忽扭伤了脚，游客要求旅行社承担 1450 元医疗费，旅行社以游客自己疏忽、旅行社不需要承担责任为由，拒绝支付医疗费。A 游客以旅行社行前未履行告知义务为由，要求 B 旅行社承担全额医疗费用，并向法院提起诉讼，法院判决 B 旅行社承担责任，全额赔偿 A 游客的医疗费用。

本案评析：

（1）提示游客购买旅游意外保险是旅行社的法定义务。《旅游法》颁布实施前，关于旅游意外保险的规定，来源于《旅行社条例实施细则》第四十条的规定，该规定要求旅行社在招徕、接待游客时，可以提示游客购买旅游意外保险。也就是说，旅行社可以提示游客购买旅游意外保险，也可以不提示游客购买旅游意外保险，是否提示游客购买意外保险的主动权在旅行社。因为提示游客购买旅游意外保险是一项任意性的规范，而不是旅行社的强制义务。

《旅游法》颁布实施后，提示游客购买旅游意外保险成了旅行社的强制义务，虽然旅游意外保险的投保人为旅游者，受益人当然也是游客本人或者是其家人，旅行社不需要为游客购买旅游意外保险，但旅行社有义务提示游客购买旅游意外保险。至于游客是否购买旅游意外保险，则由游客自己决定。

(2)旅行社要介绍意外保险和责任保险的区别。旅行社责任保险和游客意外保险是两种不同性质的保险，旅行社责任保险是强制险，受益人是旅行社。旅行社组团时，都必须按照规定购买旅行社责任保险，旅行社服务出现失误，给游客造成人身财产损害，法院判决旅行社应当承担赔偿责任时，可以通过责任保险来规避旅行社的责任。意外保险的受益人是作为投保人的游客本人或者其家人，一般需要游客自己购买保险。大多数游客对此并不了解，旅行社在营销中应当告知游客两种保险的区别，动员游客自己购买意外保险。现实的情况是，一些业务员甚至自己也不知晓两种保险的内涵，在营销中根本不会告知两者的不同，只是笼统地告知游客旅行社办了保险，游客购买意外保险也自然无从谈起。既然旅行社没有履行告知义务，就应当为此承担责任。上述案例中，B旅行社应当全额承担游客的医疗费。

(3)旅行社为游客购买旅游意外保险的方式有待商榷。从上述规定可以看出，只有与被保险人具有保险利益的单位和个人，才可以为被保险人投保人身保险，否则该保险合同无效。具体地说，旅行社和游客之间，仅仅存在旅游合同关系，旅行社和游客之间并不因为旅游合同就自然具备保险利益关系。因此，旅行社不可以自己的名义，为游客办理意外保险，不论是赠送旅游意外保险还是办理包含意外保险的旅游综合险。旅游意外保险应当由游客自己本人或者有保险利益的人为其办理。

在实务中，旅行社往往和保险公司达成协议，将旅行社责任保险和游客意外保险打包，一并购买；另外一种方式就是直接为游客购买旅游综合保险。从实际操作上来说，购买打包保险产品或者综合旅游保险产品，既实惠，又方便，受到旅行社的欢迎，但从法律上说，如果没有征得游客的同意，这样的销售和购买方式并不合乎规范，旅行社擅自为游客投保或者赠送旅游意外保险合同无效。

(4)确保旅行社为游客代办意外保险行为有效的途径。为了确立旅行社和游客的保险利益关系，从而确保旅行社为游客投保的旅游意外保险有效，旅行社在为游客投保旅游意外保险之前，应当先向游客告知旅游意外保险的含义，提示游客可以自行购买旅游意外保险。如果游客希望获得旅行社赠与的旅游意外保险，旅行社应当事先征得游客的书面同意，而不是口头同意，将旅行社会和保险公司达成协议，赠与游客意外保险一事告知游客，并和游客达成书面协议，确认旅行社和旅游者具有保险利益关系。只有确认了旅行社和游客之间的保险利益，旅行社赠与游客意外保险的行为，才能够得到法律的认可和保障。

(5)保险业务的实务操作和法律规范存在落差。旅行社可能会说，经过多年的实践，旅行社通过赠送意外保险的方式，保险公司的赔偿基本能够及时到位，解决了旅行社的后顾之忧，结果是令旅行社、游客和保险公司三方满意，效果良好，提高了旅游纠纷处理的效率。这当然是大家都乐于看到的局面，但这是因为目前的意外保险赔偿金总体不高，保险公司遵循的是大数法则，只要总量上有利可图，就不会锱铢必究。一旦发生重大意外事故导致游客群死群伤，保险赔偿金额居高不下时，就存在保险公司以旅行社和游客不具备保险利益关系、旅游意外保险合同无效为由，拒绝承担赔偿责任的风险。因为旅行社为游客投保的旅游意外保险，许多时候并未征得游客的同意，旅行社和游客不存在保险利益关系。

思考题

1. 为什么要加强旅游安全管理工作？
2. 什么是旅游安全事故？对其如何分类？
3. 旅游安全事故处理的一般程序如何？
4. 对高风险旅游项目如何进行管理？
5. 旅行社责任保险与旅游意外保险有何区别？
6. 旅行社责任保险的承保范围包括哪些？
7. 旅行社责任保险的保险期限和保险金额是如何规定的？

第九章 旅游监督管理和旅游纠纷处理法律制度

为保护旅游者和旅游经营者的权益，规范旅游市场秩序，《旅游法》第七章从旅游监督管理、第八章从旅游纠纷处理，就旅游监督管理的部门及其职责要求、旅游纠纷处理的法律途径作了明确规定。

第一节 旅游监督管理

一、旅游监督管理的部门

旅游活动涉及面广，综合性强，仅靠旅游行政管理部门无法对其实施有效的监督管理，必须依靠其他相关部门的密切合作才能完成。《旅游法》第八十三条规定：

(1)县级以上人民政府旅游主管部门和有关部门依照本法和有关法律、法规的规定，在各自职责范围内对旅游市场实施监督管理。

(2)县级以上人民政府应当组织旅游主管部门、有关主管部门和工商行政管理、产品质量监督、交通等执法部门对相关旅游经营行为实施监督检查。

二、旅游监督管理部门的职责要求

(一)监督检查的内容

《旅游法》第八十五条规定，县级以上人民政府旅游主管部门有权对下列事项实施监督检查：

(1)经营旅行社业务以及从事导游、领队服务是否取得经营、执业许可；

(2)旅行社的经营行为；

(3)导游和领队等旅游从业人员的服务行为；

(4)法律、法规规定的其他事项。

同时规定，旅游主管部门依照前款规定实施监督检查，可以对涉嫌违法的合同、票据、账簿以及其他资料进行查阅、复制。

(二) 对旅游监督管理部门及其工作人员的要求

依据《旅游法》第八十四条、第八十六条的规定，对旅游监督管理部门及其工作人员的要求如下：

(1) 旅游主管部门履行监督管理职责，不得违反法律、行政法规的规定向监督管理对象收取费用；旅游主管部门及其工作人员不得参与任何形式的旅游经营活动。

(2) 旅游主管部门和有关部门依法实施监督检查，其监督检查人员不得少于2人，并应当出示合法证件。监督检查人员少于2人或者未出示合法证件的，被检查单位和个人有权拒绝。监督检查人员对在监督检查中知悉的被检查单位的商业秘密和个人信息应当依法保密。

(三) 旅游监督管理部门的职责

《旅游法》第八十八条、第八十九条、第九十条分别规定了旅游监督管理部门的职责。

(1) 县级以上人民政府旅游主管部门和有关部门，在履行监督检查职责中或者在处理举报、投诉时，发现违反本法规定行为的，应当依法及时作出处理；对不属于本部门职责范围的事项，应当及时书面通知并移交有关部门查处。

(2) 县级以上地方人民政府建立旅游违法行为查处信息的共享机制，对需要跨部门、跨地区联合查处的违法行为，应当进行督办。

(3) 旅游主管部门和有关部门应当按照各自职责，及时向社会公布监督检查的情况。

(4) 依法成立的旅游行业组织依照法律、行政法规和章程的规定，制定行业经营规范和服务标准，对其会员的经营行为和服务质量进行自律管理，组织开展职业道德教育和业务培训，提高从业人员素质。

三、被检查者的义务

《旅游法》第八十七条规定，对依法实施的监督检查，有关单位和个人应当配合，如实说明情况并提供文件、资料，不得拒绝、阻碍和隐瞒。

第二节　旅游纠纷处理

一、旅游纠纷概述

旅游纠纷，是指旅游者与旅游经营者、旅游辅助服务者之间因旅游发生的合同纠纷或者侵权纠纷。通常，处理旅游纠纷之时，就是有权利需要救济之时。《旅游法》规定了旅游投诉处理、旅游纠纷解决的法律制度，国家旅游局于2010年7月1日颁布实施的《旅游投诉处理办法》也对旅游投诉、旅游纠纷处理作出了明确具体的规定。

《旅游法》第九十二条规定，旅游者与旅游经营者发生纠纷，可以通过下列途径解决：

（1）双方协商；（2）向消费者协会、旅游投诉受理机构或者有关调解组织申请调解；（3）根据与旅游经营者达成的仲裁协议提请仲裁机构仲裁；（4）向人民法院提起诉讼。

旅游纠纷往往涉及的旅游者人数众多，并且有着共同或者相类似的权利诉求。为了避免诉求表述的混乱，促进权利救济的实现，《旅游法》第九十四条规定，旅游者与旅游经营者发生纠纷，旅游者一方人数众多并有共同请求的，可以推选代表人参加协商、调解、仲裁、诉讼活动。

案例 9-1

某旅游团众多游客对某旅行社擅自更改行程、强制购物的行为不满，要求旅行社退还部分费用，被旅行社拒绝。现在这些游客打算起诉旅行社，但是因为大家来自不同地方，有的游客起诉不方便。他们该怎么办？

本案评析：这些游客可以选出一名代表参加诉讼。《旅游法》规定，旅游者与旅游经营者发生纠纷，旅游者一方人数众多并有共同请求的，可以推选代表人参加协商、调解、仲裁、诉讼活动。

二、旅游投诉概述

从上述《旅游法》解决旅游者与旅游经营者之间纠纷的途径来看，一般是旅游者先与旅游经营者沟通，协商解决，协商不成，再向消费者协会、旅游投诉受理机构投诉，申请调解。《旅游法》特别规定了旅游投诉受理机构的设立和职责，《旅游法》第九十一条规定："县级以上人民政府应当指定或者设立统一的旅游投诉受理机构。受理机构接到投诉，应当及时进行处理或者移交有关部门处理，并告知投诉者。"可见旅游投诉是处理旅游纠纷中的一种重要方式。

旅游投诉制度是我国旅游管理中相对完善的一项法律制度，是处理旅游纠纷的各种方式中最具旅游特色的一种。旅游投诉制度的建立，有利于国家旅游行政机关更好地行使国家权力，公平合理地处理双方当事人的矛盾和纠纷，依法管理旅游行业；使旅游者"投诉无门"的问题得以解决，有利于及时保护旅游者的合法权益。

(一)旅游投诉的概念、特点

依据《旅游投诉处理办法》，旅游投诉是指旅游者认为旅游经营者损害其合法权益，请求旅游行政管理部门、旅游质量监督管理机构或者旅游执法机构，对双方发生的民事争议进行处理的行为。

旅游投诉的特点主要是：

（1）投诉者是与案件有直接利害关系的人，指旅游者或其代理人。

（2）投诉人的合法权益受到了损害。

（3）被投诉者主观上有过错。

（4）投诉所涉及的纠纷应当发生在旅游活动中，或者与旅游活动有密切关系。

（5）旅游投诉的受理部门是旅游投诉受理机构。

（二）旅游投诉受理机构

《旅游法》规定，县级以上人民政府应当指定或者设立统一的旅游投诉受理机构。根据《旅游投诉处理办法》，旅游投诉受理机构应该是指旅游行政管理部门、旅游质量监督管理机构或者旅游执法机构。

旅游投诉受理机构在处理旅游投诉中，发现被投诉人或者其从业人员有违法或犯罪行为的，应当按照法律、法规和规章的规定，作出行政处罚，向有关行政管理部门提出行政处罚建议或者移送司法机关。

（三）旅游投诉的管辖

旅游投诉管辖，是指各级旅游投诉受理机构和同级旅游投诉受理机构之间，受理旅游投诉案件的分工和权限。旅游投诉管辖有级别管辖和地域管辖之分。

1. 级别管辖

《旅游投诉处理办法》规定，上级旅游投诉受理机构有权处理下级旅游投诉受理机构管辖的投诉案件。实质上，级别管辖是一种系统内部的分工问题。从职权范围来看，国家旅游投诉受理机构管辖全国范围内有重要影响或者地方旅游投诉处理机构处理有困难的重大投诉案件、各类旅游质量投诉案件，以及重大的跨省、自治区、直辖市的旅游投诉。地方旅游投诉受理机构管辖本辖区内旅游投诉案件，本地区重大的和跨地（州）、市的投诉案件及省级各部门旅游企业的投诉案件。

2. 地域管辖

地域管辖，是指同级旅游投诉受理机构之间横向划分在各辖区内处理旅游投诉案件的分工和权限，即确定旅游行政管理部门等机构实施其行政权力的地域范围。《旅游投诉处理办法》确定了三个标准，即旅游合同签订地标准、被投诉者所在地标准、损害行为发生地标准。

《旅游投诉处理办法》第五条规定："旅游投诉由旅游合同签订地或者被投诉人所在地县级以上地方旅游投诉处理机构管辖。需要立即制止、纠正被投诉人的损害行为的，应当由损害行为发生地旅游投诉处理机构管辖。"也就是说在一般情况下旅游投诉由旅游合同签订地或被投诉人所在地的县级以上地方旅游投诉处理机构管辖，但如果出现紧急情况，旅游者利益正在受到严重损害，而属地管理又存在困难时，如发生甩团、滞留等旅行社中止履行合同的情况，为了使旅游者尽快得到救助，旅游者可以向损害行为发生地的县级以上旅游投诉处理机构投诉，这样可以尽快纠正旅游经营者违法行为，有效地保护旅游者的合法权益。

发生管辖争议的，旅游投诉受理机构可以协商确定，或者报请共同的上级旅游投诉受理机构指定管辖。

三、旅游投诉的受理

旅游投诉的受理，是指旅游投诉受理机构对投诉案件接受审理。具体而言，是指有管辖权的旅游投诉受理机构，接到旅游投诉者的投诉状或者口头投诉，经审查认为符合受理条件，予以立案的行政行为。

（一）旅游投诉应当具备的条件及投诉范围

《旅游投诉处理办法》第十条规定旅游投诉应当符合下列条件：

（1）投诉人与投诉事项有直接利害关系；

（2）有明确的被投诉人、具体的投诉请求、事实和理由。

《旅游投诉处理办法》规定投诉人可以就下列事项向旅游投诉处理机构投诉：

（1）认为旅游经营者违反合同约定；

（2）因旅游经营者的责任致使投诉人人身、财产受到损害；

（3）因不可抗力、意外事故致使旅游合同不能履行或者不能完全履行，投诉人与被投诉人发生争议；

（4）其他损害旅游者合法权益。

同时，《旅游投诉处理办法》规定下列情形不予受理：

（1）人民法院、仲裁机构、其他行政管理部门或者社会调解机构已经受理或者处理。

（2）旅游投诉处理机构已经作出处理，且没有新情况、新理由。

（3）不属于旅游投诉处理机构职责范围或者管辖范围。属于该款规定的情形的，旅游投诉处理机构应当及时告知投诉人向有管辖权的旅游投诉处理机构或者有关行政管理部门投诉。

（4）超过旅游合同结束之日90天。

（5）不符合《旅游投诉处理办法》第十条规定的旅游投诉条件。

（6）《旅游投诉处理办法》规定情形之外的其他经济纠纷。

（二）旅游投诉的形式

《旅游投诉处理办法》规定旅游投诉一般应当采取书面形式，一式两份，并载明下列事项：

（1）投诉人的姓名、性别、国籍、通信地址、邮政编码、联系电话及投诉日期；

（2）被投诉人的名称、所在地；

（3）投诉的要求、理由及相关的事实根据。

投诉事项比较简单的，投诉人可以口头投诉，由旅游投诉处理机构进行记录或者登记，并告知被投诉人。

投诉人委托代理人进行投诉活动的，还应当向旅游投诉处理机构提交授权委托书，并载明委托权限。

投诉人4人以上，以同一事由投诉同一被投诉人的，为共同投诉。共同投诉可以由投诉人推选1~3名代表进行投诉。代表人参加旅游投诉处理机构处理投诉过程的行为，对全体投诉人发生效力，但代表人变更、放弃投诉请求或者进行和解，应当经全体投诉人同意。

(三) 旅游投诉受理的程序

《旅游投诉处理办法》规定旅游投诉受理机构接到投诉，应当在 5 个工作日内作出以下处理：

(1) 投诉符合《旅游投诉处理办法》的，予以受理，并将旅游投诉受理通知书和投诉书副本送达被投诉人。

(2) 投诉不符合《旅游投诉处理办法》的，应当向投诉人送达旅游投诉不予受理通知书，告知不予受理的理由。

(3) 依照有关法律、法规和本办法规定，本机构无管辖权的，应当以旅游投诉转办通知书或者旅游投诉转办函，将投诉材料转交有管辖权的旅游投诉处理机构或者其他有关行政管理部门，并书面告知投诉人。

四、旅游投诉的处理

(一) 旅游投诉处理的程序

旅游投诉的处理程序包括：

(1) 及时将受理决定通知被投诉者，被投诉者在规定期限内作出书面答复。旅游投诉受理机构处理旅游投诉，应当立案办理，填写《旅游投诉立案表》，并附有关投诉材料，在受理投诉之日起 5 个工作日内，将《旅游投诉受理通知书》和投诉书副本送达被投诉人。被投诉人应当在接到通知之日起 10 日内作出书面答复，提出答辩的事实、理由和证据。

(2) 审查与调查。旅游投诉受理机构应当对双方当事人提出的事实、理由及证据进行审查。旅游投诉受理机构认为有必要收集新的证据，可以根据有关法律、法规的规定，自行收集或者召集有关当事人进行调查。需要委托其他旅游投诉受理机构协助调查、取证的，应当出具《旅游投诉调查取证委托书》，受委托的旅游投诉受理机构应当予以协助。

(3) 作出调解。

(4) 作出处理决定。

(二) 调解

《旅游投诉处理办法》规定，旅游投诉处理机构受理投诉后，应当积极安排当事双方进行调解，提出调解方案，促成双方达成调解协议。

调解，是指旅游投诉受理机构主持投诉与被投诉双方通过和解解决纠纷，达成协议的行为。从实际出发，应提倡尽量调解。调解的原则包括：

(1) 尽量调解原则。旅游投诉所涉及的纠纷，大部分属于民事纠纷，促进投诉、被投诉双方达成协议，取得谅解，无疑有助于促进经营者加强管理、改善经营；使旅游者知法守法，维护正常旅游秩序，因而《旅游投诉处理办法》规定，旅游投诉处理机构处理旅游投诉，除本办法另有规定外，实行调解制度。

(2) 调解自愿原则。《旅游投诉处理办法》规定，旅游投诉处理机构应当在查明事实的基础上，遵循自愿、合法的原则进行调解，促使投诉人与被投诉人相互谅解，达成协议。即无论是否选择调解方式，或能否达成调解协议，都要出于投诉双方的完全自愿。调解必须查明事实，分清责任，以事实为根据，以法律为准绳，使有错方知错就改，受损方得到补偿，平息矛盾，减少纠纷。

（三）处理决定

《旅游投诉处理办法》规定，旅游投诉受理机构应当在受理旅游投诉之日起60日内，作出以下处理决定：

（1）双方达成调解协议的，应当制作《旅游投诉调解书》，载明投诉请求、查明的事实、处理过程和调解结果，由当事人双方签字并加盖旅游投诉处理机构印章。

（2）调解不成的，终止调解，旅游投诉处理机构应当向双方当事人出具《旅游投诉终止调解书》。调解不成的，或者调解书生效后没有执行的，投诉人可以按照国家法律、法规的规定，向仲裁机构申请仲裁或者向人民法院提起诉讼。

（3）在下列情形下，经旅游投诉处理机构调解，投诉人与旅行社不能达成调解协议的，旅游投诉处理机构应当作出划拨旅行社质量保证金赔偿的决定，或向旅游行政管理部门提出划拨旅行社质量保证金的建议：

①旅行社因解散、破产或者其他原因造成旅游者预交旅游费用损失的；

②因旅行社中止履行旅游合同义务造成旅游者滞留，而实际发生了交通、食宿或返程等必要及合理费用的。

案 例 9-2

游客陈女士通过旅行社报名参团到某漂流景区漂流。在漂流途中，陈女士乘坐的漂流船被一个急流掀翻，陈女士落入河中，右手当即骨折。景区救生员立刻将受伤的陈女士送往医院救治。在医疗费用和赔偿费用等方面，陈女士和旅行社、景区发生了纠纷。经检查和了解，由于水急和同船乘坐人员惊慌，陈女士乘坐的漂流船侧翻，造成陈女士右手肱骨干骨折。经过旅游局质量监督管理所多次的调解，三方多次的协商，陈女士最终获得了相应的赔偿，因为漂流骨折而产生的住院治疗、误工、往返差旅等相关费用，由景区和旅行社共同承担。对事故发生后的处理及赔偿结果，陈女士表示十分满意。

本案评析：本案中旅游投诉受理机构严格按照《旅游投诉处理办法》的规定及时有效地对纠纷进行了调解，达成了调解协议，保障了旅游者的合法权益。

思考题

1. 旅游纠纷的解决途径有哪些？
2. 什么是旅游投诉？它有哪些特点？

3. 旅游投诉地域管辖的标准是什么?
4. 旅游投诉应具备的条件及投诉范围有何规定?
5. 简述旅游投诉处理的程序。

第十章 旅游出入境法律制度

在世界已经变成"地球村"的今天，国际交流和合作日益频繁，为确保国际间经济、科技、文化、旅游业的共同发展，同时也确保国家的主权与安全，每个主权国家都制定了关于外国人和本国公民出入境管理的法律法规，我国也不例外。

第一节 中国公民出入境管理和外国人入出境管理

一、出入境管理法概述

早在 20 世纪 80 年代，为了保护外国人在华的合法权益，确保国家主权和安全，我国制定了关于外国人出入境管理的一系列法律法规，主要有：1985 年 11 月 22 日由六届全国人大常委会第十三次会议通过并公布的《中华人民共和国外国人入境出境管理法》，该法律对外国人入境、出境、居留、旅行等作了具体规定。为了贯彻这部法律，公安部和外交部于 1986 年 12 月 27 日制定并公布了《中华人民共和国外国人入境出境管理法实施细则》。同时我国制定了管理、规范中国公民出入境的法律、法规，主要有：《中华人民共和国公民出境入境管理法》，1985 年 11 月 22 日由六届全国人大常委会第十三次会议通过，1986 年 2 月 1 日起施行；《中华人民共和国公民出境入境管理法实施细则》，1986 年 12 月 3 日由国务院批准，1986 年 12 月 26 日公安部、外交部、交通部发布。其他适用的相关法律法规还有：《中华人民共和国海关法》、《中华人民共和国出境入境边防检查条例》等。

为适应我国经济社会的快速发展和对外开放的不断扩大，为进一步规范出境入境管理，维护我国主权、安全和社会秩序，在总结 1985 年全国人大常委会制定的外国人入境出境管理法和中国公民出境入境管理法施行经验的基础上，2012 年 6 月 30 日第十一届全国人大常委会第二十七次会议审议通过了《中华人民共和国出境入境管理法》（以下简称《出境入境管理法》），该法于 2013 年 7 月 1 日起施行。《中华人民共和国外国人入境出管理法》和《中华人民共和国公民出境入境管理法》同时废止。

《出境入境管理法》的调整范围包括：中国公民的出境入境、外国人的入境出境、外国人在中国境内停留居留的管理、交通运输工具出境入境的边防检查。

根据《出境入境管理法》，我国出境入境管理工作的体制是：公安部、外交部按照各自职责负责有关出境入境事务的管理。具体是指：

（1）中华人民共和国驻外使馆、领馆或者外交部委托的其他驻外机构（以下称驻外签证机关）负责在境外签发外国人入境签证。

（2）公安部出入境边防检查机关负责实施出境入境边防检查。

（3）县级以上地方人民政府公安机关及其出入境管理机构负责外国人停留居留管理。

（4）公安部、外交部可以在各自职责范围内委托县级以上地方人民政府公安机关出入境管理机构、县级以上地方人民政府外事部门受理外国人入境、停留居留申请。

二、中国公民出境入境

（一）中国公民出境入境的有效证件

1. 护照和其他旅行证件

（1）护照。《出境入境管理法》第九条第一款规定，中国公民出境入境，应当依法申请办理护照或者其他旅行证件。

护照是主权国家的主管机关颁发给本国公民出入国境和在国外居留、旅行的合法身份证件与国籍证明。护照由所在国的外交主管机关或公安机关颁发。我国护照有外交护照、公务护照和普通护照三种。

我国《护照法》规定，中国公民因前往外国定居、探亲、学习、就业、旅行、从事商务活动等非公务原因出国的，由本人向户籍所在地的县级以上地方人民政府公安机关出入境管理机构申请普通护照。

我国公民申请普通护照，应当提交本人的居民身份证、户口簿、近期免冠照片以及申请事由的相关材料。国家工作人员因非公务原因出境申请普通护照的，还应当按照国家有关规定提交相关证明文件。公安机关出入境管理机构应当自收到申请材料之日起15日内签发普通护照；对不符合规定不予签发的，应当书面说明理由，并告知申请人享有依法申请行政复议或者提起行政诉讼的权利。在偏远地区或者交通不便的地区或者因特殊情况，不能按期签发护照的，经护照签发机关负责人批准，签发时间可以延长至30日。

普通护照的有效期为：护照持有人未满16周岁的5年，16周岁以上的10年。

（2）其他旅行证件。其他旅行证件主要有旅行证、出入境通行证等，它们可以起到护照的作用。

① 旅行证。如果短期出国的公民在国外发生护照遗失、被盗或者损毁不能使用的，应当向中华人民共和国驻外使馆、领馆或者外交部委托的其他驻外机构申请中华人民共和国旅行证。

② 出入境通行证。公民从事边境贸易、边境旅游服务或者参加边境旅游的，可以向公安部委托的县级以上地方人民政府公安机关出入境管理机构申请中华人民共和国出入境通行证。

2. 签证或其他入境许可证明

签证是指主权国家颁发给外国公民的允许其出境、入境、过境的许可证明，是附于申请人所持护照或其他旅行证件上的文书凭证，是一个国家的主管机关对进入或经过这个国家的人员的身份和目的的辨认依据。

《出境入境管理法》第九条第二款规定，中国公民前往其他国家或者地区，还需要取得前往国签证或者其他入境许可证明。但是，中国政府与其他国家政府签订互免签证协议或者公安部、外交部另有规定的除外。据此可知，仅持有有效的护照、旅行证件并不意味着持照人随时可以出境，持照人还必须申请办理前往国签证（互免签证除外）。在一些非主权国家地区，由于不能发签证，所以只能签发其他入境许可证明。

一般情况下，中国公民需要持有前往国签证或者其他入境许可证明出境，但是在一些特殊情况下，不必遵守此规定，主要包括：

（1）中国政府与其他国家政府签订互免签证协议的。互免签证是随着国际关系和各国旅游业的不断发展，为便利各国公民之间的友好往来而发展起来的，根据两国间外交部签署的协议，双方公民持有效的本国护照可自由出入对方的国境，而不必办理签证。

（2）前往国家和地区实行单方免签制度或落地签证制度的。单方免签制度是指前往国家单方面规定可免签入境，无须两国之间的协议。落地签证，是指申请人不能直接从所在国家取得前往国家的签证，而是持护照和该国有关机关发给的入境许可证明等抵达该国口岸后，再签发签证。

3. 海员出境入境身份证件

《出境入境管理法》第九条第三款规定，中国公民以海员身份出境入境和在国外船舶上从事工作的，应当依法申请办理海员证。

我国《护照法》规定，公民以海员身份出入国境和在国外船舶上从事工作的，应当向交通部委托的海事管理机构申请中华人民共和国海员证。我国1995年加入的《国际便利海上运输公约》规定，海员证是有效的证明海员身份的证件。《出境入境管理法》的上述规定，与《护照法》作了衔接，明确了海员证也可以作为中国公民出入境的一种特殊证件。

（二）中国公民出入境的程序及其法律限制

1. 中国公民出入境的程序

《出境入境管理法》第十一条规定，中国公民出境入境，应当向出入境边防检查机关交验本人的护照或者其他旅行证件等出境入境证件，履行规定的手续，经查验准许，方可出境入境。

因护照或其他旅行证件是中国公民出入国境和在国外证明国籍和身份的证件，所以中国公民在出境入境时，交验护照或者其他旅行证件是一项法定义务和必备程序，用以证明自己的合法身份。中国公民应当依法履行交验护照和其他旅行证件的义务，有下列情形之一的，处1000元以上5000元以下罚款；情节严重的，处5日以上10日以下拘留，可以并处2000元以上1万元以下罚款：

（1）持用伪造、变造、骗取的出境入境证件出境入境；

（2）冒用他人出境入境证件出境入境；

（3）逃避出境入境边防检查；

（4）以其他方式非法出境入境。

2. 中国公民出境的法律限制

《出境入境管理法》第十二条规定，中国公民有下列情形之一的，不准出境：

（1）未持有效出境入境证件或者拒绝、逃避接受边防检查；

（2）被判处刑罚尚未执行完毕或者属于刑事案件被告人、犯罪嫌疑人；

（3）有未了结的民事案件，人民法院决定不准出境；

（4）因妨害国（边）境管理受到刑事处罚或者因非法出境、非法居留、非法就业被其他国家或者地区遣返，未满不准出境规定年限；

（5）可能危害国家安全和利益，国务院有关主管部门决定不准出境；

（6）法律、行政法规规定不准出境的其他情形。

案例 10-1

某单位 20 名职工与某国际旅行社签订了参加"新马泰 10 日游"的旅游合同，出团日期为 2 月 16 日。可是在临出国的前三天，旅行社打来电话通知其中的王某，说他的出境申请未被当地公安机关批准。原因是王某与妻子的离婚手续还没有正式办好。王某本来想借出国的机会散散心，结果却未能如愿。

本案评析：《出境入境管理法》规定，有未了结的民事案件，人民法院决定不准出境的，不能出境。本案中王某与妻子的离婚手续还没有正式办好，属于有未了结民事案件，所以公安机关不能批准王某的出境申请。

三、外国人入境出境

（一）外国人入境的有效证件

1. 护照

凡入出中国边境的外国人应持有效护照，以接受中国有关当局查验。护照由所在国的外交主管机关或公安机关颁发。

各国政府颁发的护照种类不尽相同，一般来说有这样三种：外交护照、公务护照和普通护照。各国视情况颁发，有些国家只颁发其中的一种或两种，有的国家颁发三种。而有的国家则采取颁发代替护照证件的做法，例如法国颁发通行证，英国颁发旅行证。有些国家则对旅游团等集体出国人员只办理团体护照。凡外国旅游者均应持有效的护照入出中国边境，以备中国有关当局查验。

2. 签证

《出境入境管理法》第十五条规定，外国人入境，应当向驻外签证机关申请办理签证，但是《出境入境管理法》另有规定的除外。中国签证是中国驻外签证机关发给外国公民，供其入境、出境或过境中国的许可证明。

(1)中国签证的种类。中国签证分为外交签证、礼遇签证、公务签证、普通签证四种。根据外国人来中国的身份、所持护照的种类以及来华事由，发放相应的签证。

对因外交、公务事由入境的外国人，签发外交、公务签证；对因身份特殊需要给予礼遇的外国人，签发礼遇签证。外交签证、礼遇签证、公务签证的签发范围和签发办法由外交部规定。

对因工作、学习、探亲、旅游、商务活动、人才引进等非外交、公务事由入境的外国人，签发相应类别的普通签证。普通签证的类别和签发办法由国务院规定。

(2)中国签证的申请。《出境入境管理法》第十八条规定，外国人申请办理签证，应当向我国驻外签证机关提交本人的护照或者其他国际旅行证件，以及申请事由的相关材料，按照驻外签证机关的要求办理相关手续、接受面谈。

根据上述规定，除有明确规定免签者外，外国公民来华原则上应事先向中国驻外使领馆、办事处，以及驻香港、澳门特派员公署或外交部授权的其他驻外机构，申办签证。外国旅游者申请签证时，一般需提交下列材料，并须回答被询问的有关情况：真实有效的护照或者其他国际旅行证件；《中华人民共和国签证申请表》1张，以及近期正面免冠护照照片1张；中国旅游部门的接待证明。

经国务院批准，从2002年1月1日起，外国旅游团队来华，不再需要像过去那样到我驻外使领馆办理签证，而可以直接到我公安部授权的口岸签证机关办理外国人团体旅游签证，以方便外国旅游团队入境。《出境入境管理法》也明确规定，旅行社按照国家有关规定组织入境旅游的，可以向口岸签证机关申请办理团体旅游签证。

公安部授权的口岸签证机关设在以下对外开放口岸：北京、上海、天津、重庆、大连、福州、厦门、西安、桂林、杭州、昆明、广州(白云机场)、深圳(罗湖、蛇口)、珠海(拱北)、海口、三亚、济南、青岛、烟台、威海、成都、南京，等等。旅行社提前3天将旅游团队名单传至口岸签证机关，口岸签证机关提前1天将审批情况通知旅行社。口岸签证机关在旅游团抵达口岸后，发给团体旅游签证，也可在旅游团抵达口岸前24小时提前做好签证交旅行社。

(3)免办签证的规定。《出境入境管理法》第二十二条规定，外国人有下列情形之一的，可以免办签证：

① 根据中国政府与其他国家政府签订的互免签证协议，属于免办签证人员的；

② 持有效的外国人居留证件的；

③ 持联程客票搭乘国际航行的航空器、船舶、列车从中国过境前往第三国或者地区，在中国境内停留不超过24小时且不离开口岸，或者在国务院批准的特定区域内停留不超过规定时限的；

④ 国务院规定的可以免办签证的其他情形。

(二)外国人入境出境程序的规定

1. 外国人入境程序的规定

《出境入境管理法》第二十四条规定，外国人入境，应当向出入境边防检查机关交验本人的护照或者其他国际旅行证件、签证或者其他入境许可证明，履行规定的手续，经查验准许，方可入境。这是一个主权国家对外国人入境管理的最基本的手段。

同时，《出境入境管理法》第二十五条规定，外国人有下列情形之一的，不准入境：

(1)未持有效出境入境证件或者拒绝、逃避接受边防检查。

(2)具有《出境入境管理法》第二十一条第一款第一项至第四项规定的情形，包括：被处驱逐出境或者被决定遣送出境，未满不准入境规定年限；患有严重精神障碍、传染性肺结核病或者有可能对公共卫生造成重大危害的其他传染病；可能危害中国国家安全和利益、破坏社会公共秩序或者从事其他违法犯罪活动；在申请签证过程中弄虚作假或者不能保障在中国境内期间所需费用。

(3)入境后可能从事与签证种类不符的活动。

(4)法律、行政法规规定不准入境的其他情形。

对不准入境的，出入境边防检查机关可以不说明理由。

2. 外国人出境程序的规定

《出境入境管理法》第二十七条规定，外国人出境，应当向出入境边防检查机关交验本人的护照或者其他国际旅行证件等出境入境证件，履行规定的手续，经查验准许，方可出境。

外国人出境是指外国人依法离开其居住或停留的国家。《出境入境管理法》对外国人交验本人的护照或者其他国际旅行证件等出境入境证件的程序义务作出了上述规定，并同时规定，外国人有下列情形之一的，不准出境：

(1)被判处刑罚尚未执行完毕或者属于刑事案件被告人、犯罪嫌疑人的，但是按照中国与外国签订的有关协议，移管被判刑人的除外；

(2)有未了结的民事案件，人民法院决定不准出境；

(3)拖欠劳动者的劳动报酬，经国务院有关部门或者省、自治区、直辖市人民政府决定不准出境；

(4)法律、行政法规规定不准出境的其他情形。

四、外国人停留居留

(一)停留

《出境入境管理法》第二十九条规定，外国人所持签证注明的停留期限不超过180日的，持证人凭签证并按照签证注明的停留期限在中国境内停留。

需要延长签证停留期限的，应当在签证注明的停留期限届满7日前向停留地县级以上地方人民政府公安机关出入境管理机构申请，按照要求提交申请事由的相关材料。经审查，延期理由合理、充分的，准予延长停留期限；不予延长停留期限的，应当按期离境。

延长签证停留期限，累计不得超过签证原注明的停留期限。

(二)居留

外国人在中国居留，必须持有中国政府主管机关签发的居留证件。

《出境入境管理法》第三十条规定，申请办理外国人居留证件，应在入境后 30 日内向拟居留地县级以上地方人民政府公安机关出入境管理机构提交本人的护照或者其他国际旅行证件，以及申请事由的相关材料，并留存指纹等人体生物识别信息。公安机关出入境管理机构应当自收到申请材料之日起 15 日内进行审查并作出审查决定，根据居留事由签发相应类别和期限的外国人居留证件。

外国人工作类居留证件的有效期最短为 90 日，最长为 5 年；非工作类居留证件的有效期最短为 180 日，最长为 5 年。

(三)住宿、居住登记

《出境入境管理法》第三十九条规定，外国人在中国境内旅馆住宿的，旅馆应当按照旅馆业治安管理的有关规定为其办理住宿登记，并向所在地公安机关报送外国人住宿登记信息。

外国人在旅馆以外的其他住所居住或者住宿的，应当在入住后 24 小时内由本人或者留宿人，向居住地的公安机关办理登记。

案例 10-2

某国游客来华旅游，在取得旅游签证和居留证件后，向接待他的湖北省某旅行社提出到一中国居民家中留宿两夜的要求，该旅行社表示同意。但在到达目的地并住宿两夜后，该游客被当地公安机关处以 300 元罚款。

本案评析：我国公安机关可以对该游客进行处罚的依据是，《出境入境管理法》规定：外国人在旅馆以外的其他住所居住或者住宿的，应当在入住后 24 小时内由本人或者留宿人，向居住地的公安机关办理登记。该游客住宿没有向公安机关申报并办理登记。

第二节　中国公民出国旅游管理制度

这里所说的"中国公民出国旅游"，特指"中国公民自费出国旅游"。为加强中国公民自费出国旅游的管理，规范出国旅游活动，保障参游人员的合法权益，根据《中华人民共和国出境入境管理法》及其实施细则、《旅行社管理条例》及其实施细则，国家旅游局、公安部经国务院批复，于 1997 年 7 月 1 日联合发布了《中国公民自费出国旅游管理暂行办法》。为使我国出境旅游市场的管理跨入一个新的历史阶段，更好地适应加入 WTO 规则，维护中国旅游业的形象，国务院第 354 号令公布了《中国公民出国旅游管理办法》，该条例自 2002 年 7 月 1 日起施行。与 1997 年发布的暂行办法相比，该条例无论是在法律效力上，还是在管理深度、广度和力度方面都有进一步提高。根据《中国公民出国旅游管理办法》(以下简称《办法》)的有关规定，中国公民出国旅游管理的内容如下。

一、我国公民只能到出国旅游目的地国家旅游

(一)出国旅游目的地的审批

《办法》明确规定，出国旅游目的地国家，由国务院旅游行政管理部门会同国务院有关部门提出，报国务院批准后，由国家旅游局公布。任何单位和个人不得组织中国公民到国务院旅游行政管理部门公布的出国旅游目的地国家以外的国家旅游。

随着我国社会经济的发展和人民生活水平的提高，出国旅游已成为中国人的新追求，中国广阔的旅游客源市场及游客巨大的消费潜力，使得很多国家都想成为中国公民出国旅游的目的地。为此，我国政府十分重视出国旅游目的地的审批工作。一般来说，作为开放中国公民出国旅游目的地的条件应当包括：

(1)是我国的客源国，有利于旅游双方合作与交流；

(2)政治上对我国友好，开展国民外交符合我国对外政策；

(3)旅游资源有吸引力，具备适合我国旅游者的接待服务设施；

(4)对我国旅游者在政治、法律等方面没有歧视性、限制性、报复性政策；

(5)旅游者有安全保障，具有良好的可进入性。

(二)临时性专项出国旅游的审批与管理

《办法》第二条规定，组织中国公民到国务院旅游行政管理部门公布的出国旅游目的地国家以外的国家进行涉及体育活动、文化活动等临时性专项旅游的，须经国务院旅游行政管理部门批准。这是《办法》在对一般性出国旅游作出规定的同时，对"临时性专项旅游"作出的规定。

在一些并非中国出国旅游目的地国家，如果举办一些重大的国际性文化节庆、体育赛事等活动，这些活动在国外是合法的，国内又有参与组织的单位，到这些国家去参观涉及体育、文化活动等临时性专项旅游是允许的，因为它可以促进对外开放，加强中外交流，树立中国在国际上的地位和形象，但是须经国务院旅游行政管理部门的审批。

二、旅行社取得经营出国旅游资格的审批

(一)旅行社经营出国旅游应具备的条件

经营出国旅游是一项涉外性很强的旅行社业务，关系到对出国旅游公民合法权益的有效保护、国家对外汇的管理以及中国旅游业在国际上的形象，因此要求经营出国旅游业务的经营主体应具有较高的经营管理水平和良好的信誉，国家必须对其设置必要的资格和条件限制。

《旅行社条例》规定，旅行社经营出国旅游业务，应同时具备两个条件：

(1)旅行社取得经营许可满2年；

(2)未因侵害旅游者合法权益受到行政机关罚款以上处罚。

随着旅行社相互之间竞争的加剧，面对出国旅游业务的较高利润，有些旅行社不惜违章操作，在没有取得出国旅游业务经营资格的情况下，以商务、考察、培训等名义，变相经营出国旅游活动，严重扰乱了我国出境旅游市场秩序。为此，《办法》第四条明确规定，

未经国务院旅游行政管理部门批准取得出国旅游业务资格的，任何单位和个人不得擅自经营或以商务、考察、培训等方式变相经营出国旅游业务。

(二)旅行社经营出国旅游业务的申请

凡是具备前述两个条件的旅行社，都可以向有关旅游行政管理部门提出经营出国旅游业务的申请。

《旅行社条例》规定，申请经营出国旅游业务的旅行社，应当向国务院旅游行政主管部门或者其委托的省、自治区、直辖市旅游行政主管部门提出申请。受理申请的旅游行政部门，应当自受理申请之日起 20 个工作日内，作出许可或不予许可的决定。

案 例 10-3

据《中国旅游报》报道，国务院牵头对旅游外部环境进行"打假打非"，尤其是对非法经营出境业务的中介机构、超范围经营的旅行社重拳出击。经某市旅游执法大队的明察暗访，发现仅在该旅游市场上就有相当一部分旅游中介机构、外国驻中国办事处甚至社会上一些闲散人员等以各种名目如商务、考察、培训等方式变相经营出境旅游，这其中既有到旅游目的地国家的，也有到非旅游目的地国家的。

本案评析：第一，根据《中国公民出国旅游管理办法》规定，未经国务院旅游行政管理部门批准取得出国旅游业务资格的，任何单位和个人不得擅自经营或以商务、考察、培训等方式变相经营出国旅游业务。

第二，根据《中国公民出国旅游管理办法》的规定，任何单位和个人不得组织中国公民到国务院旅游行政管理部门公布的出国旅游目的地国家以外的国家旅游。

第三，毋庸置疑，本案中这些非法经营者违反了上述规定，严重扰乱了我国的出境旅游市场，无论对正规的旅行社还是旅游者，都会产生极其不利的影响。某市执法大队对那些非法经营出境游的机构进行了严厉的查处。

三、出国旅游总量的控制

鉴于我国目前的经济发展水平，国家确定了适度发展出境旅游的方针，对每年出国旅游人数的总量进行适当控制和配额管理。

(一)出国旅游人数的控制

《办法》第六条规定，国务院旅游行政管理部门根据上年度全国入境旅游的业绩、出国旅游目的地的增加情况和出国旅游的发展趋势，在每年的 2 月底以前确定本年度组织出国旅游的人数安排总量，并下达省、自治区、直辖市旅游行政管理部门。省、自治区、直辖市旅游行政管理部门根据本行政区域内各组团社上年度经营入境旅游的业绩、经营能力、服务质量，按照公平、公正、公开的原则，在每年的 3 月底以前核定各组团社本年度组织出国旅游的人数安排。《办法》同时规定，国务院旅游行政管理部门应当对省、自治区、直辖市旅游行政管理部门核定组团社年度出国旅游人数安排及组团社组织公民出国旅游的情况进行监督。

也就是说，为了达到对出国旅游人数总量控制的目的，对于每年度出国旅游的人数，由国务院旅游行政管理部门确定总量，然后分配下达到各省、自治区、直辖市旅游行政管理部门；各省、自治区、直辖市旅游行政管理部门再分配到各旅行社，同时接受国务院旅游行政管理部门在出国旅游人数安排方面的监督。

(二) 中国公民出国旅游团队名单表

为了贯彻出国旅游人数总量控制原则，《办法》第七条、第八条规定了"中国公民出国旅游团队名单表"制度。具体内容包括：

(1) 国务院旅游行政主管部门统一印制"中国公民出国旅游团队名单表"(以下简称"名单表")，在下达本年度出国旅游人数安排时编号发放给省、自治区、直辖市旅游行政管理部门，由省、自治区、直辖市旅游行政管理部门核发给组团社。

(2) 组团社应当按照核定的出国旅游人数安排组织出国旅游团队，填写"名单表"。旅游者及领队首次出境或者再次出境，均应当填写"名单表"，经审核后的"名单表"不得增添人员。

(3) "名单表"一式四联，分为：出境边防检查专用联、入境边防检查专用联、旅游行政管理部门审验专用联、旅行社自留专用联。

(4) 组团社应当按照有关规定，在旅游团队出境、入境时及旅游团队入境后，将"名单表"分别交有关部门查验、留存。

(三) 出国旅游外汇兑换上的总量控制

《办法》第八条规定，出国旅游兑换外汇，由旅游者按照国家有关规定办理。依据国家供汇的有关政策，我国自 2003 年 10 月 1 日起，旅游者前往其他国家、地区一次购汇不得超过等值 5000 美元。实行这一措施，其目的也在于加强对出国旅游总量的控制。不过，自 2006 年 5 月起，我国放宽了境内居民个人购汇政策，每人每年可购总外汇 2 万美元。

根据国家外汇管理局 2002 年 6 月 26 日发布的《关于调整中国公民出境旅游购汇政策的通知》等有关精神，具体的购汇手续是，旅游者到旅行社报名参加出国旅游团，缴纳旅行费用后，由旅行社给旅游者出具"中国公民出境旅游购汇单"；旅游者持"中国公民出境旅游购汇单"、经旅行社确认的"中国公民出国旅游团队名单表"复印件、护照及签证等证件，到国家外汇管理部门指定的银行兑换外汇。

四、出国旅游手续的办理

《办法》第九条规定，旅游者持有效普通护照的，可以直接到组团社办理出国旅游手续；没有有效普通护照的，应当依照《中华人民共和国公民出境入境管理法》的有关规定办理护照后再办理出国旅游手续。组团社应当为旅游者办理前往国的签证等出境手续。

具体来说，旅游者应根据《出境入境管理法》(因《中华人民共和国公民出境入境管理法》已经废止)的有关规定，向户口所在地的公安机关申请办理护照，再向旅行社报名参加旅游团，由旅行社为参加旅游团的旅游者办理签证等有关出境手续。应特别注意的是，旅行社不得以任何理由拒绝为报名参加旅游团的旅游者办理签证等出境手续，因为这是旅行社的一项法定义务。

五、出国旅游出入境的有关规定

(1)旅游团队出入境时，应当接受边防检查站对护照、签证、"名单表"的查验。经国务院有关部门批准，旅游团队可以到旅游目的地国家按照该国有关规定办理签证或者免签证。

(2)旅游团队应当从国家开放口岸整团出入境。也就是说，在一般情况下，为保障参游人员的人身安全，防止旅游者非法滞留现象发生，旅游团队应当整团出境，在完成旅游行程后整团入境。

(3)旅游团队出境前已确定分团入境的，组团社应当事先向出入境边防检查总站或者省级公安边防部门备案。旅游团队出境后因不可抗力或者其他特殊原因确需分团入境的，领队应当及时通知组团社，组团社应当立即向有关出入境边防检查总站或者省级公安边防部门备案。

六、组织出国旅游的旅行社的义务及责任

出国旅游属于特种经营业务。为规范出境旅游市场，保护旅游者的合法权益，《办法》对经营出国旅游的旅行社(以下简称组团社)设定了一系列义务及相应承担的责任。

(1)组团社应当为旅游者办理前往国签证等出境手续。

(2)组团社应当为旅游团队安排专职领队。

(3)组团社应当维护旅游者的合法权益。组团社向旅游者提供的出国旅游服务信息必须真实可靠，不得作虚假宣传，报价不得低于成本价。

(4)组团社经营出国旅游业务，应当与旅游者订立书面旅游合同。旅游合同应当包括旅游起止时间、行程路线、价格、食宿、交通以及违约责任等内容。旅游合同由组团社和旅游者各持一份。

(5)组团社应当按照旅游合同约定的条件，为旅游者提供服务。组团社应当保证所提供的服务符合保障旅游者人身、财产安全的要求；对可能危及旅游者人身安全的情况，应当向旅游者作出真实说明和明确警示，并采取有效措施，防止危害的发生。

(6)组团社组织旅游者出国旅游，应当选择在目的地国家依法设立并具有良好信誉的旅行社(以下简称境外接待社)，并与之订立书面合同后，方可委托其承担接待工作。

(7)组团社及其旅游团队领队应当要求境外接待社按照约定的团队活动计划安排旅游活动，并要求其不得组织旅游者参与涉及色情、赌博、毒品内容的活动或者危险性活动，不得擅自改变行程、减少旅游项目，不得强迫或者变相强迫旅游者参加额外付费项目。境外接待社违反组团社及其旅游团队领队根据前款规定提出的要求时，组团社及其旅游团队领队应当予以制止。

（8）因组团社或者其委托的境外接待社违约，使旅游者合法权益受到损害的，组团社应当依法对旅游者承担赔偿责任。

案例 10-4

某年 8 月，某旅行社在获得出境旅游业务经营权后，为尽快开展出境旅游业务，遂与香港一家信誉不甚良好的旅行社建立了业务联系。同年 9 月，该旅行社组织了一个 23 人赴新、马、泰三国旅游团，委托该香港旅行社接待，因时间仓促，未与该香港旅行社签订书面协议。该旅游团在顺利完成新加坡、泰国两国旅程后，在马来西亚入境时，由于当地接待社导游疏忽，未办妥入境手续，致使该旅游团被作为"非法入境"扣留两天，未完成马来西亚段旅行而直接返回香港。该旅游团回国后，遂向旅游行政管理部门投诉，要求退还旅行费用并赔偿损失。经查，该旅游团投诉事实属实，而该旅行社则辩称，违约损害旅游者的事实均发生在境外，应由境外旅行社承担赔偿责任。

本案评析： 第一，根据《中国公民出国旅游管理办法》的规定，损害赔偿责任应由该旅行社承担。因为《中国公民出国旅游管理办法》规定，因境外接待社违约，使旅游者权益受到损害，组织出境旅游的境内旅行社应承担赔偿责任。

第二，根据《中国公民出国旅游管理办法》的规定，旅行社组织旅游者出境旅游，要选择在目的地国家或地区依法设立、信誉良好的旅行社，并与之签订书面协议后方可委托其承担接待工作，本案中某旅行社未按此规定履行义务。

七、旅游团队领队的义务

旅游者在参加出国团队旅游过程中，无论是在旅程安排及相关手续的办理上，还是在语言、习俗等方面都会遇到诸多不便。因而，团队的领队人员十分重要，在某种程度上，领队就是整个团队的组织者和指挥者。为此，为保障我国参游人员的合法权益，《办法》的第十七条、第十八条、第十九条、第二十条规定了旅游团队领队必须履行的职责或不得为的行为。

（1）旅游团队领队应当向旅游者介绍旅游目的地国家的相关法律、风俗习惯以及其他有关注意事项，并尊重旅游者的人格尊严、宗教信仰、民族风俗和生活习惯。

（2）旅游团队领队在带领旅游者旅行、游览过程中，应当就可能危及旅游者人身安全的情况，向旅游者作出真实说明和明确警示，并按照组团社的要求采取有效措施，防止危害的发生。

（3）旅游团队在境外遇到特殊困难和安全问题时，领队应当及时向组团社和中国驻所在国家使领馆报告；组团社应当及时向旅游行政管理部门和公安机关报告。

（4）旅游团队领队不得与境外接待社、导游及为旅游者提供商品或者服务的其他经营者串通欺骗、胁迫旅游者消费，不得向境外接待社、导游及其他为旅游者提供商品或者服务的经营者索要回扣、提成或者收受其财物。

八、旅游者的义务与权利

旅游者出国旅游，所领略到的是不同于我国的风景、民俗、宗教等自然风光和人文景观，而且旅游目的地国家的法律也完全不同于我国的法律。为此，《办法》规定了旅游者必须履行的义务。当然，《办法》在为旅游者设定义务的同时，也赋予了旅游者相应的权利。

（1）旅游者应当遵守旅游目的地国家的法律，尊重当地的风俗习惯，并服从旅游团队领队的统一管理。

（2）严禁旅游者在境外滞留不归。旅游者在境外滞留不归的，旅游团队领队应当及时向组团社和中国驻所在国家使领馆报告，组团社应当及时向公安机关和旅游行政管理部门报告。有关部门处理有关事项时，组团社有义务予以协助。

（3）旅游者对组团社或者旅游团队领队违反本办法规定的行为，有权向旅游行政管理部门投诉。

九、违反《中国公民出国旅游管理办法》的处罚

（1）组团社有下列情形之一的，旅游行政管理部门可以暂停其经营出国旅游业务；情节严重的，取消其出国旅游业务经营资格：

① 入境旅游业绩下降；

② 因自身原因，在 1 年内未能正常开展出国旅游业务；

③ 因出国旅游服务质量问题被投诉并经查实；

④ 有逃汇、非法套汇行为；

⑤ 以旅游名义弄虚作假、骗取护照、签证等出入境证件或者送他人出境；

⑥ 国务院旅游行政管理部门认定的影响中国公民出国旅游秩序的其他行为。

（2）任何单位和个人未经批准擅自经营或者以商务、考察、培训等方式变相经营出国旅游业务的，由旅游行政管理部门责令停止非法经营，没收违法所得，并处违法所得 2 倍以上 5 倍以下的罚款。

（3）组团社为旅游团队不安排专职领队的，由旅游行政管理部门责令改正，并处 5000 元以上 2 万元以下的罚款，可以暂停其出国旅游业务经营资格；多次不安排专职领队的，取消其出国旅游业务经营资格。

（4）组团社向旅游者提供虚假服务信息或者低于成本报价的，由工商行政管理部门依照我国《消费者权益保护法》、《反不正当竞争法》的有关规定给予处罚。

（5）组团社或者旅游团队领队，对可能危及人身安全的情况未向旅游者作出真实说明和明确警示，或者未采取防止危害发生的措施的，由旅游行政管理部门责令改正，并给予警告；情节严重的，对组团社暂停其出国旅游业务经营资格，并处 5000 元以上 2 万元以下的罚款；造成人身伤亡事故的，依法追究刑事责任，并承担赔偿责任。

（6）组团社或者旅游团队领队未要求境外接待社不得组织旅游者参与涉及色情、赌博、毒品内容的活动或者危险性活动，未要求其不得擅自改变行程、减少旅游项目、强迫或者变相强迫旅游者参加额外付费项目，或者在境外接待社违反前述要求时未制止的，由

旅游行政管理部门对组团社处以组织该旅游团队所收取费用 2 倍以上 5 倍以下的罚款,并暂停其出国旅游业务经营资格;造成恶劣影响的,对组团社取消其出国旅游业务经营资格。

(7)旅游团队领队与境外接待社、导游及为旅游者提供商品或者服务的其他经营者串通欺骗、胁迫旅游者消费或者向境外接待社、导游和其他为旅游者提供商品或者服务的经营者索要回扣、提成或者收受其财物的,由旅游行政管理部门责令改正,没收索要的回扣、提成或者收受的财物,并处索要的回扣、提成或者收受的财物价值 2 倍以上 5 倍以下的罚款。

(8)旅游者在境外滞留不归,旅游团队领队不及时向组团社和中国驻所在国家使领馆报告,或者组团社不及时向有关部门报告的,由旅游行政管理部门给予警告,对组团社可以暂停其出国旅游业务经营资格。

《办法》所规定的上述处罚措施是对组团社出国旅游业务经营行为的进一步约束,将促使组团社在出国旅游经营活动中更加注重保护旅游者的合法权益,同时也可减少组团社自身因违规造成的赔偿成本,有利于组团社形成依法经营的意识,有利于良好的旅游市场秩序的建立,从而推动中国公民出国旅游活动的健康发展。

第三节　出入境检查制度

根据我国《出境入境管理法》、《海关法》等法律的规定,入出中国国境的人员和交通工具,要接受我国对其进行的海关、边防、安全、卫生、动植物等方面的检查。

一、海关检查

为维护国家主权,保护国家的政治、经济利益,我国海关在国境口岸依法对进出国境的货物、运输工具、行李物品、邮递物品和其他物品执行监督管理、代收关税和查禁走私等方面的检查。

入出中国国境的人员,要接受海关对其入出境运输工具和行李物品的检查。海关对入出中国国境的人员驾驶的车辆、船舶等交通运输工具进行监督和检查。进出中国国境的旅客应将其携带的符合规定的行李物品交海关检查,并填写"旅客行李申报表"一式两份,海关查验行李物品后在上面签章,双方各执一份,旅客回程时交海关核查。进出国境的旅客携带的行李物品符合纳税规定的,应照章纳税。

二、边防检查

我国的出境、入境边防检查工作由公安部主管。根据我国《出境入境边防检查条例》,我国在对外开放的港口、航空港、车站和边境通道等口岸设立出境入境边防检查站。出境、入境的人员和交通运输工具,必须经对外开放的口岸或者主管机关特许的地点通行,接受边防检查、监护和管理。

边防检查的内容包括：护照检查、签证检查、出入境登记卡检查、行李物品检查、交通运输工具检查等。

(一)对出入境人员的边防检查

出入境人员必须按照规定填写出境、入境登记卡，向边防检查站交验本人的有效护照或其他有效证件；接受边防检查站对其携带的行李物品的检查。

有下列情形之一的出入境人员，边防检查站有权阻止其出境、入境：(1)未持出境、入境证件；(2)持用无效出境、入境证件；(3)持用他人出境、入境证件；(4)持用伪造或者涂改的出境、入境证件的；(5)拒绝接受边防检查；(6)未在限定口岸通行；(7)国务院公安部门、国家安全部门通知不准出境、入境；(8)法律、行政法规规定不准出境、入境。

(二)对交通运输工具的边防检查

《出境入境管理法》第五十条规定，出境入境交通运输工具离开、抵达口岸时，应当接受边防检查。

对交通运输工具的入境边防检查，在其最先抵达的口岸进行；对交通运输工具的出境边防检查，在其最后离开的口岸进行。特殊情况下，可以在有关主管机关指定的地点进行。

出境的交通运输工具自出境检查后至出境前，入境的交通运输工具自入境后至入境检查前，未经出入境边防检查机关按照规定程序许可，不得上下人员、装卸货物或者物品。

交通运输工具负责人或者交通运输工具出境入境业务代理单位应当按照规定提前向出入境边防检查机关报告入境、出境的交通运输工具抵达、离开口岸的时间和停留地点，如实申报员工、旅客、货物或者物品等信息。

因装卸物品、维修作业、参观访问等事由需要上下外国船舶的人员，应当向出入境边防检查机关申请办理登轮证件。

交通运输工具有下列情形之一的，不准出境入境；已经驶离口岸的，可以责令返回：

(1)离开、抵达口岸时，未经查验准许擅自出境入境；

(2)未经批准擅自改变出境入境口岸；

(3)涉嫌载有不准出境入境人员，需要查验核实；

(4)涉嫌载有危害国家安全、利益和社会公共秩序的物品，需要查验核实；

(5)拒绝接受出入境边防检查机关管理的其他情形。

三、安全检查

为保障出入境人员的生命和财产安全，中国海关和边防检查站禁止携带武器、凶器和爆炸物，一经查出，由安全检查部门没收，追究其治安责任或刑事责任。当出入境人员通过安全门时，使用磁性探测检查、红外线透视、搜身开箱检查等方法，对其进行安全检查。

四、卫生检疫

卫生检疫是为防止疫病由国外传入和由国内传出，对出入境的船舶、飞机、车辆、交通员工、旅客、行李、货物等实施医学检查、卫生检查和必要的卫生处理。

我国《国境卫生检疫法》规定，在国际通航的港口、机场、陆地边境和国界江河口岸设立的卫生检疫机关，对出入境人员及其携带的动植物和交通运输工具等实施传染病检疫、传染病监测和卫生监督。只有经过国境卫生检疫机关的检疫许可，才能入出境。

五、动植物检疫

动植物检疫是为了防止危害动植物的病、虫、杂草及其他有害生物从国外传入或由国内传出，对出入境的动物、植物、动植物产品等进行的检疫检查。我国在边境口岸，设有口岸动植物检疫站，代表国家对入出境的动植物及其产品、运载动植物的交通工具等进行检疫检查。

思考题

1. 什么是护照和签证？中国公民出入境需要哪些证件？
2. 中国公民如何申办普通护照？
3. 中国公民出境有哪些法律限制规定？
4. 外国人如何向我国申请签证？
5. 外国人不准入境和不准出境的情形有哪些？
6. 旅行社经营出国旅游应具备哪些条件？
7. 旅游团队出入境时应遵守哪些规定？
8. 组团社和领队各应履行哪些义务？

第十一章 食品安全法律制度

在"食、住、行、游、娱、购"旅游六大要素中,"食"排在首要位置,说明"食"在旅游中的重要性。我国饮食文化历史悠久,食品已成为最有吸引力的旅游要素之一。但是如果食品不安全,就有可能使食用者发生疾病,损害健康,甚至危及食用者的生命,进而影响国家和民族的声誉,影响旅游业的健康发展。

第一节 《食品安全法》概述

一、食品安全法律制度概述

民以食为天,食以安为先,食品安全问题备受社会各界关注。为规范食品生产者、经营者的活动,1995年10月30日第八届全国人民代表大会常委会第十六次会议通过了《中华人民共和国食品卫生法》,该法在保证食品卫生、防止食品污染和有害因素对人体的危害、保障人民身体健康等方面起到了重要作用。但是,随着社会的快速转型,食品安全领域事故频发,特别是2008年发生的"三鹿奶粉事件",更是给我国的食品安全监管敲响了警钟。为此,2009年2月28日第十一届全国人民代表大会常委会第七次会议通过了《中华人民共和国食品安全法》,于2009年6月1日起实施。该法对规范食品生产经营活动、保障食品安全发挥了重要作用,我国食品安全整体水平得到提升,食品安全形势总体稳中向好。但与此同时,我国食品企业违法生产经营现象依然存在,食品安全事件时有发生,监管体制、手段和制度等尚不能完全适应食品安全需要,法律责任偏轻、重典治乱威慑作用没有得到充分发挥,食品安全形势依然严峻。因此为了以法律形式固定党的十八大以来党中央、国务院在食品安全监管体制上的改革成果,完善监管制度机制,以法治形式维护食品安全,在《中华人民共和国食品安全法》实施5年后,即2015年4月24日,十二届全国人大常委会第十四次会议通过了新修订的《中华人民共和国食品安全法》(以下简称《食品安全法》),自2015年10月1日起施行。修订后的《食品安全法》从落实监管体制改革和政府职能转变成果、强化企业主体责任落实、强化地方政府责任落实、创新监管机制方式、完善食品安全社会共治、严惩重处违法违规行为等方面作了修改、补充,对食品监管、食品行业的发展以及消费者的饮食安全都会带来直接而深刻的影响。

《食品安全法》共 10 章 154 条,包括总则、食品安全风险监测和评估、食品安全标准、食品生产经营、食品检验、食品进出口、食品安全事故处置、监督管理、法律责任、附则十部分。

二、《食品安全法》的宗旨及适用范围

食品,指各种供人食用或者饮用的成品和原料以及按照传统既是食品又是中药材的物品,但是不包括以治疗为目的的物品。食品安全,指食品无毒、无害,符合应当有的营养要求,对人体健康不造成任何急性、亚急性或者慢性危害。

《食品安全法》第一条明确规定:为了保证食品安全,保障公众身体健康和生命安全,制定本法。因此,食品生产经营者和旅游从业人员,应认真贯彻执行食品安全法,确保旅游者的健康,维护我国旅游业的声誉。

关于《食品安全法》的适用范围,《食品安全法》第二条规定,凡在中华人民共和国境内从事下列活动,应当遵守本法。

(1)食品生产和加工,食品销售和餐饮服务;

(2)食品添加剂的生产经营;

(3)用于食品的包装材料、容器、洗涤剂、消毒剂和用于食品生产经营的工具、设备的生产经营;

(4)食品生产经营者使用食品添加剂、食品相关产品;

(5)食品的贮存和运输;

(6)对食品、食品添加剂、食品相关产品的安全管理。

另外,供食用的源于农业的初级产品的质量安全管理,遵守《中华人民共和国农产品质量安全法》的规定。但是,食用农产品的市场销售、有关质量安全标准的制定、有关安全信息的公布和《食品安全法》对农业投入品作出规定的,应当遵守《食品安全法》的规定。

三、食品安全监管原则、监管机构及其职责

《食品安全法》吸收了国际食品安全治理的新价值、新元素,确立了我国食品安全监管工作必须遵循的基本原则,规定:食品安全工作要实行预防为主、风险管理、全程控制、社会共治的基本原则,要建立科学、严格的监管制度。预防为主,就是要强化食品生产经营过程和政府监管中的风险预防要求,规定,"食品生产者发现其生产的食品不符合食品安全标准或者有证据证明可能危害人体健康的,应当立即停止生产,召回已经上市销售的食品"。风险管理,要求食品药品监管部门根据食品安全风险监测、风险评估结果和食品安全状况等,确定监管重点、方式和频次,实施风险分级管理。全程控制,要求国家建立食品全程追溯制度,食品生产经营者要采用信息化手段采集、留存生产经营信息,建立食品安全追溯体系,保证食品可追溯。社会共治,要发挥行业协会、消费者协会、新闻媒体、群众投诉举报等方面的作用。

《食品安全法》针对食品生产经营分段监管体制出现的部门责任不清、重复监管、监管盲区等问题，对监管体制进行了调整，明确规定"国务院设立食品安全委员会"。这一委员会是一个高层次的议事协调机构，对食品安全监管工作进行协调和指导，旨在加强部门间的配合和消弭监管空隙。

为加强食品安全全程监管，《食品安全法》明确规定了各监管部门职责：

（1）国务院食品药品监督管理部门依照本法和国务院规定的职责，对食品生产经营活动实施监督管理。

（2）国务院卫生行政部门依照本法和国务院规定的职责，组织开展食品安全风险监测和风险评估，会同国务院食品药品监督管理部门制定并公布食品安全国家标准。

（3）国务院其他有关部门依照本法和国务院规定的职责，承担有关食品安全工作。

（4）县级以上地方人民政府对本行政区域的食品安全监督管理工作负责，统一领导、组织、协调本行政区域的食品安全监督管理工作以及食品安全突发事件应对工作，建立健全食品安全全程监督管理工作机制和信息共享机制；依照本法和国务院的规定，确定本级食品药品监督管理、卫生行政部门和其他有关部门的职责，县级人民政府食品药品监督管理部门可以在乡镇或者特定区域设立派出机构；实行食品安全监督管理责任制，上级人民政府负责对下一级人民政府的食品安全监督管理工作进行评议、考核，县级以上地方人民政府负责对本级食品药品监督管理部门和其他有关部门的食品安全监督管理工作进行评议、考核；应当将食品安全工作纳入本级国民经济和社会发展规划，将食品安全工作经费列入本级政府财政预算，加强食品安全监督管理能力建设，为食品安全工作提供保障；县级以上人民政府食品药品监督管理部门和其他有关部门应当加强沟通、密切配合，按照各自职责分工，依法行使职权，承担责任。

（5）食品行业协会应当加强行业自律，按照章程建立健全行业规范和奖惩机制，提供食品安全信息、技术等服务，引导和督促食品生产经营者依法生产经营，推动行业诚信建设，宣传、普及食品安全知识。消费者协会和其他消费者组织对违反本法规定，损害消费者合法权益的行为，依法进行社会监督。新闻媒体应当开展食品安全法律、法规以及食品安全标准和知识的公益宣传，并对食品安全违法行为进行舆论监督，有关食品安全的宣传报道应当真实、公正。

（6）各级人民政府应当加强食品安全的宣传教育，普及食品安全知识，鼓励社会组织、基层群众性自治组织、食品生产经营者开展食品安全法律、法规以及食品安全标准和知识的普及工作，倡导健康的饮食方式，增强消费者食品安全意识和自我保护能力。

第二节 食品安全风险监测评估和食品安全标准

一、食品安全风险监测和评估制度

为了及时发现食品中可能存在的安全隐患，必须加强食品安全的风险监测和评估，为此《食品安全法》中明确规定国家建立"食品安全风险监测制度"和"食品安全风险评估制度"。

（一）食品安全风险监测制度

国家建立食品安全风险监测制度，对食源性疾病、食品污染以及食品中的有害因素进行监测。食源性疾病，指食品中致病因素进入人体引起的感染性、中毒性等疾病，包括食物中毒。

（1）国务院卫生行政部门会同国务院食品药品监督管理、质量监督等部门，制定、实施国家食品安全风险监测计划。

（2）国务院食品药品监督管理部门和其他有关部门获知有关食品安全风险信息后，应当立即核实并向国务院卫生行政部门通报。对有关部门通报的食品安全风险信息以及医疗机构报告的食源性疾病等有关疾病信息，国务院卫生行政部门应当会同国务院有关部门分析研究，认为必要的，及时调整国家食品安全风险监测计划。

（3）省、自治区、直辖市人民政府卫生行政部门会同同级食品药品监督管理、质量监督等部门，根据国家食品安全风险监测计划，结合本行政区域的具体情况，制定、调整本行政区域的食品安全风险监测方案，报国务院卫生行政部门备案并实施。

（4）承担食品安全风险监测工作的技术机构应当根据食品安全风险监测计划和监测方案开展监测工作，保证监测数据真实、准确，并按照食品安全风险监测计划和监测方案的要求报送监测数据和分析结果。食品安全风险监测工作人员有权进入相关食用农产品种植养殖、食品生产经营场所采集样品、收集相关数据。采集样品应当按照市场价格支付费用。

（5）食品安全风险监测结果表明可能存在食品安全隐患的，县级以上人民政府卫生行政部门应当及时将相关信息通报同级食品药品监督管理等部门，并报告本级人民政府和上级人民政府卫生行政部门。食品药品监督管理等部门应当组织开展进一步调查。

（二）食品安全风险评估制度

国家建立食品安全风险评估制度，运用科学方法，根据食品安全风险监测信息、科学数据以及有关信息，对食品、食品添加剂、食品相关产品中生物性、化学性和物理性危害因素进行风险评估。

（1）国务院卫生行政部门负责组织食品安全风险评估工作，成立由医学、农业、食品、营养、生物、环境等方面的专家组成的食品安全风险评估专家委员会进行食品安全风险评估。食品安全风险评估结果由国务院卫生行政部门公布。

（2）对农药、肥料、兽药、饲料和饲料添加剂等的安全性评估，应当有食品安全风险评估专家委员会的专家参加。

（3）食品安全风险评估不得向生产经营者收取费用，采集样品应当按照市场价格支付费用。

（4）有下列情形之一的，应当进行食品安全风险评估：①通过食品安全风险监测或者接到举报发现食品、食品添加剂、食品相关产品可能存在安全隐患的；②为制定或者修订食品安全国家标准提供科学依据需要进行风险评估的；③为确定监督管理的重点领域、重点品种需要进行风险评估的；④发现新的可能危害食品安全因素的；⑤需要判断某一因素是否构成食品安全隐患的；⑥国务院卫生行政部门认为需要进行风险评估的其他情形。

（5）国务院食品药品监督管理、质量监督、农业行政等部门在监督管理工作中发现需要进行食品安全风险评估的，应当向国务院卫生行政部门提出食品安全风险评估的建议，并提供风险来源、相关检验数据和结论等信息、资料。属于本法第十八条规定情形的，国务院卫生行政部门应当及时进行食品安全风险评估，并向国务院有关部门通报评估结果。

（6）食品安全风险评估结果是制定、修订食品安全标准和实施食品安全监督管理的科学依据。经食品安全风险评估，得出食品、食品添加剂、食品相关产品不安全结论的，国务院食品药品监督管理、质量监督等部门应当依据各自职责立即向社会公告，告知消费者停止食用或者使用，并采取相应措施，确保该食品、食品添加剂、食品相关产品停止生产经营；需要制定、修订相关食品安全国家标准的，国务院卫生行政部门应当会同国务院食品药品监督管理部门立即制定、修订。

（7）国务院食品药品监督管理部门应当会同国务院有关部门，根据食品安全风险评估结果、食品安全监督管理信息，对食品安全状况进行综合分析。对经综合分析表明可能具有较高程度安全风险的食品，国务院食品药品监督管理部门应当及时提出食品安全风险警示，并向社会公布。

二、食品安全标准制度

我国食品安全标准"不标准"一直是食品安全监管的软肋。一方面，我国的食品标准太老太少，未与国际接轨。我国原来的《食品卫生法》仅规定了291条食品农药残留指标，而国际食品法典则规定了2439条农药残留标准。另一方面，我国食品标准又太多太乱，卫生标准、质量标准；国家标准、企业标准……各标准间重复交叉、层次不清。标准的陈旧与缺失让食品安全的防线一次次失守。为此，《食品安全法》明确了统一制定食品安全国家标准的原则，规定食品安全国家标准由国务院卫生行政部门会同国务院食品药品监督管理部门制定、公布，国务院标准化行政部门提供国家标准编号。

同时规定，制定食品安全标准，应当以保障公众身体健康为宗旨，做到科学合理、安全可靠。食品安全标准是强制执行的标准。除食品安全标准外，不得制定其他的食品强制性标准。食品安全标准应当包括下列内容：

（1）食品、食品添加剂、食品相关产品中的致病性微生物、农药残留、兽药残留、生物毒素、重金属等污染物质以及其他危害人体健康物质的限量规定；

（2）食品添加剂的品种、使用范围、用量；

（3）专供婴幼儿和其他特定人群的主辅食品的营养成分要求；

（4）对与卫生、营养等食品安全要求有关的标签、标志、说明书的要求；

（5）食品生产经营过程的卫生要求；

（6）与食品安全有关的质量要求；

（7）与食品安全有关的食品检验方法与规程；

（8）其他需要制定为食品安全标准的内容。

对地方特色食品，没有食品安全国家标准的，省、自治区、直辖市人民政府卫生行政部门可以制定并公布食品安全地方标准，报国务院卫生行政部门备案。食品安全国家标准制定后，该地方标准即行废止。省级以上人民政府卫生行政部门应当在其网站上公布制定和备案的食品安全国家标准、地方标准和企业标准，供公众免费查阅、下载。

《食品安全法》不仅明确规定了严格的食品安全标准制定工作，同时也规定要加强标准制定与标准执行的衔接：

(1)省级以上人民政府卫生行政部门应当会同同级食品药品监督管理、质量监督、农业行政等部门，分别对食品安全国家标准和地方标准的执行情况进行跟踪评价，并根据评价结果及时修订食品安全标准。

(2)省级以上人民政府食品药品监督管理、质量监督、农业行政等部门应当对食品安全标准执行中存在的问题进行收集、汇总，并及时向同级卫生行政部门通报。

(3)食品生产经营者、食品行业协会发现食品安全标准在执行中存在问题的，应当立即向卫生行政部门报告。

(4)对食品安全标准执行过程中的问题，县级以上人民政府卫生行政部门应当会同有关部门及时给予指导、解答。

第三节　食品生产经营

俗话说"病从口入"，为防止不洁或变质食品对人体健康的危害，《食品安全法》用专章对食品的生产经营作了明确规定。

一、食品生产经营过程中必须达到的要求

食品生产经营应当符合食品安全标准，并符合下列要求：

(1)具有与生产经营的食品品种、数量相适应的食品原料处理和食品加工、包装、贮存等场所，保持该场所环境整洁，并与有毒、有害场所以及其他污染源保持规定的距离。

(2)具有与生产经营的食品品种、数量相适应的生产经营设备或者设施，有相应的消毒、更衣、盥洗、采光、照明、通风、防腐、防尘、防蝇、防鼠、防虫、洗涤以及处理废水、存放垃圾和废弃物的设备或者设施。

(3)有专职或者兼职的食品安全专业技术人员、食品安全管理人员和保证食品安全的规章制度。

(4)具有合理的设备布局和工艺流程，防止待加工食品与直接入口食品、原料与成品交叉污染，避免食品接触有毒物、不洁物。

(5)餐具、饮具和盛放直接入口食品的容器，使用前应当洗净、消毒，炊具、用具用后应当洗净，保持清洁。

(6)储存、运输和装卸食品的容器、工具和设备应当安全、无害，保持清洁，防止食品污染，并符合保证食品安全所需的温度、湿度等特殊要求，不得将食品与有毒、有害物品一同贮存、运输。

(7)直接入口的食品应当使用无毒、清洁的包装材料、餐具、饮具和容器。

（8）食品生产经营人员应当保持个人卫生，生产经营食品时，应当将手洗净，穿戴清洁的工作衣、帽等；销售无包装的直接入口食品时，应当使用无毒、清洁的容器、售货工具和设备。

（9）用水应当符合国家规定的生活饮用水卫生标准。

（10）使用的洗涤剂、消毒剂应当对人体安全、无害。

（11）法律、法规规定的其他要求。

二、禁止生产经营的食品

《食品安全法》规定，食品生产经营者对其生产经营食品的安全负责。食品生产经营者应当依照法律、法规和食品安全标准从事生产经营活动，保证食品安全，诚信自律，对社会和公众负责，接受社会监督，承担社会责任。禁止生产经营下列食品、食品添加剂、食品相关产品：

（1）用非食品原料生产的食品或者添加食品添加剂以外的化学物质和其他可能危害人体健康物质的食品，或者用回收食品作为原料生产的食品。

（2）致病性微生物，农药残留、兽药残留、生物毒素、重金属等污染物质以及其他危害人体健康的物质含量超过食品安全标准限量的食品、食品添加剂、食品相关产品。

（3）用超过保质期的食品原料、食品添加剂生产的食品、食品添加剂。

（4）超范围、超限量使用食品添加剂的食品。

（5）营养成分不符合食品安全标准的专供婴幼儿和其他特定人群的主辅食品。

（6）腐败变质、油脂酸败、霉变生虫、污秽不洁、混有异物、掺假掺杂或者感官性状异常的食品、食品添加剂。

（7）病死、毒死或者死因不明的禽、畜、兽、水产动物肉类及其制品。

（8）未按规定进行检疫或者检疫不合格的肉类，或者未经检验或者检验不合格的肉类制品。

（9）被包装材料、容器、运输工具等污染的食品、食品添加剂。

（10）标注虚假生产日期、保质期或者超过保质期的食品、食品添加剂。

（11）无标签的预包装食品、食品添加剂。

（12）国家为防病等特殊需要明令禁止生产经营的食品。

（13）其他不符合法律、法规或者食品安全标准的食品、食品添加剂、食品相关产品。

案例 11-1

某单位 20 名员工参加某旅行社组织到某地旅游的活动，活动第二天晚餐后，团内大部分成员有呕吐、腹痛病状，医院确诊为急性肠炎。卫生防疫部门对旅游团就餐的宾馆餐厅进行了检验，认定：餐厅提供的食物不符合卫生标准，细菌严重超标。旅游团的行程被迫延迟。

本案评析：根据《食品安全法》的规定，食品生产经营者对其生产经营食品的安全负责，食品应当无毒无害，禁止生产经营不符合食品安全标准的食品。本案中，宾馆餐厅提供的食物，不符合《食品安全法》的规定，细菌严重超标，造成了旅游者身体健康的损害，行程计划也被迫变更，显然应承担相应的赔偿责任。

三、食品生产经营过程控制

《食品安全法》对食品生产经营过程控制的规定多达23条款，并提出了9项制度要求：

(1)食品安全管理制度。食品生产经营企业应当建立健全食品安全管理制度，对职工进行食品安全知识培训，加强食品检验工作，依法从事生产经营活动。

(2)从业人员健康管理制度。食品生产经营者应当建立并执行从业人员健康管理制度，患有国务院卫生行政部门规定的有碍食品安全疾病的人员，不得从事接触直接入口食品的工作。从事接触直接入口食品工作的食品生产经营人员应当每年进行健康检查，取得健康证明后方可上岗工作。

(3)生产过程控制制度。食品生产企业应当就下列事项制定并实施控制要求，保证所生产的食品符合食品安全标准：原料采购、原料验收、投料等原料控制；生产工序、设备、贮存、包装等生产关键环节控制；原料检验、半成品检验、成品出厂检验等检验控制；运输和交付控制。

(4)食品安全自查制度。食品生产经营者应当建立食品安全自查制度，定期对食品安全状况进行检查评价。生产经营条件发生变化，不再符合食品安全要求的，食品生产经营者应当立即采取整改措施；有发生食品安全事故潜在风险的，应当立即停止食品生产经营活动，并向所在地县级人民政府食品药品监督管理部门报告。

(5)体系认证制度。国家鼓励食品生产经营企业符合良好生产规范要求，实施危害分析与关键控制点体系，提高食品安全管理水平。对通过良好生产规范、危害分析与关键控制点体系认证的食品生产经营企业，认证机构应当依法实施跟踪调查；对不再符合认证要求的企业，应当依法撤销认证，及时向县级以上人民政府食品药品监督管理部门通报，并向社会公布。认证机构实施跟踪调查不得收取费用。

(6)进货查验记录制度。食品生产企业应当建立食品原料、食品添加剂、食品相关产品进货查验记录制度，如实记录食品原料、食品添加剂、食品相关产品的名称、规格、数量、生产日期或者生产批号、保质期、进货日期以及供货者名称、地址、联系方式等内容，并保存相关凭证。记录和凭证保存期限不得少于产品保质期满后六个月；没有明确保质期的，保存期限不得少于二年。

(7)出厂检验记录制度。食品生产企业应当建立食品出厂检验记录制度，查验出厂食品的检验合格证和安全状况，如实记录食品的名称、规格、数量、生产日期或者生产批号、保质期、检验合格证号、销售日期以及购货者名称、地址、联系方式等内容，并保存相关凭证。

(8)检验合格出厂制度。食品、食品添加剂、食品相关产品的生产者，应当按照食品安全标准对所生产的食品、食品添加剂、食品相关产品进行检验，检验合格后方可出厂或者销售。

（9）食品召回制度。为体现国家食品安全监管工作预防为主的基本原则，国家建立食品召回制度。

① 食品生产者发现其生产的食品不符合食品安全标准或者有证据证明可能危害人体健康的，应当立即停止生产，召回已经上市销售的食品，通知相关生产经营者和消费者，并记录召回和通知情况。

② 食品经营者发现其经营的食品有前款规定情形的，应当立即停止经营，通知相关生产经营者和消费者，并记录停止经营和通知情况。食品生产者认为应当召回的，应当立即召回。由于食品经营者的原因造成其经营的食品有前款规定情形的，食品经营者应当召回。

③ 食品生产经营者应当对召回的食品采取无害化处理、销毁等措施，防止其再次流入市场。但是，对因标签、标志或者说明书不符合食品安全标准而被召回的食品，食品生产者在采取补救措施且能保证食品安全的情况下可以继续销售；销售时应当向消费者明示补救措施。

④ 食品生产经营者应当将食品召回和处理情况向所在地县级人民政府食品药品监督管理部门报告；需要对召回的食品进行无害化处理、销毁的，应当提前报告时间、地点。食品药品监督管理部门认为必要的，可以实施现场监督。

⑤ 食品生产经营者未依照本条规定召回或者停止经营的，县级以上人民政府食品药品监督管理部门可以责令其召回或者停止经营。

四、食品添加剂的特别规定

食品添加剂，指为改善食品品质和色、香、味以及为防腐、保鲜和加工工艺的需要而加入食品中的人工合成或者天然物质，包括营养强化剂。目前我国有 1800 多种食品添加剂，食品添加剂应用非常广泛，对其加强监管势在必行。

（1）国家对食品添加剂的生产实行许可制度。从事食品添加剂生产，应当具有与所生产食品添加剂品种相适应的场所、生产设备或者设施、专业技术人员和管理制度，并依照《食品安全法》规定的程序，取得食品添加剂生产许可。

（2）生产食品添加剂应当符合法律、法规和食品安全国家标准。

（3）食品添加剂应当在技术上确有必要且经过风险评估证明安全可靠，方可列入允许使用的范围；有关食品安全国家标准应当根据技术必要性和食品安全风险评估结果及时修订。

（4）食品生产经营者应当按照食品安全国家标准使用食品添加剂。

五、特殊食品的特别规定

随着经济社会的快速发展和人民生活水平的提高，一些特殊食品日益受到广大消费者的关注。《食品安全法》明确了国家对保健食品、特殊医学用途配方食品和婴幼儿配方食品等特殊食品实行严格监督管理。

1. 保健食品的监督管理

（1）建立保健食品原料目录和功能目录制度。保健食品声称保健功能，应当具有科学依据，不得对人体产生急性、亚急性或者慢性危害。保健食品原料目录和允许保健食品声称的保健功能目录，由国务院食品药品监督管理部门会同国务院卫生行政部门、国家中医药管理部门制定、调整并公布。保健食品原料目录应当包括原料名称、用量及其对应的功效；列入保健食品原料目录的原料只能用于保健食品生产，不得用于其他食品生产。

（2）建立产品注册和备案制度。使用保健食品原料目录以外原料的保健食品和首次进口的保健食品应当经国务院食品药品监督管理部门注册。但是，首次进口的保健食品中属于补充维生素、矿物质等营养物质的，应当报国务院食品药品监督管理部门备案。其他保健食品应当报省、自治区、直辖市人民政府食品药品监督管理部门备案。

（3）明确注册和备案提交的材料。依法应当注册的保健食品，注册时应当提交保健食品的研发报告、产品配方、生产工艺、安全性和保健功能评价、标签、说明书等材料及样品，并提供相关证明文件。国务院食品药品监督管理部门经组织技术审评，对符合安全和功能声称要求的，准予注册；对不符合要求的，不予注册并书面说明理由。对使用保健食品原料目录以外原料的保健食品作出准予注册决定的，应当及时将该原料纳入保健食品原料目录。依法应当备案的保健食品，备案时应当提交产品配方、生产工艺、标签、说明书以及表明产品安全性和保健功能的材料。

（4）对标签、广告和说明书提出特殊要求。保健食品的标签、说明书不得涉及疾病预防、治疗功能，内容应当真实，与注册或者备案的内容相一致，载明适宜人群、不适宜人群、功效成分或者标志性成分及其含量等，并声明"本品不能代替药物"。保健食品的功能和成分应当与标签、说明书相一致。保健食品广告除应当符合食品广告的规定外，还应当声明"本品不能代替药物"；其内容应当经生产企业所在地省、自治区、直辖市人民政府食品药品监督管理部门审查批准，取得保健食品广告批准文件。

2. 特殊医学用途配方食品的监督管理

（1）特殊医学用途配方食品应当经国务院食品药品监督管理部门注册。注册时，应当提交产品配方、生产工艺、标签、说明书以及表明产品安全性、营养充足性和特殊医学用途临床效果的材料。

（2）特殊医学用途配方食品广告适用《中华人民共和国广告法》和其他法律、行政法规关于药品广告管理的规定。

3. 婴幼儿配方食品的监督管理

（1）婴幼儿配方食品生产企业应当实施从原料进厂到成品出厂的全过程质量控制，对出厂的婴幼儿配方食品实施逐批检验，保证食品安全。

（2）生产婴幼儿配方食品使用的生鲜乳、辅料等食品原料、食品添加剂等，应当符合法律、行政法规的规定和食品安全国家标准，保证婴幼儿生长发育所需的营养成分。

（3）婴幼儿配方食品生产企业应当将食品原料、食品添加剂、产品配方及标签等事项向省、自治区、直辖市人民政府食品药品监督管理部门备案。

（4）婴幼儿配方乳粉的产品配方应当经国务院食品药品监督管理部门注册。注册时，应当提交配方研发报告和其他表明配方科学性、安全性的材料。

（5）不得以分装方式生产婴幼儿配方乳粉，同一企业不得用同一配方生产不同品牌的婴幼儿配方乳粉。

4. 对特殊食品生产企业生产过程的严格要求

（1）保健食品、特殊医学用途配方食品、婴幼儿配方乳粉生产企业应当按照注册或者备案的产品配方、生产工艺等技术要求组织生产。

（2）生产保健食品、特殊医学用途配方食品、婴幼儿配方食品和其他专供特定人群的主辅食品的企业，应当按照良好生产规范的要求建立与所生产食品相适应的生产质量管理体系，定期对该体系的运行情况进行自查，保证其有效运行，并向所在地县级人民政府食品药品监督管理部门提交自查报告。

第四节　食品安全事故处置

所谓食品安全事故，指食源性疾病、食品污染等源于食品，对人体健康有危害或者可能有危害的事故。近年来，造成几十人甚至上百人食品安全事故的事件时有发生，对此，必须依法进行处理。

一、食品安全事故应急预案

国务院组织制定国家食品安全事故应急预案。

县级以上地方人民政府应当根据有关法律、法规的规定和上级人民政府的食品安全事故应急预案以及本地区的实际情况，制定本行政区域的食品安全事故应急预案，并报上一级人民政府备案。

食品安全事故应急预案应当对食品安全事故分级、事故处置组织指挥体系与职责、预防预警机制、处置程序、应急保障措施等作出规定。

食品生产经营企业应当制定食品安全事故处置方案，定期检查本企业各项食品安全防范措施的落实情况，及时消除食品安全事故隐患。

二、食品安全事故发生后的应急处置、报告、通报

发生食品安全事故的单位应当立即采取措施，防止事故扩大。事故单位和接收病人进行治疗的单位应当及时向事故发生地县级人民政府食品药品监督管理、卫生行政部门报告。

县级以上人民政府质量监督、农业行政等部门在日常监督管理中发现食品安全事故或者接到事故举报，应当立即向同级食品药品监督管理部门通报。

发生食品安全事故，接到报告的县级人民政府食品药品监督管理部门应当按照应急预案的规定向本级人民政府和上级人民政府食品药品监督管理部门报告。县级人民政府和上级人民政府食品药品监督管理部门应当按照应急预案的规定上报。

任何单位或者个人不得对食品安全事故隐瞒、谎报、缓报，不得毁灭有关证据。

三、食品安全事故发生后采取的行政措施

县级以上人民政府食品药品监督管理部门接到食品安全事故的报告后，应当立即会同

同级卫生行政、质量监督、农业行政等部门进行调查处理，并采取下列措施，防止或者减轻社会危害：

(1)开展应急救援工作，组织救治因食品安全事故导致人身伤害的人员；

(2)封存可能导致食品安全事故的食品及其原料，并立即进行检验；对确认属于被污染的食品及其原料，责令食品生产经营者依照本法第六十三条的规定召回或者停止经营；

(3)封存被污染的食品相关产品，并责令进行清洗消毒；

(4)做好信息发布工作，依法对食品安全事故及其处理情况进行发布，并对可能产生的危害加以解释、说明。

《食品卫生法》还规定，发生食品安全事故需要启动应急预案的，县级以上人民政府应当立即成立事故处置指挥机构，启动应急预案，依照前款和应急预案的规定进行处置。发生食品安全事故，县级以上疾病预防控制机构应当对事故现场进行卫生处理，并对与事故有关的因素开展流行病学调查，有关部门应当予以协助。县级以上疾病预防控制机构应当向同级食品药品监督管理、卫生行政部门提交流行病学调查报告。

四、食品安全事故责任调查

(1)发生食品安全事故，设区的市级以上人民政府食品药品监督管理部门应当立即会同有关部门进行事故责任调查，督促有关部门履行职责，向本级人民政府和上一级人民政府食品药品监督管理部门提出事故责任调查处理报告。涉及两个以上省、自治区、直辖市的重大食品安全事故由国务院食品药品监督管理部门依照前款规定组织事故责任调查。

(2)调查食品安全事故，应当坚持实事求是、尊重科学的原则，及时、准确查清事故性质和原因，认定事故责任，提出整改措施。调查食品安全事故，除了查明事故单位的责任，还应当查明有关监督管理部门、食品检验机构、认证机构及其工作人员的责任。

(3)食品安全事故调查部门有权向有关单位和个人了解与事故有关的情况，并要求提供相关资料和样品。有关单位和个人应当予以配合，按照要求提供相关资料和样品，不得拒绝。任何单位和个人不得阻挠、干涉食品安全事故的调查处理。

思考题

1. 《食品安全法》的宗旨和适用范围是什么？
2. 简述食品安全风险监测评估制度和安全标准制度。
3. 《食品安全法》对食品的生产经营有哪些要求？
4. 如何处置食品安全事故？

第十二章　旅游住宿法律制度

旅游住宿业也称"旅馆业"，是指为旅游者提供食宿及购物、娱乐等其他综合服务的行业。旅游住宿业是旅游业的重要支柱之一。在构成旅游活动的吃、住、行、游、娱、购六大要素中，有多项发生在旅馆。据统计，在世界旅游收入中，住宿业收入通常占50%左右，因此，旅游住宿业是取得旅游收入的重要行业。为使我国旅游住宿业的管理走上法制化轨道，有关部门先后颁布了一系列相关的法规、规章、制度和规范。

第一节　旅游住宿业及其法律管理制度概述

一、旅游住宿业的发展历程

旅游住宿业起源于中国和古代罗马的驿站，历史久远。从其发展历程来看，经历了四个阶段。

（1）小客栈时期。人们习惯上把奴隶社会至19世纪中期以前旅馆业这一漫长的发展时期称为小客栈时期。在古代，有许多人出于政治、经济、军事、宗教等目的而从事旅行活动，为了满足这些人的食宿需要，在一些主要的交通要道和大中城市出现了很多小客栈。这些客栈规模小，设备简陋，服务项目少，一般只提供简单的食宿服务。

（2）大饭店时期。指从19世纪中期到20世纪初这一历史时期。这一时期饭店追求建筑的豪华，主要接待那些享有特权的上流人士及富裕阶层。

（3）商业旅馆时期。指从20世纪初到20世纪50年代。进入20世纪以后，社会经济繁荣，使得商业旅行急剧增加，对价廉舒适的食宿设备的需求也随之增加，于是面向普通大众、价格合理、能够提供方便舒适的高质量服务的商业旅馆应运而生。

（4）新型旅馆时期。指从20世纪50年代以后至今。这一时期旅馆的接待对象更加大众化，除商务旅行者之外，日益增多的观光旅游者成为新型旅馆的主要客源市场。新型旅馆的类型多样化，出现了诸如会议旅馆、商业旅馆、度假旅馆等形形色色的旅馆。新型旅馆提供的服务除基本的食宿外，还为客人提供问讯、外币兑换、洗衣、电话、邮电、导游、医疗等多种服务。新型旅馆在旅游业的不断发展过程中，起着非常重要的作用。

二、我国旅游住宿业有关法律管理制度概述

《旅馆业治安管理办法》规定，住宿业包括所有经营接待住宿者的旅馆、饭店、宾馆、招待所、客货栈、车马店、浴池等。住宿业管理的法律制度适用于所有为旅游者提供住宿的场所。

虽然我国目前尚无适用于全国的权威性的有关住宿业的法律、法规，但是规范住宿业管理的法律、法规及规章正在逐步建立。早在 1951 年 8 月 15 日国务院就颁布了我国最早的旅馆业法规《城市旅栈业暂行管理规则》，该规则于 1987 年 11 月 10 日废止。同日，国务院批准由公安部发布了《旅馆业治安管理办法》。该办法就申请开办旅馆的手续、经营旅馆应遵循的事项以及对违法者的处罚作了规定。

此后，随着旅馆业的不断发展，国务院、国家旅游局会同有关部门先后发布了一系列法规、规章，包括：《国务院办公厅转发国家旅游局关于建立饭店管理公司以及有关政策问题请示的通知》、《关于对全国旅游涉外饭店按五星制评定星级的通知》、《中华人民共和国评定旅游涉外饭店星级的规定》、《中华人民共和国评定旅游涉外饭店星级标准》、《关于星级饭店价格的有关规定》、《关于进一步做好旅游涉外饭店星级评定工作的通知》、《饭店管理公司管理暂行办法》、《中华人民共和国旅游涉外饭店星级评定检查员制度》、《旅游饭店星级的划分与评定》、《星级饭店访查规范》等，这些法规、规章对我国旅馆业的相关问题作出了规定。

但是，我们也应看到，上述这些法规、规章是仅就某些方面作出了规定，无法调整旅馆经营者和住宿者，以及旅馆经营者和其他旅游法律关系主体之间的权利、义务关系，且立法层次低，许多国家的饭店法已日臻完善。我国旅馆业中的旅游饭店是改革开放后与国际接轨较早的领域之一，一些饭店的服务管理水平已可与国际先进水平相媲美。我国饭店业的发展迫切需要一部专门的饭店法对旅游饭店经营管理加以规范，虽然《消费者权益保护法》规定了商品经营者对消费者的义务，也适用于饭店的经营管理，但毕竟只是一些原则上的规定，无法解决饭店经营中一些棘手的纠纷问题。2013 年 10 月 1 日起实施的《旅游法》第七十五条规定了团队旅游住宿合同，对旅游住宿服务合同作出了相应的规范，以期回应实践对立法的需求。

尤须注意的是，中国旅游饭店业协会以"倡导履行诚信准则，保障客人和旅游饭店的合法权益，维护旅游饭店业经营管理的正常秩序，促进中国旅游饭店业的健康发展"为目的，于 2002 年 5 月 1 日颁布实施了《中国旅游饭店行业规范》，这是我国消费行业的第一部行业规范，能在一定条件下弥补国家法制不健全的缺陷。

第二节 旅游饭店星级评定制度

一、星级评定制度概述

对旅游饭店进行星级评定，是国际上通行的惯例。星级制是将旅游饭店根据其建筑规模、设施设备、舒适程度、管理服务水平等软、硬件水平的高低分别评定为一星、二星、三星、四星、五星五个等级，五星是最高等级。为了提高我国旅游饭店的经营管理水平和服务水平，适应国际旅游业发展的需要，促进我国饭店业与国际接轨，国家旅游局参照国际标准，结合中国国情，于1988年8月制定发布了《中华人民共和国评定旅游涉外饭店星级的规定》以及《中华人民共和国评定旅游涉外饭店星级标准》，在我国开始实行星级评定制度。但是随着我国旅游饭店业的发展，出现了诸如一些饭店企业的资源闲置和浪费等新情况，迫切需要对相应的评定标准进行修改。1998年国家旅游局重新修订了上述《评定星级的规定》和《评定星级标准》。

星级评定制度的推出，标志着我国旅游饭店业跨入了国际现代化管理的新阶段。但是，随着新科技、新特色、新材料的饭店不断涌现，饭店的市场环境、客源构成等也都发生了重要变化。这些变化客观上使得原《中华人民共和国评定旅游涉外饭店星级的规定》以及《中华人民共和国评定旅游涉外饭店星级标准》中的某些内容必须作出相应的调整，于是国家旅游局和国家质量监督检验检疫总局于2003年6月2日重新修订发布了《旅游饭店星级的划分与评定》(GB/T14308—2003)，并于2003年12月1日开始实施。

由于《旅游饭店星级的划分与评定》主要是对旅游饭店的设施配套、硬件建设等方面进行测度量化，而对旅游饭店的服务质量、维护保养、清洁卫生等"软件"方面的要求比较概念化、操作性不强，基于此，国家旅游局颁布了《星级饭店访查规范》，自2006年3月7日起实施。该规范与《旅游饭店星级的划分与评定》共同构成了饭店星级评价的完整体系。为适应旅游业和饭店业的发展，国家旅游局2010年对2003年版《旅游饭店星级的划分与评定》进行了修订，于2011年1月1日起实施。

二、星级评定制度内容

(一)旅游饭店的定义及星级

根据《旅游饭店星级的划分与评定》的规定，用"旅游饭店"取代"旅游涉外饭店"，并按国际惯例明确了"旅游饭店"的定义。旅游饭店就是能够以夜为时间单位向旅游客人提供配有餐饮及相关服务的住宿设施，按不同习惯它也被称为宾馆、酒店、旅馆、旅社、宾舍、度假村、俱乐部、大厦、中心等。

旅游饭店星级评定实行五星制，旅游饭店按一星、二星、三星、四星、五星(含白金五星级)来划分等级。饭店星级的高低，反映着不同客源层次的需求，标志着饭店设计、建筑、装潢、设施设备、服务项目、服务水平与这种需求的一致性和所有住店宾客的满意程度。

(二)星级评定的范围及星级的有效期

根据星级评定的规定,饭店开业1年以后可申请星级。经星级评定机构评定批复后,可以享有3年有效的星级及其标志使用权。

由此可见,有资格申请评定星级的旅游饭店的范围是比较广的,但是,我国每年都有新建成或改造升级而开业不到1年的饭店,因不属星级评定的范围,因而游离于行业管理之外。为了使这些饭店从开业之初便纳入行业管理范围,更好地推动这些新建或改造的饭店软、硬件和管理水平都上一个台阶,国家旅游局将预备星级制度写入新标准中,即开业不足1年的旅游饭店可以申请预备星级,有效期1年。

(三)星级评定的组织和权限

根据星级评定的规定,在我国全国旅游饭店星级评定的最高权力机关是国家旅游局。国家旅游局设饭店星级评定机构,负责全国旅游饭店星级评定的领导工作,具体负责实施全国五星级(含预备五星级)饭店的评定与复核工作,保有对各级旅游饭店星级评定机构所评饭店星级的否决权。

省、自治区、直辖市旅游局设饭店星级评定机构,在国家旅游局的领导下,负责本地区旅游饭店星级评定与复核工作,保有对本地区下级旅游饭店星级评定机构所评饭店星级的否决权。具体负责本地区四星级(含预备四星级)饭店的评定与复核工作,同时向国家旅游局推荐五星级(含预备五星级)饭店。

副省级城市旅游局和地(市)级旅游局具体负责本地区三星级(含预备三星级)以下饭店的评定与复核工作,并向所在省、自治区旅游局推荐四星级(含预备四星级)饭店。

(四)星级评定的原则

(1)饭店所取得的星级表明该饭店所有建筑物、设施设备及服务均处于同一水准。

(2)饭店取得星级后,因改造发生建筑规格、设施设备和服务项目的变化,关闭或取消原有设施设备、服务功能或项目,导致达不到原星级标准的,应向原饭店星级评定机构申报,接受复核或重新评定、批准,否则该饭店星级无效。

(3)某些特色突出或极其个性化的饭店,若其自身条件与本标准规定的条件有所区别,可以直接向全国旅游饭店星级评定机构申请星级。全国旅游饭店星级评定机构应在接到申请后1个月内安排评定检查,根据检查和评审结果给予评定星级的批复,并授予相应星级的证书和标志。

(五)星级评定程序和执行

1. 五星级饭店的评定程序

(1)申请。申请评定五星级的饭店应在对照《旅游饭店星级的划分与评定》(GB/T14308—2010)充分准备的基础上,按属地原则向地区星评委和省级星评委逐级递交星级申请材料。申请材料包括:饭店星级申请报告、自查打分表、消防验收合格证(复印件)、卫生许可证(复印件)、工商营业执照(复印件)、饭店装修设计说明等。

(2)推荐。省级星评委收到饭店申请材料后,应严格按照《旅游饭店星级的划分与评定》(GB/T14308—2010)的要求，于1个月内对申报饭店进行星评工作指导。对符合申报要求的饭店，以省级星评委名义向全国星评委递交推荐报告。

(3)审查与公示。全国星评委在接到省级星评委推荐报告和饭店星级申请材料后，应在1个月内完成审定申请资格、核实申请报告等工作，并对通过资格审查的饭店，在中国旅游网和中国旅游饭店业协会网站上同时公示。对未通过资格审查的饭店，全国星评委应下发正式文件通知省级星评委。

(4)宾客满意度调查。对通过五星级资格审查的饭店，全国星评委可根据工作需要安排宾客满意度调查，并形成专业调查报告，作为星评工作的参考意见。

(5)国家级星评员检查。全国星评委发出《星级评定检查通知书》，委派2~3名国家级星评员，以明察或暗访的形式对申请五星级的饭店进行评定检查。评定检查工作应在36~48小时内完成。检查未予通过的饭店，应根据全国星评委反馈的有关意见进行整改。全国星评委待接到饭店整改完成并申请重新检查的报告后，于1个月内再次安排评定检查。

(6)审核。检查结束后1个月内，全国星评委应根据检查结果对申请五星级的饭店进行审核。审核的主要内容及材料有：国家级星评员检查报告(须有国家级星评员签名)、星级评定检查反馈会原始记录材料(须有国家级星评员及饭店负责人签名)、依据《旅游饭店星级的划分与评定》(GB/T14308—2010)打分情况(打分总表须有国家级星评员签名)等。

(7)批复。对于经审核认定达到标准的饭店，全国星评委应作出批准其为五星级旅游饭店的批复，并授予五星级证书和标志牌。对于经审核认定达不到标准的饭店，全国星评委应作出不批准其为五星级饭店的批复。批复结果在中国旅游网和中国旅游饭店业协会网站上同时公示，公示内容包括饭店名称、全国星评委受理时间、国家级星评员评定检查时间、国家级星评员姓名、批复时间。

(8)申诉。申请星级评定的饭店对星评过程及其结果如有异议，可直接向国家旅游局申诉。国家旅游局根据调查结果予以答复，并保留最终裁定权。

(9)抽查。国家旅游局根据《国家级星评监督员管理规则》，派出国家级星评监督员随机抽查星级评定情况，对星评工作进行监督。一旦发现星评过程中存在不符合程序的现象或检查结果不符合标准要求的情况，国家旅游局可对星级评定结果予以否决，并对执行该任务的国家级星评员进行处理。

另外，对于以住宿为主营业务，建筑与装修风格独特，拥有独特客户群体，管理和服务特色鲜明，且业内知名度较高旅游饭店的星级评定，可按照上述程序申请评定五星级饭店。

2. 一星级到四星级饭店的评定程序

对于一星级到四星级饭店的评定，各级星评委严格按照相应职责和权限，参照五星级饭店评定程序执行。一、二、三星级饭店的评定检查工作应在24小时内完成，四星级饭店的评定检查工作应在36小时内完成。全国星评委保留对一星级到四星级饭店评定结果的否决权。

(六) 星级复核及处理制度

星级复核是星级评定工作的重要组成部分，其目的是督促已取得星级的饭店持续达标。星级复核分为年度复核和 3 年期满的评定性复核。

年度复核工作由饭店对照星级标准自查自纠，并将自查结果报告相应级别星评委，相应级别星评委根据自查结果进行抽查。

评定性复核工作由各级星评委委派星评员以明查或暗访的方式进行。全国星评委可根据工作需要，对满 3 年期的五星级饭店进行宾客满意度调查，并形成专业调查报告，作为评定性复核的参考意见。

对复核结果达不到相应标准的星级饭店，相应级别星评委根据情节轻重给予限期整改、取消星级的处理，并公布处理结果。对于取消星级的饭店，应将其星级证书和星级标志牌收回。整改期限原则上不能超过 1 年。被取消星级的饭店，自取消星级之日起 1 年后，方可重新申请星级评定。

国家旅游局根据《国家级星评监督员管理规则》，派出国家级星评监督员随机抽查年度复核和评定性复核情况，对复核工作进行监督。一旦发现复核过程中存在不符合程序的现象或检查结果不符合标准要求的情况，国家旅游局可对星级复核结果予以否决。

第三节　旅游住宿业治安管理

一、概述

随着我国旅游业包括旅游住宿业的蓬勃发展，外出旅游人数迅猛增长，与此同时，旅游安全也愈来愈受到每一个旅游者和旅游经营者的关注。众所周知，旅游住宿业最基本的功能和最基本的职责就是能为客人提供住宿条件、保证客人的人身财产安全。改革开放以后，我国的住宿业已经从过去的那种封闭型的宾馆、饭店发展成了开放型的、为住店客人和社会公众提供各种服务的公共场所，这就给饭店的安全工作带来了较大的困难。在旅馆内各种危及客人安全的事件时有发生，因此，旅游住宿业的安全工作十分重要。1987 年 11 月 10 日经国务院批准，由公安部发布了《旅馆业治安管理办法》。《旅馆业治安管理办法》是我国旅游住宿业治安管理的基本行政法规，对于保障我国旅馆业的正常经营和旅客的生命财物安全、维护社会治安，起到了重要作用。

《旅游法》第七十九条规定，旅游经营者应当严格执行安全生产管理和消防安全管理的法律、法规和国家标准、行业标准，具备相应的安全生产条件，制定旅游者安全保护制度和应急预案。旅游经营者应当对直接为旅游者提供服务的从业人员开展经常性应急救助技能培训，对提供的产品和服务进行安全检验、监测和评估，采取必要措施防止危害发生。旅游经营者组织、接待老年人、未成年人、残疾人等旅游者，应当采取相应的安全保障措施。这些对旅游经营者安全保护义务的要求当然也适用旅游住宿业。

二、旅游住宿业治安管理的主要内容

(一)对申办旅游住宿企业的治安管理

为保障旅馆企业能够正常经营，同时也为了保障旅客的生命财产的安全，《旅馆业治安管理办法》规定，开办旅馆，其房屋建筑、消防设备、出入口和通道等，必须符合我国《消防法》等有关规定，并且要具备必要的防盗安全设施。

为便于从治安管理的角度掌握旅馆的申办情况，《旅馆业治安管理办法》规定，申请开办旅馆，应经主管部门审查批准，经当地公安机关签署意见，向工商行政管理部门申请登记，领取营业执照后，方准开业。经批准开业的旅馆，如有歇业、转业、合并、迁移、改变名称等情况，应当在工商行政管理部门办理变更登记后 3 日内，向当地的县、市公安局、公安分局备案。

(二)对旅馆一般经营中的治安管理

《旅游法》规定，旅游经营者要严格执行安全生产管理和消防安全管理的法律、法规和国家标准、行业标准，具备相应的安全生产条件，制定旅游者安全保护制度和应急预案。根据此项规定，旅馆经营者应严格按《旅馆业治安管理办法》的规定，遵守国家的法律，建立各项安全管理制度，设置治安保卫组织或者指定安全人员。在经营旅馆过程中，具体应做到：

(1)旅馆接待旅客住宿必须登记。登记时，应当查验旅客的身份证件，按规定的项目如实登记。接待境外旅客住宿，旅馆除履行上述手续外，还应当在 24 小时内向当地公安机关报送住宿登记表。

(2)旅馆应当设置旅客财物保管箱、柜或者保管室、保险柜，指定专人负责保管工作。对旅客寄存的财物，要建立登记、领取和交接制度。严格落实这项规定，就可以减少或避免住店客人因丢失财物而与旅馆之间发生纠纷。

(3)旅馆对旅客遗留的物品，应当妥为保管，设法归还原主或揭示招领；经招领 3 个月后无人认领的，要登记造册，送当地公安机关按拾遗物品处理。旅馆经常会遇到旅客遗留物品的情况，这种处理方法既是法规的规定，作为旅馆经营者必须遵守，同时也符合我国社会主义公德的要求。

(4)严禁旅客将易燃、易爆、剧毒、腐蚀性和放射性等危险物品带入旅馆，对违禁物品和可疑物品，应当及时报告公安机关处理。旅客住店期间，会有意无意地将一些违禁的易燃、易爆、剧毒、腐蚀性或放射性等危险物品带入旅馆，因此旅馆在经营中，如果发现任何危险物品或违禁物品，必须加以制止并及时报告公安机关处理，以避免安全事故的发生。

(5)旅馆内，严禁卖淫、嫖宿、赌博、吸毒、传播淫秽物品等违法犯罪活动。旅馆作为一个对社会公众开放的公共场所，任何人只要持有效证件即可在旅馆住宿、就餐和娱乐。这其中难免有一些违法犯罪分子混迹其中，从事犯罪活动。旅馆应从保护旅客人身财物安全出发，绝不能对在旅馆中从事卖淫、赌博、吸毒、传播淫秽物品等违法犯罪活动袖手旁观，必须及时向当地公安机关报告。

(6)旅馆内，不得酗酒滋事、大声喧哗，影响他人休息，旅客不得私自留客住宿或者转让床位。旅馆必须为住店客人提供一个良好的休息场所，所以对于那些在旅馆中大声喧哗、酗酒滋事、影响他人休息者必须严加制止。同时旅馆还须核实每一位客人的住店、离店时间，向客人做必要的说明，防止客人私自留客住宿或转让床位等事件的发生。

(7)旅馆工作人员发现违法犯罪分子、形迹可疑的人员和被公安机关通缉的罪犯，应当立即向当地公安机关报告，不得知情不报或隐瞒包庇。如果旅馆工作人员发现犯罪分子知情不报或者隐瞒包庇，不仅会对其他住店客人的安全造成威胁，而且旅馆工作人员本身也会受到公安机关的处罚。

(三)对旅馆经营娱乐服务的治安管理

现代旅馆已从提供简单的食宿服务发展到融住宿、餐饮、娱乐、健身等多种服务功能的场所，特别是对旅游星级饭店，还特别规定必须提供上述多种服务项目。针对旅馆经营歌舞厅等娱乐服务场所可能会出现的治安管理问题，《旅馆业治安管理办法》规定，在旅馆内开办舞厅、音乐茶座等娱乐、服务场所的，除执行本《旅馆业治安管理办法》有关规定外，还应当按照国家和当地政府的有关规定管理。为此，国务院在1999年3月26日发布了《娱乐场所管理条例》。2006年3月1日国务院颁布了新的《娱乐场所管理条例》，原条例废止。新条例对娱乐场所的治安管理内容主要有：

(1)国家倡导弘扬民族优秀文化，禁止娱乐场所内的娱乐活动含有下列内容：违反宪法确定的基本原则的；危害国家统一、主权或者领土完整的；危害国家安全，或者损害国家荣誉、利益的；煽动民族仇恨、民族歧视，伤害民族感情或者侵害民族风俗、习惯，破坏民族团结的；违反国家宗教政策，宣扬邪教、迷信的；宣扬淫秽、赌博、暴力以及与毒品有关的违法犯罪活动，或者教唆犯罪的；违背社会公德或者民族优秀文化传统的；侮辱、诽谤他人，侵害他人合法权益的；法律、行政法规禁止的其他内容。

(2)娱乐场所及其从业人员不得实施下列行为，不得为进入娱乐场所的人员实施下列行为提供条件：贩卖、提供毒品，或者组织、强迫、教唆、引诱、欺骗、容留他人吸食、注射毒品；组织、强迫、引诱、容留、介绍他人卖淫、嫖娼；制作、贩卖、传播淫秽物品；提供或者从事以营利为目的的陪侍；赌博；从事邪教、迷信活动；其他违法犯罪行为。娱乐场所的从业人员不得吸食、注射毒品，不得卖淫、嫖娼；娱乐场所及其从业人员不得为进入娱乐场所的人员实施上述行为提供条件。

(3)歌舞娱乐场所应当按照国务院公安部门的规定在营业场所的出入口、主要通道安装闭路电视监控设备，并应当保证闭路电视监控设备在营业期间正常运行，不得中断。歌舞娱乐场所应当将闭路电视监控录像资料留存30日备查，不得删改或者挪作他用。

(4)歌舞娱乐场所的包厢、包间内不得设置隔断，并应当安装展现室内整体环境的透明门窗。包厢、包间的门不得有内锁装置。营业期间，歌舞娱乐场所内亮度不得低于国家规定的标准。

(5)娱乐场所使用的音像制品或者电子游戏应当是依法出版、生产或者进口的产品。游艺娱乐场所不得设置具有赌博功能的电子游戏机机型、机种、电路板等游戏设施设备，不得以现金或者有价证券作为奖品，不得回购奖品。

(6)娱乐场所的法定代表人或者主要负责人应当对娱乐场所的消防安全和其他安全负

责。娱乐场所应当确保其建筑、设施符合国家安全标准和消防技术规范，定期检查消防设施状况，并及时维护、更新。娱乐场所应当制定安全工作方案和应急疏散预案。

(7)营业期间，娱乐场所应当保证疏散通道和安全出口畅通，不得封堵、锁闭疏散通道和安全出口，不得在疏散通道和安全出口设置栅栏等影响疏散的障碍物。娱乐场所应当在疏散通道和安全出口设置明显指示标志，不得遮挡、覆盖指示标志。

(8)任何人不得非法携带枪支、弹药、管制器具或者携带爆炸性、易燃性、毒害性、放射性、腐蚀性等危险物品和传染病病原体进入娱乐场所。迪斯科舞厅应当配备安全检查设备，对进入营业场所的人员进行安全检查。

(9)歌舞娱乐场所不得接纳未成年人。除国家法定节假日外，游艺娱乐场所设置的电子游戏机不得向未成年人提供。娱乐场所不得招用未成年人。

(10)娱乐场所应当与从业人员签订文明服务责任书，并建立从业人员名簿；从业人员名簿应当包括从业人员的真实姓名、居民身份证复印件、外国人就业许可证复印件等内容。娱乐场所应当与保安服务企业签订保安服务合同，配备专业保安人员；不得聘用其他人员从事保安工作。

(11)每日凌晨2时至上午8时，娱乐场所不得营业。

(12)娱乐场所应当在营业场所的大厅、包厢、包间内的显著位置悬挂含有禁毒、禁赌、禁止卖淫嫖娼等内容的警示标志、未成年人禁入或者限入标志。标志应当注明公安部门、文化主管部门的举报电话。

(13)娱乐场所应当建立巡查制度，发现娱乐场所内有违法犯罪活动的，应当立即向所在地县级公安部门、县级人民政府文化主管部门报告。

(四)公安机关对旅馆治安的管理职责

作为旅游住宿业治安管理的主管部门，公安机关依法行使下列职责：

(1)指导、监督旅馆建立各项安全管理制度和落实安全防范措施。

(2)协助旅馆对工作人员进行安全业务知识的培训。

(3)依法惩办侵犯旅馆和旅客合法权益的违法犯罪分子。

公安人员到旅馆执行公务时，应当出示证件，严格依法办事，要文明礼貌待人，维护旅馆的正常经营和旅客的合法权益，旅馆工作人员和旅客应当予以协助，共同搞好旅馆的治安管理工作，为旅游业共创一片宁静稳定的社会环境。

案例 12-1

6月17日，某部驻江苏无锡办事处一行24人由无锡某旅行社组织前往武夷山、三清山游览。6月19日晚9时，旅游团由地接社江西玉山某旅行社安排下榻于玉山某宾馆。6月20日晨，游客王某、周某一觉醒来发现自己所住的房间被盗。报告有关部门后几分钟，玉山刑警大队接110指挥中心指令赶到宾馆，经清点和询问发现，游客王某被盗现金700元，皮包一个500元；游客周某被盗手机一部2500元，招商卡一张100元，皮带一条200

元，现金1120元，二人共计损失5120元。刑警人员经侦查发现，窃贼是沿着二楼雨篷爬到窗外，然后从外打开窗子爬进客房(窗子的锁扣已坏)窃去钱物的。6月20日晚6时，游客、地接社、宾馆王经理和当地保险公司就失窃案处理协商。无锡游客提出此次失窃是由于宾馆防盗设施不完善造成的，故5120元钱物应由宾馆全赔，但王经理却提出："宾馆大堂及客房内均有'贵重物品请寄存'的告示，你不寄存责任不在我方，再说现金失窃多少谁也说不清，考虑到宾馆客房窗子是有问题，宾馆出于人道可以出1000元表示一下。"游客坚决不同意，协商未果。12月，组团社无锡某旅行社经过与游客的艰苦谈判，同意赔偿游客钱物损失3600元，并将此赔款从给玉山某旅行社的团款中扣除。玉山某旅行社在遭受损失3600元，同时协调不成的前提下，将宾馆作为被告，上诉至玉山县人民法院。

本案评析：第一，公安部发布的《旅馆业治安管理办法》第三条的规定："开办旅馆，其房屋建筑，消防设备，出入口和通道等，必须符合《中华人民共和国消防条例》等有关规定，并且应具备必要的防盗安全设施。"本案中宾馆窗子无反扣，小偷可以从窗外打开窗户，显然未具备防盗安全设施，理应承担一定的责任。

第二，旅客在住店期间往往随身带有财物，为保障旅客财物的安全，减少失窃被盗等治安案件的发生，旅客应将贵重物品寄存，这需要宾馆具备相应的寄存保存客人物品的设施，否则就要承担相应的赔偿责任。

第四节　旅游饭店与旅客之间的权利义务

一、饭店对旅客的权利

根据《旅馆业治安管理办法》的规定，结合《中国旅游饭店行业规范》，饭店对旅客的权利包括以下内容。

(一)不接待客人的权利

饭店虽是一个为住店客人与社会公众提供住宿和服务的公共场所，但为保障饭店正常经营，饭店可以对有些情况说"不"，以下情况可以不予接待：

(1)携带危害饭店安全的物品入店者。饭店对携带有易燃、易爆、剧毒、腐蚀性和放射性等危险物品住店的客人，可以进行劝阻，如客人不听劝阻，饭店有权拒绝其入店，并报告公安机关及时处理，以避免安全事故的发生。

(2)从事违法活动者。为保障客人的安全，维护饭店的声誉，饭店有权拒绝试图在饭店从事违法犯罪活动的客人；对于入店有违法行为的客人，饭店有权阻止，劝阻无效的，可以要求其离店。同时，饭店工作人员如果发现违法犯罪分子、形迹可疑的人员，应及时向公安机关报告。

(3)影响饭店形象者。曾经一些旅游饭店特别是一些豪华的饭店为了维护其自身的形象，对一些衣冠不整的客人不予接待。不过，在这里要说明的是"衣冠不整者"，不是帽子斜戴，衣服歪穿，而是指其穿着不符合当今的文化习俗和行为规范。另外，影响饭店形象者还指那些酗酒滋事者、携带动物入店者，饭店有权拒绝有这些行为者入住，并有权要求他们离店。

(4)无支付能力或曾有过逃账记录者。如果旅客无力或拒绝偿付饭店的服务费用，或曾有过逃账记录的，饭店有权不予接待。已经住进店的，饭店可以要求其离店并有追回欠账的权利。

(5)饭店客满。如果客房已满，自然无法接纳新来的客人和接受新的预订。无论在当时饭店是实际住满还是订满，饭店都可以向新来者说明情况而加以谢绝，并不会承担任何责任。

(二)谢绝客人自带酒水进入餐厅等场所享用的权利

饭店可以谢绝客人自带酒水和食品进入餐厅、酒吧、舞厅等场所享用，但应当将谢绝的告示设置于有关场所的显著位置。当然，这里所指的谢绝客人自带酒水是指的旅游饭店，而非大街小巷的各类餐馆。"谢绝客人自带酒水"是国际饭店业通行的国际惯例，无论是饭店业发达的欧美国家，还是我国周边国家，均是如此。而且，饭店作为企业，要以营利为目的。饭店企业是一个综合成本较高的行业。客人在饭店用餐，不仅是品尝着可口的菜肴，还在享受着那儿舒适的空调、柔和的灯光、悦耳的背景音乐、热情周到的服务，饭店当然要考虑这些综合营业成本。此外，饭店还要对用餐客人的食品卫生安全负责。如果饭店允许客人自带酒水，餐后出现问题，责任将很难界定。当然，饭店的酒水价格应定得合情合理，不能超出正常的利润形成暴利。

(三)收取客人合理费用的权利

饭店有要求客人支付饭店合理费用的权利。当然，饭店收取的各种费用应当是合理的。根据国家规定，饭店可以对客房、餐饮、洗衣、电话等服务项目加收服务费，但应当在房价表及有关服务价目表中注明。

(四)要求客人赔偿饭店损失的权利

如果客人故意或过失损坏饭店的物品，饭店有权要求客人赔偿。当然，饭店有义务提示客人爱护饭店的财物。但由于客人的原因造成损坏的，饭店可以要求客人承担赔偿责任。由于客人原因维修受损设施设备期间导致客房不能出租、场所不能开放而发生的营业损失，饭店可视其情况要求客人承担责任。

二、饭店对旅客的义务

根据《旅游法》、《旅馆业治安管理办法》的规定，结合《中国旅游饭店行业规范》，饭店对旅客的义务包括以下内容。

(一)履行住宿合同约定的义务

《旅游法》第七十五条规定："住宿经营者应当按照旅游服务合同的约定为团队旅游者提供住宿服务。住宿经营者未能按照旅游服务合同提供服务的，应当为旅游者提供不低于原定标准的住宿服务，因此增加的费用由住宿经营者承担；但由于不可抗力、政府因公共利益需要采取措施造成不能提供服务的，住宿经营者应当协助安排旅游者住宿。"此条规定表明，饭店与客人签订住宿合同的，应当按照合同的规定履行约定的义务。由于饭店出现超额预订等原因而使客人不能入住的，饭店应当主动替客人安排本地同档次或高于本饭店档次的饭店入住，所产生的有关费用由饭店承担。即使由于不可抗力、政府因公共利益需要采取措施造成不能提供服务的，饭店也应当协助安排客人住宿。

（二）保护旅客人身安全的义务

这是饭店对客人的一项基本义务，很多国家的饭店法或有关法律都明确规定，饭店有保护客人人身安全的义务。根据《旅馆业治安管理办法》的相关规定，为了保护客人的人身和财产安全，饭店客房门应当装置防盗链、门锁、应急疏散图，卫生间内应当采取有效的防滑措施。客房内应当放置服务指南、住宿须知和防火指南。有条件的饭店应当安装客房电子门锁和公共区域安全监控系统。同时，根据《旅游法》的要求，旅游饭店还应当对直接为旅客提供服务的从业人员开展经常性应急救助技能培训，对提供的产品和服务进行安全检验、监测和评估，采取必要措施防止危害发生。

（三）保护旅客财物安全的责任

1. 保护客人财物安全的一般责任

饭店对住店客人携带的财物负有保护的义务。客人在饭店住宿期间财物被盗或被损坏的事件时有发生，其中固然有客人自己的行为造成的，但饭店忽略了有效地保护好客人的财物安全，也是一个重要因素。饭店对客人财物安全的责任，在一些国家法律中有明确的规定。饭店应当采取措施，防止客人放置在客房内的财物灭失、毁损。由于饭店的原因造成客人财物灭失、毁损的，饭店应当承担责任。

2. 保管寄存物品的责任

饭店应当保管好客人寄存在饭店的行李等物品。只要客人将行李等物品交给饭店，经双方确认后，客人拿到了行李寄存牌，双方的保管合同就告成立。对客人寄存的一切物品，饭店不得挪用或者让第三者使用。

3. 保管客人贵重物品的责任

妥善保管好客人的贵重物品是饭店的一项重要责任，为避免贵重物品的灭失而给饭店带来的高额赔偿，一些国家的饭店法都规定饭店须设置贵重物品保险柜，要求客人将随身携带的贵重物品存放在贵重物品保险柜内。根据《旅馆业治安管理办法》的规定，饭店应当在前厅处设置有双锁的客人贵重物品保险箱。贵重物品保险箱的位置应当安全、方便、隐蔽，能够保护客人的隐私。饭店应将客人交存的贵重物品保存好，如果寄存在饭店贵重物品保险箱内的财物被盗或损坏，饭店应承担赔偿责任。如果客人没有按规定将贵重物品寄存在饭店前厅贵重物品保险箱内而在客房里灭失、毁损，《中国旅游饭店行业规范》规定："对没有按规定存放在饭店前厅贵重物品保险箱内而在客房里灭失、毁损的客人的贵重物品，如果责任在饭店一方，可视为一般物品予以赔偿。"

案例 12-2

　　一个国外旅行团的老人在某饭店住店期间声称一根非常贵重的项链放在客房内遗失，而且一口咬定是客房服务员偷的，该名服务员是饭店的优秀员工，曾因多次拾金不昧受到表扬。饭店将这间客房的每个角落以及该名服务员可能到过的地方都作了认真的清查，却仍然找不到这根遗失的项链。服务员无端受伤害，万分委屈。可这名老太太不依不饶，申请饭店向警方报案，并要求饭店巨额赔偿。

　　本案评析：《中国旅游饭店行业规范》规定："对没有按规定存放在饭店前厅贵重物品保险箱内而在客房里灭失、毁损的客人的贵重物品，如果责任在饭店一方，可视为一般物品给予赔偿。"因此，本案中老太太没有按规定将贵重项链寄存，造成丢失，即使责任在饭店一方，饭店也只会按一般物品进行赔偿。此类纠纷是各家饭店常常碰到的难题，《中国旅游饭店行业规范》为其提供了解决此类问题的有力武器和依据。

(四)保护旅客隐私权的义务

　　隐私是指个人生活方面不愿意让他人知道的正当的私人秘密。公民的隐私权受法律保护，任何组织和个人非经法定程序不得公开公民的秘密，饭店当然也不得随意将客人的隐私透露给他人。饭店工作人员除履行职责、保护客人安全外，未经许可不得进入客房。

(五)警示旅客注意安全的义务

　　我国《旅游法》第八十条规定，旅游经营者应当就旅游活动中的下列事项，以明示的方式事先向旅游者作出说明或者警示：(1)正确使用相关设施、设备的方法；(2)必要的安全防范和应急措施；(3)未向旅游者开放的经营、服务场所和设施、设备；(4)不适宜参加相关活动的群体；(5)可能危及旅游者人身、财产安全的其他情形。据此，饭店对一些可能危及客人人身和财产安全的项目和服务，应当作出明确的警示和正确接受服务项目的说明。这些警示和说明应当简洁明了，不致使人产生歧义。如饭店在除尘打蜡时，应在地面各个通道放置诸如"小心地滑，以防摔跤"的指示牌。如果饭店没有提供明确的警示和正确使用说明的义务，造成客人人身、财物损害的，饭店应当依法承担责任。如果饭店履行了上述义务，并尽可能地为防止事件的发生采取了措施，饭店可以免除或减轻责任。

(六)提供真实情况的义务

　　饭店对自己的产品和服务，应当向客人提供真实的信息，不得作引人误解的虚假宣传。饭店应当将房价表置于总服务台显著位置，供客人参考。饭店如给予客人房价折扣，应当书面约定。饭店对客房、餐饮、洗衣、电话等服务项目加收服务费的，应当在房价表及有关服务价目单上注明。

(七)遵守有关法律法规的义务

　　饭店应当遵守国家的有关法律、法规和规章，遵守社会道德规范，诚信经营，维护中国旅游饭店行业的声誉。因此，饭店在为客人提供服务或产品的过程中，除履行上述义务和责任以外，还应当履行国家法律法规的其他义务。这些法律法规主要包括《中华人民共和国旅游法》、《中华人民共和国食品法》、《中华人民共和国消防法》、《中华人民共和国产品质量法》、《中华人民共和国消费者权益保护法》、《中华人民共和国合同法》、《旅馆业治安管理办法》等。

第五节　旅游住宿业国际法规简介

旅客到其他国家旅行住店时，都希望得到与自己国家法律规定相同的权利保护，然而各国法律在保护旅客住宿的规定上并不统一。例如，在饭店对旅游安全的保护问题上，有的国家规定，旅馆对由于房屋缺点造成旅游受伤负有不可推卸的责任；而有的国家则规定，旅馆只要能证明房屋缺点并非主观疏忽所致即可免除责任。由此看来，由于各国法律之差异，同一性质甚至同一情节的纠纷会得到完全不同的处理结果。这种情况对世界旅游住宿业的发展是十分不利的。为此，有关国家的政府、有关国际组织(特别是国际旅馆协会和统一私法国际协会)曾于1972年、1978年、1981年几度协商起草制定了有关旅游住宿业方面的国际法规或公约。

一、《关于旅馆合同的国际协定草案》

1978年统一私法国际协会起草并原则上通过了《关于旅馆合同的国际协定草案》(以下简称《合同协定》)。《合同协定》由26个国家的代表组成的专家委员会起草，共有6章29条。其主要内容有：

(一) 有关定义及适用范围

《合同协定》对"旅馆合同"的定义是："本协定所称的旅馆合同系指旅馆所有人在开展正常业务的基础上，为获取报酬，在他管理的房屋内，向旅客提供临时住宿设备和附加服务而和旅客或旅客以外的另一方签订的合同。"《合同协定》适用于设在所有参加国领土内提供住宿设备的房屋。

(二) 旅馆对旅客订房和退房的权利义务

《合同协定》第五条第一款规定，旅馆未能按照旅馆合同向旅客提供住宿设备及其他服务时，应对旅客所受的实际损失负赔偿责任。但考虑到旅客在外首先要解决的是住宿，所以第五条第二款又规定，如征得旅客同意，旅馆能代旅客在当地另找同等级别的住宿设备，并提供同等服务，则可免除责任。如另找替代旅馆，旅馆还应承担旅客因此合理支出的费用，包括交通费在内。

对于旅客预订房间未住或未住满预订期而退房的，《合同协定》第六条规定，旅客应对旅馆因此遭受的实际损失负赔偿责任。但同时也规定，如果旅客在规定时间内向旅馆表示终止住宿、提前离店，可以不承担责任。

(三)旅馆对旅客人身伤亡的赔偿责任

旅馆一个重要功能就是保护旅客安全。对于旅客在旅馆遭受人身伤害,不同国家对不同原因的致伤有不同的法律规定。为解决不同国家对损害赔偿处理上的差异,《合同协定》第十一条规定:因发生在旅馆内的事故或在旅馆控制下的其他任何地方发生的事故而造成旅客受伤、死亡时,旅馆应承担损失赔偿责任;但对于造成损害的事故,旅馆当时已采取了谨慎合理的措施仍然不能避免,其后果也不能防止的,将不承担责任。同时又规定:在旅客所受损害系由本人过错造成时,旅馆得相应减轻其赔偿责任。这些规定既体现了过错责任原则,又解决了共同过失情况下的责任分担问题。

(四)旅馆对于旅客财物遭受损失的赔偿责任

《合同协定》首先肯定了旅馆的严格责任,第十二条规定:"旅馆应对旅客带入旅馆内的财物或虽在旅馆外面而已由旅馆负责的财物的损伤、毁坏或灭失负赔偿责任。其责任期限为旅客有权在旅馆住宿期间以及住宿期前后一段适当的时间内。"但在第十三条和第十四条规定了旅馆的责任有一定限额,即"对旅客交旅馆保管的财物,旅馆所负责任不超过每日住房费的 500~1000 倍"。当然,旅馆"应将上述规定在旅客交存财物时告知旅客"。但是,如果旅馆理应接受旅客寄存而又拒绝接受时,就不适用限额赔偿,而应对旅客的损失负全部赔偿的绝对责任。第十四条还规定,旅客如果没有将其所带财物交旅馆保存而遭灭失时,"旅馆对于每一损害事件赔偿责任将不超过所收房费的 100 倍"。

《合同协定》关于旅馆对旅客财物损害赔偿责任的规定,使得在处理纠纷时有了统一的标准和方法,便于操作。限额赔偿既照顾了旅客的利益,也使旅馆避免承担保险人的风险。

二、《国际旅馆法》

《国际旅馆法》于 1981 年由国际旅馆协会执行委员会在尼泊尔加德满都批准颁布。此法规已为国际旅馆业普遍承认。

《国际旅馆法》是一个关于旅馆和旅客契约关系的法规,主要由序言、契约关系、双方责任等部分组成。《国际旅馆法》在其宗旨中明确指出,它规定旅馆和旅客双方之间的权利义务,这个法规可以作为各国关于旅馆住宿契约方法的辅助性条款;如果有关国家立法中无具体的关于旅馆住宿契约方面的条款,应履行《国际旅馆法》的规定。

在"契约关系"部分规定了住宿契约的内容、确定原则、契约的形式、契约的期限、履行和违约。在"双方责任"部分则规定了旅馆的责任应遵照国家法律条款,在旅馆和旅客双方责任的确定上应采取过失责任原则。

思考题

1. 我国现行有关旅游住宿业管理法律制度的建立情况怎么样?
2. 我国旅游饭店星级评定制度的内容有哪些?

3. 旅馆在一般经营中如何加强治安管理？

4. 旅馆在经营娱乐服务中如何加强治安管理？

5. 饭店和旅客之间的权利义务有哪些？

6. 旅游住宿业国际法规有哪些？

第十三章 旅游交通运输法律制度

旅游交通运输法是调整旅游交通运输关系的法律规范的总和。它包括两个要点：第一，它是由一系列法律规范构成的整体，而不单指某一部法律，构成这一体系的有航空运输方面的规范、铁路运输方面的规范、海上运输方面的规范以及内水运输方面的规范等；第二，这套法律体系中既包括国内法规范又包括国际法规范。

第一节 旅游交通法概述

一、旅游交通运输方面的国际公约

（一）华沙公约体系

1. 华沙公约体系

华沙公约体系是指以 1929 年《华沙公约》为核心，包括一系列补充修正性公约或议定书在内的调整国际航空运输关系的国际公约体系。它包括：1929 年的《华沙公约》；1955年的《海牙议定书》；1961 年的《瓜达拉哈拉公约》；1971 年的《危地马拉议定书》；1975年的蒙特利尔第 1、2、3、4 号附加议定书。

其中，最基本的公约是《华沙公约》，其全名为《统一国际航空运输某些规则的公约》。早在 1925 年，许多国家就感到有必要统一国际航空运输的责任制度，以适应国际航空运输的发展。于是，由法国邀请在巴黎召开的航空法国际会议制订了一个草案，并成立国际航空法专家技术委员会。公约草案经该委员会修改，增加了"运输凭证"一章，于 1929年 10 月 12 日在第二次国际航空法会议上通过，即《华沙公约》。

2. 公约适用范围

根据公约规定，本公约适用于所有以航空器运送旅客、行李或货物而收取报酬的国际运输，本公约同样适用于航空运输企业以航空器办理的免费运输。

公约所称的国际运输是指根据当事人所订立的合同，不论运输中有无间断或转运，其始发地和目的地在两个缔约国领土内，或虽在一个缔约国领土内而在另一缔约国甚至非缔约国有一个约定经停点的任何运输。

《华沙公约》是调整国际航空运输关系的公约，这里的关键问题是何谓国际运输。依公约的规定，国际运输是指运输的始发地和目的地在两个缔约国领土上而不管旅客是否外国人。

《华沙公约》签订后，随着国际航空运输业的发展并为了进一步保护旅客利益，加强承运人的责任，委员会又对公约做了一系列修订。例如，1955 年的《海牙议定书》中，将旅客损害赔偿责任限额由 125000 金法郎提高至 250000 金法郎；由于《华沙公约》未规定从事国际航空运输的非缔约承运人的责任，所以在 1961 年的《瓜达拉哈拉公约》中，补充规定了缔约承运人和实际承运人的责任，在《危地马拉议定书》中又将对旅客的赔偿责任制度由主观责任制改客观责任制，即只要旅客伤亡不是由其本身原因造成的，承运人无论有无过失均须承担赔偿责任。

总之，华沙公约体系是调整承运人和旅客关系的重要国际法律规范，被称为迄今为止国际航空运输上的重要法典。缔约国都在按这一体系的统一规定处理责任与赔偿问题。中国政府已于 1958 年 6 月和 1975 年 8 月分别批准加入了《华沙公约》和《海牙议定书》。

(二)《国际铁路旅客运输公约》

1961 年在瑞士伯尔尼签订的《国际铁路旅客运输公约》，是目前调整国际铁路客运关系的一项基本公约。该公约于 1975 年生效。

1. 公约适用范围

根据公约规定，可适用的运输必须是国际运输，即运输地域涉及两个国家而且必须是至少两个公约签字国的国际旅客运输。

2. 旅客人身安全及赔偿

根据《国际铁路旅客运输公约》的规定，旅客人身安全责任适用责任事实发生地国家的法律。公约签字国当时未能就损害赔偿的最高限额达成一致意见。因此，各签字国可自行确定最高限额。但是，各国规定最高赔偿限额都不得低于每位旅客 20000 金法郎。而且，在承运有重大过错造成旅客人身伤害(受伤或死亡)的情况下，可以突破其本国规定的最高赔偿限额。

3. 行李损害责任

对国际铁路客运中的行李责任需区别手提行李和托运行李。

对两种行李分别适用不同的责任原则。若手提行李遭受损害，必须在旅客能够证明承运人有过错的情况下才能获得赔偿，因为行李在旅客的控制下；如果托运行李受损，则首先推定承运人应负责任。赔偿上限在承运人有重大过错的情况下也不适用。

关于行李丢失，公约规定，在应到日期后 14 天行李尚未运到，可推定行李丢失。赔偿上限依旅客能否证明损失大小而定。在能够证明损失的情况下，旅客可得的最高赔偿额为每公斤行李(毛重)40 金法郎，若不能证明损失则每公斤 20 金法郎，而且旅客可要求退还已支付的运费和关税。如系行李损坏，承运人需支付损坏行李造成的贬值部分，但最高赔偿额为每公斤行李 40 金法郎。

在行李晚到的情况下，旅客如果能够证明晚到给他造成了损失，可获得一揽子赔偿费，以每晚到一天每公斤行李 20 金法郎计。若晚到时间超过 14 天者，赔偿费以行李丢失的方法计算。

4. 承运人的免责条件

承运人在下列情况下得以免责：受害人本人过错、第三者过错、不可抗力事件、行李本身的缺陷。

5. 诉讼时效

旅客人身伤亡的诉讼时效为 3 年，但事故发生后 3 个月内必须报案。行李损失的诉讼时效为 1 年。若承运人有重大过错，时效可延长至 2 年。

(三)《布鲁塞尔公约》

国际海上旅客运输的主要法规是 1961 年 4 月 29 日签订的《布鲁塞尔公约》。该公约主要内容如下：

1. 适用范围

可适用本公约的运输必须是国际运输。此指出发港和到达港分别属两个不同的国家，如果出发港和到达港同属一个国家，则须中间停靠港属另一国家。仅仅是国际海上运输还不足以适用本公约，还必须具备第二个条件，即运输船只属于本公约的一个签字国，或者出发港或到达港处在一个签字国领土上。

2. 旅客伤亡责任

公约规定，在船只沉没、搁浅、碰撞、火灾的情况下，推定承运人对旅客人身伤亡负有责任，但如果旅客的过错或疏忽大意是事故起因时，承运人的上述责任可以减轻。除上述情况以外的事故，只有在旅客能够证明承运人有过错的情况下，才追究承运人的责任。

公约规定，对旅客伤亡的最高赔偿额为 250000 金法郎，而且每一缔约国可以自行确定更高的赔偿限额。此外，在承运人存在有意过错或对可能出现的事故有所预料的情况下，赔偿限额不予适用。

3. 行李损失责任

在行李或车辆交付托运人的情况下，赔偿上限为行李 1000 金法郎、车辆 3000 金法郎。

4. 诉讼时效

公约规定的诉讼时效为 2 年，适用于旅客伤亡和行李损失。受伤害的旅客须在下船后 15 天内报案。

二、调整旅游交通运输关系的国内法

此指由各国立法机关制定的，用于调整其境内旅游交通运输关系的法律或法规。例如，中华人民共和国成立后，中国政府陆续制定了一系列调整交通运输关系的单项法规和法律。在铁路运输方面，有《旅客意外伤害强制保险条例》、《铁路路外人员伤亡事故处理暂行规定》、《旅客发生急病死亡处理办法》、《中华人民共和国铁路法》。在公路运输方面，有《公路汽车旅客运输规则》。在航空运输方面，有《国内旅客运输规则》、《国际旅客运输规则》、《中华人民共和国民用航空法》。在海上运输方面，有《海上轮船旅客及行李包裹运送试行规则》等。又如日本，在旅游交通方面也和在其他领域一样，十分重视法制建设。20世纪以来，日本制定的较为重要的交通运输法规有几十项，按时间顺序依次为1900年的《铁道营业法》、1921年的《轨道法》、1948年的《日本国有铁道法》、1949年的《运输事业法》、1951年的《公路运输车辆法》、1952年的《航空法》、1972年的《海上交通安全法》以及1977年的《海上碰撞预防法》等。

第二节　旅客航空运输管理法

1995年10月30日第八届全国人大常务委员会第十六次会议通过并公布了《中华人民共和国民用航空法》（以下简称《民用航空法》），该法共16章214条，自1996年3月1日起施行。内容包括领空主权、航空管理、航空运输、航空安全、对外国民用航空器的特别规定等，涉及民用航空的各个方面。

一、中国民用航空法的宗旨、管理机关

(一) 民用航空法的宗旨

维护国家的领空主权和民用航空权利，保障民用航空活动安全和有秩序地进行，保护民用航空活动当事人各方的合法权益，促进民用航空事业的发展，是我国民用航空法的基本宗旨。

国家扶持民用航空事业的发展，鼓励和支持发展民用航空的科学研究和教育事业，提高民用航空科学技术水平。国家扶持民用航空器制造业的发展，为民用航空活动提供安全、先进、经济、适用的民用航空器。

(二) 民用航空活动的主管机关

国务院民用航空主管部门对全国民用航空活动实施统一监督管理；根据法律和国务院的决定，在本部门的权限内，发布有关民用航空活动的规定、决定。

国务院民用航空主管部门设立的地区民用航空管理机构依照国务院民用航空主管部门的授权，监督管理该地区的民用航空活动。

二、国内航空运输和国际航空运输

国内航空运输，是指根据当事人订立的航空运输合同，运输的出发地点、约定的经停地点和目的地点均在中华人民共和国境内的运输。

国际航空运输，是指根据当事人订立的航空运输合同，无论运输有无间断或者有无转运，运输的出发地点、约定的经停地点和目的地点之一不在中华人民共和国境内的运输。

三、民用航空器国籍

民用航空器，是指除用于执行军事、海关、警察飞行任务外的航空器。经中华人民共

和国国务院民用航空主管部门依法进行国籍登记的民用航空器，具有中华人民共和国国籍，由国务院民用航空主管部门发给国籍登记证书。国务院民用航空主管部门设立中华人民共和国民用航空器国籍登记簿，统一记载民用航空器的国籍登记事项。

下列民用航空器应当进行中华人民共和国国籍登记：

(1)中华人民共和国国家机构的民用航空器；

(2)依照中华人民共和国法律设立的企业法人的民用航空器；企业法人的注册资本中有外商出资的，其机构设置、人员组成和中方投资人的出资比例，应符合行政法规的规定；

(3)国务院民用航空主管部门准予登记的其他民用航空器。

依法取得中华人民共和国国籍的民用航空器，应当标明规定的国籍标志和登记标志。民用航空器不得具有双重国籍。未注销外国国籍的民用航空器不得在中华人民共和国申请国籍登记。

四、公共航空运输企业

(一)公共航空运输企业的概念

《民用航空法》第九十一条规定："公共航空运输企业，是指以营利为目的，使用民用航空器运送旅客、行李、邮件或者货物的企业法人。"

(二)公共航空运输企业经营准则

(1)公共航空运输企业应当以保证飞行安全和航班正常，提供良好服务为准则，采取有效措施，提高运输服务质量。

公共航空运输企业应当教育和要求本企业职工严格履行职责，以文明礼貌、热情周到的服务态度，认真做好旅客和货物运输的各项服务工作。旅客运输航班延误的，应当在机场内及时通告有关情况。

(2)公共航空运输企业申请经营定期航班运输的航线，暂停、终止经营航线，应当报经国务院民用航空主管部门批准。经营航班运输，应当公布班机时刻。

(3)公共航空运输企业的营业收费项目，由国务院民用航空主管部门确定。国内航空运输的运价管理办法，由国务院民用航空主管部门会同国务院物价主管部门制定，报国务院批准后执行。国际航空运输运价的制定按照中华人民共和国政府与外国政府签订的协定、协议的规定执行；没有协定、协议的，参照国际航空运输市场价格制定运价，报国务院民用航空主管部门批准后执行。

(4)公共航空运输企业从事不定期运输，应当经国务院民用航空主管部门批准，并不得影响航班运输的正常经营。

(5)公共航空运输企业应当依照国务院制定的公共航空运输安全保卫规定，制定安全保卫方案，并报国务院民用航空主管部门备案。

(三)公共航空运输企业禁运规定

(1)不得运输法律、行政法规规定的禁运物品。

（2）未经国务院民用航空主管部门批准，不得运输作战军火、作战物资。

（3）禁止以非危险品名托运危险品。

（4）禁止旅客随身携带危险品乘坐民用航空器。除因执行公务并按照国家规定经过批准外，禁止旅客携带枪支、管制刀具乘坐民用航空器。

（5）禁止将危险品作为行李托运。

（四）公共航空运输企业的义务

（1）不运输拒绝接受安全检查的旅客，不得违反国家规定运输未经安全检查的行李。

（2）公共航空运输企业从事国际航空运输的民用航空器及其所载人员、行李、货物应当接受边防、海关、检疫等主管部门的检查；但是，检查时应当避免不必要的延误。

（3）应当按有关法律、行政法规的规定优先运输邮件。

（4）公共航空运输企业应当投保地面第三人责任险。

五、公共航空运输

（一）公共航空运输的概念

公共航空运输，是指公共航空运输企业即航空公司以取酬为目的，使用民用航空器运送旅客、行李或者货物。它将旅客或者货物从一地运送到另外一地，具有营利性、开放性（面向社会公众）的特点。其所涉及的法律关系主要是民事合同关系，具体指承运人与旅客之间的权利义务关系。

（二）运输凭证

依据法律规定，运输凭证分为旅客运输凭证（客票）、行李运输凭证（行李票）和航空货物运单三种类别。

1. 旅客运输凭证（客票）

《民用航空法》第一百零九条规定："承运人运送旅客，应当出具客票。旅客乘坐民用航空器，应当交验有效客票。"

客票应当包括的内容由国务院民用航空主管部门规定，至少应当包括以下内容：

（1）出发地点和目的地点；

（2）出发地点和目的地点均在中华人民共和国境内，而在境外有1个或者数个约定的经停地点的，至少注明1个经停地点；

（3）旅客航程的最终目的地点、出发地点或者约定的经停地点之一不在中华人民共和国境内，依照所适用的国际航空运输公约的规定，应当在客票上声明此项运输适用该公约的，客票上应当载有该项声明。

客票是航空旅客运输合同订立和运输合同条款的初步证据。旅客未能出示客票、客票不符合规定或者客票遗失，不影响运输合同的存在或者有效。在国内航空运输中，承运人同意旅客不经其出具客票而乘坐民用航空器的，承运人无权援用民用航空法有关赔偿责任限制的规定。在国际航空运输中，承运人同意旅客不经其出具客票而乘坐民用航空器的，或者客票上未声明此项运输适用《中华人民共和国民用航空法》的，承运人无权援用民用航空法有关赔偿责任限制的规定。

2. 行李运输凭证(行李票)

行李包括旅客托运行李和旅客自带行李。承运人载运托运行李时，行李票可以包含在客票之内或者与客票相结合。除法律规定之外，行李票还应当包括下列内容：

(1)托运行李的件数和重量；

(2)需要声明托运行李在目的地点交付时的利益的，注明声明金额。

行李票是行李托运和运输合同条件的初步证据。旅客未能出示行李票、行李票不符合规定或者行李票遗失，不影响运输合同的存在或者有效。

承运人载运托运行李(登记行李)，应当向旅客出具行李票，载运旅客自带行李无需出具行李票。承运人未履行出具行李票的强制性义务或未在行李票上规定法定的具有强制性内容，必须承担一定的法律后果。在国内航空运输中，承运人载运行李而不出具行李票，则承运人无法援用《民用航空法》有关赔偿责任限制的规定，其赔偿责任金额是无限的。在国际航空运输中，承运人载运行李不出具行李票或者行李票上未载明适用《民用航空法》的，承运人无权援用《民用航空法》有关赔偿责任限制的规定。

3. 航空货物运单

航空货物运单是航空货物运输的凭证，它是航空货物运输合同订立和运输条件以及承运人接受货物的初步证据。它表明承运人承诺接受一定货物，并同意按照双方的约定将货物运送到目的地点，交付给托运人指定的收货人；它同时还表明托运人同意将货物移交给承运人，并支付约定的运费。

承运人有权要求托运人填写航空货运单，托运人有权要求承运人接受该航空货运单。托运人未能出示航空货运单、航空货运单不符合规定或者航空货运单遗失，不影响运输合同的存在或者有效。

托运人应当对航空货运单上所填关于货物的说明和声明的正确性负责。因航空货运单上所填的说明和声明不符合规定、不正确或者不完全，给承运人或者承运人对之负责的其他人造成损失的，托运人应当承担赔偿责任。

六、承运人的责任

依据《民用航空法》的规定，承运人的责任主要包括：承运人对旅客的责任；承运人对旅客随身携带物品的责任；承运人对旅客托运行李的责任；承运人对延误旅客、行李运输的责任；关于国内航空运输承运人的赔偿责任；关于国际航空运输承运人的赔偿责任；承运人责任的免除或者减轻的规定等几个方面的问题。

(一)承运人对旅客的责任

《民用航空法》第一百二十四条规定："因发生在民用航空器上或者在旅客上、下民用航空器过程中的事件，造成旅客人身伤亡的，承运人应当承担责任；但是，旅客的人身伤亡是由于旅客本人的健康状况造成的，承运人不承担责任。"此项规定是关于承运人对旅客人身伤亡的责任的规定。其含义如下：

(1)承运人对因发生在民用航空器上或者旅客上、下民用航空器过程中的事件，造成的旅客人身伤亡承担责任。

①承运人承担责任的对象是旅客。因为旅客是与承运人之间存在着航空运输合同关系的一方当事人，通常情况下，旅客即是运输客票的持票人；但承运人同意某人不经其出票而登机时，该乘机人员虽不持有客票但仍是旅客。承运人仅对发生在民用航空器上或者在其上、下民用航空器过程中的事件造成的旅客人身伤亡承担责任。

②承运人承担民事责任的范围仅限于旅客的人身伤亡，而不包括旅客精神上的伤害，也不包括因旅客的伤亡给他人造成的精神痛苦。

③承运人承担民事责任的前提是旅客人身伤亡是因发生在民用航空器上或在其上、下民用航空器过程中的事件造成的，且这一事件与旅客的人身伤亡存在着因果关系。

④承运人的责任期间是"在民用航空器上或者在旅客上、下民用航空器的过程中"。凡在该期间以外造成旅客人身伤亡的，承运人不承担责任。

（2）对完全是由于旅客本人的健康状况即旅客的疾病而造成的旅客人身伤亡，承运人不承担责任。

（3）对部分由旅客本人的健康状况造成的旅客人身伤亡，承运人应当部分承担责任。

（二）承运人对旅客随身携带物品和托运行李的责任

旅客随身携带物品和托运行李统称为行李。《民用航空法》第一百二十五条规定："因发生在民用航空器上或者在旅客上、下民用航空器过程中的事件，造成旅客随身携带物品毁灭、遗失或者损坏的，承运人应当承担责任。因发生在航空运输期间的事件，造成旅客的托运行李毁灭、遗失或者损坏的，承运人应当承担责任。旅客随身携带物品或者托运行李的毁灭、遗失或者损坏完全是由于行李本身的自然属性、质量或者缺陷造成的，承运人不承担责任。"

"航空运输期间"，是指在机场内、民用航空器上或者机场外降落的任何地点，托运行李、货物处于承运人掌管之下的全部期间。它不包括机场外的任何陆路运输、海上运输、内河运输过程；但是，此种陆路运输、海上运输、内河运输是为了履行航空运输合同而装载、交付或者转运，在没有相反证据的情况下，所发生的损失视为在航空运输期间发生的损失。

（三）承运人对延误旅客、行李运输的责任

《民用航空法》第一百二十六条规定："旅客、行李或者货物在航空运输中因延误造成的损失，承运人应当承担责任；但是，承运人证明本人或者其受雇人、代理人为了避免损失的发生，已经采取一切必要措施或者不可能采取此种措施的，不承担责任。"

上述规定中的"航空运输中"是指承运人的责任期间，承运人仅对在其责任期间造成的旅客、行李迟延运输负责，而不对在此期间外因其他运输方式的延误造成的损失负责，而且"延误"是指承运人未能按照运输合同约定的时间将旅客、行李运抵目的地。运输合同约定的时间，一般指承运人的班机时刻表或者机票载明的旅客抵达目的地的时间。此外，从国际航空司法实践看，航班的撤销也作为延误处理。

在运输中，若承运人不能证明延误是因天气条件、机械损坏等无法控制的原因造成的，或者不能证明承运人本人或其受雇人、代理人已尽应有的努力采取了一切合理的必要措施确保航班的正点起飞和准确到达终点，就应对因延误引起的下列损失承担责任：

(1)旅客在等待另一航班过程中所支出的特殊费用；

(2)旅客误乘下一经停地点航班的损失；

(3)旅客购买另一航空公司机票而额外支出的票款。

案例 13-1

黄先生一行三人准备乘坐西安至广州的 3204 航班时，被航空公司告之，因航班机票超售，飞机满员，不能乘坐此次航班。据工作人员称，机场办理登机手续是按照"先到先得"的原则，也就是说，在机票超售的情况下，谁先来，谁就先得座位。黄先生等人只好等了 3 个小时乘坐下班飞机。

据航空公司客运部有关人员介绍，机票超售就是航空公司的每个航班实际订座大于飞机客舱内可利用座位，这是目前全球航空业都通用的惯例。超售比率一般在 3% 左右，而我国民航总局规定超售机票不能超过 5%。

对于被延误行程的旅客，国内航空公司将给予免费来回机票的补偿。一旦发生超售，航空公司将首先在旅客中寻找自愿改乘者，自愿改乘者也将得到同样的补偿。如果没有足够的自愿改乘者，航空公司就将拒绝购买超售票的旅客登机。

据业内人士介绍，机票超售制度是向欧美国家航空公司借鉴而来的，在国外因超售而被拒载不仅能得到旅客的普遍接受和理解，而且许多旅行者还非常留意航空公司的订座情况，并且争取成为自愿改乘者而获得航空公司的补偿。

应该看到的是，国外的这种现象不仅是因成为自愿改乘者可以得到免费机票等补偿，更重要的是国外成熟的航空旅客运输市场能够提供各方面到位的配套服务，如航班密度大、转签方便等。

但在国内，普通旅客往往都是因有急事或假期旅行，为抢时间才选择乘坐飞机，绝大部分乘客会准时登机，因机票超售而导致不能登机的情况时有发生。

虽然国内航空公司已对超售的可行性、合理性做了充分的准备，但绝大部分旅客仍对机票超售表示无法理解和接受，因为国内目前并不成熟的航空市场让旅客有不少后顾之忧。

本案评析：尽管航空公司对因机票超售使旅客延误行程给予免费来回机票补偿，但是机票超售的顺利推行在国内航空业还是面临着进退两难的境地：中国供大于求的航空市场使航空公司不得不考虑运行成本，机票超售无疑是开源节流的一种较好方式；可并不发达的航空业，特别是航班密度不高等局限，又使机票超售终将难逃被旅客指责的僵局。在目前情况下，盲目照搬国外做法肯定会让航空公司日后陷入更多的尴尬局面，有选择地在一定航线实行机票超售，也许是个两全之策。

(四)国内航空运输承运人的赔偿责任

《民用航空法》第一百二十八条规定："国内航空运输承运人的赔偿责任限额由国务院

民用航空主管部门制定，报国务院批准后公布执行。"

承运人责任限制制度是指发生重大的航空事故时，作为责任人的承运人，一般情况下可以根据法律的规定，将自己的赔偿责任限制在一定范围内进行赔偿的法律制度。根据这一制度，当航空运输过程中发生的旅客人身伤亡、行李物品灭失、损坏的数额没有超出法定责任限额时，承运人应当按实际损失赔偿旅客或者托运人；当损失数额超过责任限额时，承运人仅在法定责任限额内承担赔偿责任，对法定限额以外的损失数额则不予赔偿。当然，赔偿责任限制制度不仅要考虑到承运人利益的保护，也要考虑到合同对方当事人利益的保护，这种对合同对方当事人利益的保护，一般体现在允许合同对方当事人另行约定高于法定责任限额的赔偿责任限额。就该合同而言，该赔偿责任限额一经约定即取代法定责任限额，一旦发生损失且损失额巨大时，承运人将要在双方约定的赔偿责任限额的范围内承担责任。

赔偿责任限制制度具体体现为我国制定的《国内航空运输旅客身体损害赔偿暂行规定》。该规定适用于国内航空旅客运输中发生的旅客身体损害赔偿，承运人按照该规定应当承担赔偿责任的，对每名旅客的最高赔偿金额为人民币 40 万元。此外，旅客可以自选向保险公司投保航空运输人身意外伤害险。此项保险金额的给付，不得免除或减少承运人应当承担的赔偿金额。

（五）国际航空运输承运人的赔偿责任

《民用航空法》第一百二十九条规定，国际航空运输承运人的赔偿责任限额按如下执行：

（1）对每名旅客的赔偿责任限额为 16600 计算单位；但是，旅客可以同承运人书面约定高于本项规定的赔偿责任限额。

（2）对托运行李或者货物的赔偿责任限额，每公斤为 17 计算单位。

（3）对每名旅客随身携带的物品赔偿责任限额为 322 计算单位。

以上规定所称"计算单位"，是指国际货币基金组织规定的特别提款权；其人民币数额为法院判决之日、仲裁机构裁决之日或者当事人协议之日，按照国家外汇管理机关的国际货币基金组织的特别提款权对人民币的换算办法计算得出的人民币数额。

无论是在国内航空运输还是在国际航空运输中的赔偿责任限制，只要能够证明在航空运输中的损失是由于承运人的故意或者重大过失造成的，承运人就无权援用上述赔偿责任限制制度，即承运人不仅无权援用法定的赔偿责任限额，同时也无权援用约定的赔偿责任限额。在这种情况下，承运人将承担无限责任。

（六）承运人责任免除或者减轻的规定

《民用航空法》第一百二十七条规定："在旅客、行李运输中，经承运人证明，损失是由索赔人的过错造成或者促成的，应当根据造成或者促成此种损失的过错的程度，相应免除或者减轻承运人的责任。旅客以外的其他人就旅客死亡或者受伤提出赔偿请求时，经承运人证明，死亡或者受伤是旅客本人的过错造成或者促成的，同样应当根据造成或者促成此种损失的过错的程度，相应免除或者减轻承运人的责任。"

所谓过错是指行为人的故意或过失的行为或者不行为。如旅客在托运行李时负有申报危险品的义务而没有申报；旅客的代理人在代旅客提取行李时不慎将行李丢失或损坏等。

案例 13-2

大连某公司 19 名员工共同组成家庭旅游团参加大连市某旅行社组织的赴我国香港地区和泰国七日游。因天气原因，大连—曼谷的飞机推迟了起飞时间，这引起了游客极大不满，经导游劝说后同机其他游客登机待飞，而这 19 人拒绝登机，最终造成他们出国未成。事后这 19 名游客起诉该旅行社，要求旅行社返还全部费用，并偿付违约金和案件受理费。一审判决游客胜诉，旅行社不服提出上诉。二审依法作出改判，终审认定，旅游合同在已经开始履行的情况下未能得到全面履行的根本原因在原告而不在被告，因此 19 名游客应承担此案的民事责任。

本案评析：旅游是多要素的综合性活动，因此经常会受到像航班延误等非旅行社所能控制的因素干扰。在这种情况下，旅游者所能做到的就是尽可能使所受损失减小，而不是像 19 名游客那样将损失扩大，最终导致无法成行。由此可见，旅游中发生纠纷责任也并非全要归咎于旅行社，游客维权过度、固执己见也是造成纠纷的一大原因。

第三节　旅客铁路运输管理法

《中华人民共和国铁路法》(以下简称《铁路法》)于 1990 年 9 月 7 日经第七届全国人民代表大会常务委员会第十五次会议通过。1991 年 5 月 1 日起施行。

一、铁路运输企业的经营宗旨及要求

(一)铁路运输企业的经营宗旨

《铁路法》第五条规定："铁路运输企业必须坚持社会主义经营方向和为人民服务的宗旨，改善经营管理，切实改进路风，提高运输服务质量。"

铁路运输企业的义务就是为旅客、托运人和收货人提供运输服务。铁路运输企业应当不断改进铁路的服务方式，提高服务质量，加强企业管理，真正做到优质、高效、全面地为旅客、托运人和收货人提供各种运输服务活动。

(二)对铁路运输的要求

《铁路法》第十条规定："铁路运输企业应当保证旅客和货物运输的安全，做到列车正点到达。"其具体要求包括：

(1)必须保证旅客的乘车安全。旅客旅行是从一地到另一地，在旅行过程中安全是旅客的第一需要。铁路承运人在运送旅客过程中必须把保证旅客的生命财产安全放在首位，确保旅客列车的运行安全。

（2）保证货物、行李的安全和完好。托运人托运货物、行李是实现上述物品的位移，铁路运输企业运送上述物品的主要义务是要保证这些物品的完整和安全。

（3）保证列车安全正点到达目的地。安全正点是铁路运输企业提供运输服务的基本义务之一。保证正点到达目的站，是指旅客列车必须按规定的时间开出始发站和到达目的站。如果铁路不能按照规定的时间即时发车和到达旅行目的站，则势必打乱旅客的旅行计划，使旅客在精神上、物质上受到损失。因此，作为运输企业铁路应当提高运输的正点率。

二、铁路运输合同及违约责任

铁路运输合同是明确运输企业与旅客、托运人之间权利义务关系的协议。旅客车票、行李票、包裹票和货物运单是铁路运输合同或者合同的组成部分。

《铁路法》第十二条规定："铁路运输企业应当保证旅客按车票载明的日期、车次乘车，并到达目的站。因铁路运输企业的责任造成旅客不能按车票载明的日期、车次乘车的，铁路运输企业应当按照旅客的要求，退还全部票款或者安排改乘到达相同目的站的其他列车。"旅客旅行的基本目的就是要到达旅行目的地。旅客到铁路车站购买车票，向铁路运输企业提出具体的车次、时间、到站，铁路运输企业按照旅客的要求售给相应的车票，铁路旅客运输合同即告成立。旅客凭车票有权要求铁路运输企业按照票面载明的日期、车次即时安排旅行。铁路运输企业也有义务按照票面的规定，组织旅客旅行，并为乘客提供条件，把旅客即时运送到旅行目的地。

由于客观情况的变化，有时旅客并不能按时乘车。这种情况的发生主要是由两个方面的原因所致：一是旅客自身的原因，如情况发生变化导致旅行计划的变更或终止，也可能是由于某种原因，发生了误车等情况；二是铁路运输企业的原因，如列车晚点、车次取消等。这两种情况的法律责任是不同的。

（一）旅客违约责任

由于旅客自身的原因，造成不能按时乘车的法律后果应当由旅客自己负责，铁路运输企业不承担法律责任；但是，旅客可以按照铁路的规定，办理退票或改乘其他列车的手续，并缴纳规定的退票或改乘的签证费用。旅客退票实际上是向铁路运输企业提出解除铁路运输合同的请求，铁路运输企业按照旅客的要求办理了退票手续，则双方之间的合同即告解除。由于是旅客单方解约，所以应向铁路交纳违约费用，即"退票费"。旅客要求办理改乘手续，实际上是向铁路运输企业提出变更合同的请求，铁路运输企业按照旅客的要求改签了车票的乘车车次、日期，则是与旅客之间成立了新的旅客运输合同，双方当事人应当按照新的合同享受权利、承担义务。在变更合同的情况下，旅客也应承担相应的法律责任，即向铁路支付签证费以及其他规定的手续费。

（二）铁路运输企业违约责任

由于铁路运输企业的原因而造成旅客不能按车票载明日期、车次乘车的，铁路运输企业应当承担法律责任，即退还全部票款或安排改乘到达相同目的地站的其他列车。在这种情况下，旅客改乘列车，铁路运输企业不得收取任何费用。

上述法律规定是要求铁路运输合同双方当事人都应当信守合同，按照合同约定履行义务，无论哪一方违反合同，不履行合同义务，都要承担相应的法律责任。

旅客运输是铁路运输企业为公众服务的"窗口"，旅客运输服务质量和水平的高低，直接关系到路风、路誉。因此，做好铁路旅客服务工作，是铁路运输企业经营管理的一项首要任务。

三、旅客乘车规定

《铁路法》第十四条规定："旅客乘车应当持有效车票。对无票乘车或者持失效车票乘车的，应当补收票款，并按照规定加收票款；拒不交付的，铁路运输企业可以责令下车。"旅客乘车旅行必须具备的条件是应当持有效车票。所谓"有效车票"，是指铁路车站出售的、有规定的乘车期限、上下车站和票面指定的乘车车次的车票。如果旅客无票乘车或者持无效车票乘车，通常情况下，铁路运输企业可以根据有关规章的规定补收票款，并加收一定的票款，加收票款的具体数额一般由国务院铁路主管部门规定。旅客持失效车票或者无票乘车，实际上是一种侵害铁路运输企业合法权益的行为。依照我国《民法》规定，实施侵权行为的加害人，应当承担相应的法律责任。

根据《铁路旅客及行李包裹运输规程》的规定，对于不符合乘车条件的，按下列规定处理：

(1)无票或者持失效火车票乘车的，应自乘车站至发现时的最近前方停车站止，加倍补收所乘列车的票款，如继续乘车时，可另行补收票款。

(2)持伪造车票或者涂改车票的，除加倍核收所乘列车区间的票款外，还可交公安机关处理。持用过期车票，借用、涂改市郊定期客票的，从有效期终了的次日起至发现日止，按票面记载的区间每日往返各一次，加倍核收所乘列车的票款，同时收回原票，并通知其单位。

(3)持用票价低的车票，越席乘坐票价高的坐席、卧铺或者越级乘坐高等级别列车的，如是经列车和车站同意的，只补收乘车区间车票的票价差额；如未经同意的，则加倍核收乘车区间的票价差额。

(4)持市郊客票乘坐非指定列车的，按无票处理，并加倍补收所乘列车的票款。持市郊客票中途下车的前程失效，但持市郊定期客票未按日、时乘车中途下车时，应另行补收所乘区间的票价。

(5)旅客使用减价票，但没有减价凭证或者不符合减价条件，加倍补收全价票价与减价票的差额，旅客未按票面指定的车次、日期乘车，车票又未经剪口，应另行补收所乘列车乘车区间的票款；如经车站剪口，应换发代用票，但对错乘后乘车2小时以上的旅客的车票则应按失效车票处理。

(6)持站台票送客的人员不准上车。如已经上车未及时声明的，应在最近前方停车站下车，并补收所乘列车的票款。如在开车后20分钟内仍不声明的，或者有意持站台票上车的，则按无票乘车处理。确因时间来不及买票的，经车站发给补票证或者因特殊情况经列车长同意上车的旅客，应补收旅客所乘列车至下车站时止的票款。应买票而未买票的小孩，补收小孩票；超过 140 厘米而持有小孩票乘车的，应补收小孩票与全价票的差额。

（7）对违章乘车拒绝补款的人员，列车工作人员可以责令其下车，并编制客运记录，交县、市所在地或三等以上车站处理。车站对列车和本站发现的上述人员，应通知其单位并追缴应收票款。

四、铁路旅客运输损害赔偿

《铁路法》第十七条规定："铁路运输企业应当对承运的货物、包裹、行李自接受承运时起到交付时止发生的灭失、短少、变质、污染或者损坏，承担赔偿责任。"

（1）托运人或者旅客根据自愿申请办理保价运输的，按照实际损失赔偿，但最高不超过保价额。

（2）未按保价运输承运的，按照实际损失赔偿，但最高不超过国务院铁路主管部门规定的赔偿限额，如果损失是由于铁路运输企业的故意或者重大过失造成的，不适用赔偿限额的规定，按照实际损失赔偿。

托运人或者旅客根据自愿可以向保险公司办理货物运输保险，保险公司按照保险合同的约定承担赔偿责任。

托运人或者旅客根据自愿，可以办理保价运输，也可以办理货物运输保险；还可以既不办理保价运输，也不办理货物运输保险。铁路运输企业和保险公司不得以任何方式强迫托运人或者旅客办理保价运输或者货物运输保险。

思考题

1.《华沙公约》的适用范围是什么？

2. 公共航空运输有哪些禁运规定？

3. 公共航空运输企业有哪些义务？

4. 承运人对旅客随身携带物品和托运的行李承担怎样的责任？

5.《铁路法》对铁路运输有哪些具体要求？

6. 铁路运输企业违约应承担什么责任？

参 考 文 献

1. 《〈中华人民共和国旅游法〉解读》编写组.《中华人民共和国旅游法》解读. 北京：中国旅游出版社，2013.

2. 杨富斌，苏号朋. 中华人民共和国旅游法释义. 北京：中国法制出版社，2013.

3. 中国法制出版社. 中华人民共和国旅游法学习问答（含合同示范文本）. 北京：中国法制出版社，2013.

4. 王天星. 旅游法立法研究. 北京：中国旅游出版社，2013.

5. 王天星，杨富斌. 旅游法教程. 北京：中国人民大学出版社，2015.

6. 张元奎，周崴. 旅游法实用教程. 北京：旅游教育出版社，2013.

7. 韩玉灵，郑晶. 旅游法教程. 北京：科学出版社，2011.

8. ［美］库纳耶（Cournoyer，N. C.），等. 旅游业法律与案例：饭店、餐厅、旅行社法律实务（第6版）. 张凌云，译. 北京：旅游教育出版社，2006.

9. 王健. 旅游法教程（第2版）. 天津：南开大学出版社，2011.

10. 孟凡哲，王惠静. 旅游法前沿问题研究. 北京：中国法制出版社，2011.

11. 余永霞. 旅游法原理与实务. 郑州：河南大学出版社，2013.

12. 杨富斌，苏号朋，孟凡哲. 旅游法论丛（第四辑）. 北京：中国法制出版社，2015.

13. 李权. 新编旅游法理论与实务. 北京：高等教育出版社，2016.

14. 中华人民共和国国家旅游局，http：//www. cnta. com/.